Täterschaft bei zweiaktigen Delikten

– Am Beispiel des § 307 Nr. 3 StGB –

Von

Birgit Woelk

Duncker & Humblot · Berlin

Zur Aufnahme in die Reihe empfohlen von
Professor Dr. Eckhard Horn, Kiel

Die Deutsche Bibliothek – CIP-Einheitsaufnahme

Woelk, Birgit:
Täterschaft bei zweiaktigen Delikten am Beispiel des § 307
Nr. 3 StGB / von Birgit Woelk. – Berlin : Duncker und Humblot,
1994
(Strafrechtliche Abhandlungen ; N.F., Bd. 87)
Zugl.: Kiel, Univ., Diss., 1993
ISBN 3-428-07947-7
NE: GT

Fremddatenübernahme und Druck:
Berliner Buchdruckerei Union GmbH, Berlin
Printed in Germany

ISSN 0720-7271
ISBN 3-428-07947-7

BIRGIT WOELK

Täterschaft bei zweiaktigen Delikten

Strafrechtliche Abhandlungen · Neue Folge

Herausgegeben von Dr. Eberhard Schmidhäuser
em. ord. Professor der Rechte an der Universität Hamburg

und Dr. Friedrich-Christian Schroeder
ord. Professor der Rechte an der Universität Regensburg

in Zusammenarbeit mit den Strafrechtslehrern der deutschen Universitäten

Band 87

Inhaltsverzeichnis

Einleitung

Das Strafgesetzbuch enthält Delikte, die nicht nur eine, sondern zwei Tathandlungen voraussetzen. So verlangt beispielsweise der Tatbestand der besonders schweren Brandstiftung gem. § 307 Nr. 3 StGB über die Brandstiftung hinaus ein Unbrauchbarmachen bzw. Entfernen von Löschgerätschaften in der Absicht, das Löschen des Feuers zu verhindern oder zu erschweren.

In den bisherigen, kaum mehr überschaubaren Erörterungen der Täterschaftsproblematik werden die zweiaktigen Tatbestände nicht als gesonderte Deliktsgruppe behandelt. Allenfalls bei einzelnen Delikten werden punktuell die an die Täterschaft zu stellenden Anforderungen konkretisiert. Diese im Hinblick auf die Täterschaftsfrage fehlende Erfassung der zweiaktigen Delikte als eigenständige Deliktskategorie mag zum einen mit ihrem geringen Anteil an der Zahl der Gesamtdelikte zusammenhängen. Daneben scheint sie auf der schlichten Annahme zu beruhen, bei den zweiaktigen Delikten stellten sich lediglich die auch bei den einaktigen Delikten auftauchenden Täterschaftsprobleme, so daß es einer gesonderten Betrachtung nicht bedürfe.

Als Täter eines zweiaktigen Deliktes läßt sich ohne nähere Prüfung jedenfalls derjenige einstufen, der beide Teilakte eigenhändig ausführt. Schwieriger stellt sich jedoch die Situation bei Beteiligung mehrerer dar. So ist aufgrund der Konzeption als zweiaktiger Tatbestand insbesondere die Beteiligung zweier Personen an der Deliktsverwirklichung dergestalt möglich, daß jede einen Teilakt vornimmt und damit jeweils nur teil-tatbestandsmäßig handelt. Dabei können die Beteiligten aufgrund eines gemeinsamen Tatplanes tätig geworden sein, oder zumindest einer der Beteiligten kann das Zusammenspiel der Einzelakte koordiniert haben. Gerade in solchen, auf die gezielte Realisierung des zweiaktigen Tatbestandes gerichteten Fallkonstellationen liegt aber nicht auf der Hand, welchem der Beteiligten das Gesamtgeschehen täterschaftlich zugerechnet werden kann.

Um die Frage nach dem Täter zu klären, bietet es sich an, einzelne Fallgestaltungen, denen die Verteilung der beiden Akte auf zwei Personen gemeinsam ist, im Hinblick auf die verschiedenen möglichen Formen täterschaftlicher Zurechnung zu sichten. Dabei könnten sich Konstellationen ergeben, in denen das Gesamtgeschehen weder dem einen noch dem anderen Beteiligten als Täter zugerechnet werden kann, allein weil die Deliktsverwirklichung im Wege der eigenhändigen Vornahme jeweils nur eines Teilaktes erfolgt. Es muß sich dann die Frage erheben, ob unter Berücksichtigung der spezifischen Struktur zweiaktiger Delikte eine Modifizierung täterschaftlicher Zurechnung bei zweiaktigen Delikten zu erfolgen hat, so daß letztlich im Vordergrund steht, ob und gegebenenfalls welche besonderen Anforderungen an die Täterschaft bei zweiaktigen Delikten zu stellen sind.

§ 307 Nr. 3 StGB dient in der nachfolgenden Darstellung als exemplarischer Vertreter der zweiaktigen Delikte. Seine Beispielsfunktion muß jedoch dort ihre Grenzen finden, wo die Besonderheiten der anderen im Strafgesetzbuch normierten zweiaktigen Delikte zu berücksichtigen sind.

Da § 307 Nr. 3 StGB schon hinsichtlich seiner tatbestandlichen Voraussetzungen einige interessante Fragen aufwirft, er aber in den Kommentierungen stark vernachlässigt wird, soll dies zum Anlaß genommen werden, dem eigentlichen Kern der Arbeit eine kurze Erörterung des Tatbestandes der nach § 307 Nr. 3 StGB qualifizierten Brandstiftung vorauszuschicken.

ERSTER TEIL

Die Probleme des Tatbestandes der nach § 307 Nr. 3 StGB qualifizierten Brandstiftung

§ 307 Nr. 3 StGB[1] setzt als unselbständige Qualifizierung das Vorliegen der Tatbestandsmerkmale des § 306 voraus.[2] Daneben ist für die Strafschärfung, die die Mindeststrafe auf zehn Jahre Freiheitsstrafe anhebt, erforderlich, daß der Täter Löschgerätschaften entfernt oder unbrauchbar gemacht hat, um das Löschen des Feuers zu verhindern oder zu erschweren.

I. Objektiver Tatbestand

Hinsichtlich des objektiven Tatbestandes des § 307 Nr. 3 stellt sich u. a. die Frage, welche Geräte überhaupt unter den Begriff „Löschgerätschaften" subsumiert werden können, wann ein solches Gerät entfernt oder unbrauchbar ist, und welche weiteren Anforderungen an die Tathandlung zu stellen sind.

1. Begriffsbestimmungen

a) Löschgerätschaften

Unter Löschgerätschaften sind Geräte zu verstehen, die in ihrer Wirkungsweise auf einem technischen Prinzip beruhen und zum Löschen verwendet werden. Dazu zählen z. B. Schläuche, Feuerlöscher, Löschfahrzeuge, Pumpen, die das Wasser aus Löschteichen hochpumpen, oder auch Leitern, die eben nicht nur Rettungsgeräte, sondern zugleich Löschgeräte darstellen, da sie auch im Rahmen der Löscharbeiten benutzt werden können.

b) Entfernen

Löschgerätschaften sind entfernt, wenn sie von ihrem ordnungsgemäßen Stand- oder Aufbewahrungsort so wegschafft worden sind, daß das Wiederauffinden

---

1 Die nachfolgenden Paragraphen sind solche des StGB.

2 Auf § 308 ist § 307 nicht anwendbar, vgl. nur S/S-Cramer § 307 Rn. 1.

einen nicht unerheblichen Zeitraum beansprucht.[3] Ab welcher Dauer von einem in diesem Sinne erheblichen Zeitraum gesprochen werden kann, läßt sich nicht absolut festlegen und muß der tatrichterlichen Bewertung im Einzelfall überlassen bleiben.

c) Unbrauchbarmachen

aa) Aufheben der Funktionsfähigkeit

Ein Unbrauchbarmachen von Löschgeräten ist jedenfalls gegeben, wenn infolge von Einwirkungen seitens des Täters die Funktionsfähigkeit der Löschgeräte nicht mehr gegeben ist. Beispielhaft lassen sich das Zerschneiden des Löschschlauches, das Entleeren des Feuerlöschers,[4] das Zerstechen der Reifen des Löschfahrzeugs oder das Entleeren des Wassertanks auf dem Löschwagen anführen.

bb) Beseitigung der Verwendungsfähigkeit

Wenn die Ansicht vertreten wird, ein Abschneiden der Wasserzufuhr erfülle den Tatbestand des § 307 Nr. 3 in der Alternative des Unbrauchbarmachens,[5] so wird anscheinend neben der Funktionsfähigkeit die Verwendungsfähigkeit im konkreten Fall als wesentliches Element der Brauchbarkeit eines Löschgerätes angesehen. Diese Überlegung folgt dem Umstand, daß allein die Einwirkung auf das Löschmittel „Wasser" per se mangels Tatbestandsmäßigkeit des Tatobjekts den Tatbestand des § 307 Nr. 3 nicht erfüllen kann. Jedoch wird durch eine solche Maßnahme die Verwendbarkeit von Löschgeräten, die Wasser benötigen, um zum Löschen einsetzbar zu sein, aufgehoben. Stellt der Täter beispielsweise in einem Hochhaus das Wasser ab, so ist die Verwendung des im elften Stockwerk an die Steigleitung angeschlossenen Schlauches zum Löschen ausgeschlossen. Vom Sprachgebrauch her kann der Schlauch im Hinblick auf seine Zweckbestimmung trotz seiner an sich gegebenen Funktionstüchtigkeit durchaus als unbrauchbar bezeichnet werden.[6] Gleiches gilt auch für andere die Verwendungsfähigkeit der Löschgeräte ausschließende Maßnahmen, wie z. B. das Versperren der Zufahrt zur Brandstelle, damit die Feuerwehr, die allein in der Lage ist, die Löschgerätschaften sinnvoll einzusetzen, diese nicht erreicht, das Betrunkenmachen der

---

[3] SK-Horn § 307 Rn. 15; Benfer BTII Rn. 581.

[4] Hier bilden Löschgerät und darin enthaltener Löschstoff eine funktionale Einheit, so daß durch Entfernen des Löschstoffs das Gerät funktionsunfähig wird.

[5] So LK-Wolff § 307 Rn. 7; Lackner § 307 Rn. 4; Dr-Tr § 307 Rn. 5; S/S-Cramer § 307 Rn. 10; Maurach / Schroeder / Maiwald BT2 § 51 Rn. 18; Blei II § 86III2c; Wessels BT1 § 21II4; Bruch S. 52 Anm. 129; Welzel Lb S. 455; Frank § 307 Anm. I3; a. A. SK-Horn § 307 Rn. 15; Binding BT II1 S. 19; v. Liszt / Schmidt S. 711; Olshausen § 307 Anm. 6; Oppenhoff § 307 Anm. 12 ff.; Mommsen, Brandstiftungsrecht, S. 148 f.; Singer, Brandstiftung, S. 38; Schütze S. 516 Anm. 27; Otto BT S. 370.

[6] Knaurs Wörterbuch S. 992.

Löschmannschaft oder das Einschließen der Löschgeräte in einem Raum. In all diesen Fällen wird die Brauchbarkeit der Löschgerätschaften mittelbar durch Beseitigung ihrer Verwendungsfähigkeit aufgehoben.

Die Tathandlung des Unbrauchbarmachens ist damit sowohl einer engen, auf die Beseitigung der Funktionsfähigkeit, als auch einer weiten, die Aufhebung der Verwendungsfähigkeit einschließenden, Interpretation zugänglich, so daß sich hier die Frage stellt, welcher Auslegung im Rahmen des § 307 Nr. 3 der Vorzug zu geben ist.

Aus der Ausgestaltung des § 307 als unselbständiger Qualifikationstatbestand und der im Vergleich zu § 306 erheblich schärferen Strafandrohung wird deutlich, daß der Gesetzgeber den Unrechts- und Schuldgehalt der nach § 307 qualifizierten Brandstiftung wesentlich höher bewertet als den des Grunddelikts selbst.[7] Grundlage des erhöhten Unrechts- und Schuldgehaltes und damit Ratio des § 307 Nr. 3 stellt zum einen die generelle Gefährlichkeit der Tathandlung dar, denn unbrauchbare oder entfernte Löschgeräte können nicht mehr zur Brandbekämpfung eingesetzt werden, so daß das Gefahrenpotential der für Menschenleben abstrakt gefährlichen Brandstiftung[8] erhöht wird. Daneben beruht die Strafschärfung auf dem sich in der Absicht, das Löschen des Feuers zu verhindern oder zu erschweren, äußernden besonders intensiven verbrecherischen Willen des Täters.[9]

Prinzipiell läßt es sich kaum bestreiten, daß die besondere Gefährlichkeit der Tat und eine erhöhte kriminelle Energie des Täters auch bei sonstigen Maßnahmen, die auf die Beeinträchtigung von Löscharbeiten abzielen, vorliegen. Im Ergebnis macht es keinen Unterschied, worauf der Umstand, der die Nutzung des Löschgerätes ausschließt, beruht. Dementsprechend erscheinen das eingangs erwähnte Abschneiden der Wasserzufuhr, das Betrunkenmachen der Löschmannschaft oder das Versperren der Zufahrt zur Brandstelle ebenso strafwürdig wie das Zerstören eines Löschgerätes.[10] Nun rechtfertigt aber ein vergleichbares Maß an Strafwürdigkeit nicht per se eine extensive Auslegung des Unbrauchbarkeitsbegriffes, zumal die Möglichkeit besteht, derartige Straferhöhungsgründe im Rahmen der Strafzumessung bei § 306 zu berücksichtigen (vgl. § 46II).[11]

---

7 Vgl. allgemein zum Verhältnis von Strafrahmen und Strafwürdigkeit der Tat Hettinger, Doppelverwertungsverbot, S. 76 f., 79, 82; Montenbruck, Strafrahmen, S. 43.

8 H. M., vgl. nur BGHSt 34, 115 (118); BGHSt 35, 283 (285); Dr-Tr § 306 Rn. 1. Dies gilt aber nur für die Brandstiftung nach § 306 Nr. 2 und 3, denn § 306 Nr. 1 schützt das Tatobjekt als solches, vgl. SK-Horn § 306 Rn. 2.

9 So auch Schaper HH III S. 886; dagegen stellen Olshausen § 307 Anm. 6 und Arzt / Weber LH2 S. 54 nur auf die Gefährlichkeit ab, während Schütze S. 516, Schmidhäuser BT 15/12, Maurach / Schroeder / Maiwald BT2 § 51 Rn. 13 allein den verbrecherischen Willen zugrunde legen.

10 Singer, Brandstiftung, S. 38; Mommsen, Brandstiftungsrecht, S. 148 f.; Schütze S. 516 Anm. 27; v. Storch, Brandstiftung, S. 109; Bruch S. 51 f.; Maurach / Schroeder / Maiwald BT2 § 51 Rn. 18; a. A. Schaper HH III S. 886 Anm. 5, der darin nur gewöhnliche Straferhöhungsgründe sieht.

11 So auch BGHSt 22, 235 (237) zu § 223a.

Vielmehr sprechen Gründe der Rechtsklarheit und auch Praktikabilitätserwägungen für eine enge Auslegung des Unbrauchbarkeitsbegriffes. So ist zum einen eine klare Grenzziehung zu solchen Akten, die zwar noch in irgendeiner Weise die Verwendungsfähigkeit von Löschgeräten ausschließen, andererseits aber nicht mehr als „tatbestandsadäquat" erscheinen, nicht möglich. Daneben würde die Subsumtion von derartigen, die Verwendungsfähigkeit aufhebenden Maßnahmen unter § 307 Nr. 3 zu einer vollständigen Aufweichung des Tatbestandes führen. Das Bestimmtheitsgebot nach Art. 103 Abs. II GG würde nicht gewahrt, da Bezugsobjekt der Tathandlung gar nicht mehr ein Löschgerät darstellen müßte, sofern nur (mittelbar) dessen Benutzung ausgeschlossen würde. Ziel einer so gearteten Auslegung des Unbrauchbarmachens wäre dann allein, allgemein Löschverhinderungsmaßnahmen des Täters als tatbestandsmäßig zu erfassen. Eine solche gesetzgeberische Intention kann jedoch dem Wortlaut des § 307 Nr. 3 nicht entnommen werden. Im Gegenteil: Indem der Gesetzgeber die Unbrauchbarmachung von Löschgerätschaften verlangt, mißt er einer speziellen Tathandlung einen besonderen Unrechts- und Schuldgehalt zu. Wollte er jegliche Löschverhinderungsmaßnahmen erfaßt wissen, so hätte der Tatbestand entsprechend gestaltet werden können.

Das Kommissionsmitglied Dr. Budde hatte bei den Beratungen des ersten Entwurfs eines Strafgesetzbuches für den Norddeutschen Bund die Einführung des heutigen § 307 Nr. 3 vorgeschlagen, und zwar mit dem Zusatz „oder sonst das Löschen zu verhindern gesucht hat".[12] Wurde diese Tatbestandsfassung bewußt nicht übernommen, so darf die dahinter stehende gesetzgeberische Wertung nicht im Wege einer extensiven Tatbestandsinterpretation umgangen werden. Letztlich obliegt es dem Gesetzgeber, durch Normierung eines entsprechenden Tatbestandes die Verhinderung oder Beeinträchtigung von Löscharbeiten schlechthin einer Strafschärfung zu unterwerfen, um auf diese Weise alle in ihrer Strafwürdigkeit übereinstimmenden Handlungen zu erfassen. Solange dies nicht geschehen ist, muß — vor allem in Anbetracht der extrem hohen Strafandrohung des § 307 — der Tatbestand der Nr. 3 restriktiv interpretiert werden.[13]

cc) Zusammenfassung

Ein Unbrauchbarmachen von Löschgerätschaften liegt daher nur vor, wenn der Täter auf die Funktionsfähigkeit des Löschgerätes einwirkt und auf diese Weise das ordnungsgemäße Arbeiten des Löschgerätes nicht unerheblich beeinträchtigt.[14] Eine Aufhebung der Verwendbarkeit des Löschgerätes zum Löschen ohne bedeutsame Auswirkungen auf die Funktionstauglichkeit reicht nicht.

---

12 Bestand Reichskanzleramt Nr. 643 S. 67.

13 Im Ergebnis ebenso SK-Horn § 307 Rn. 15.

14 So auch Benfer BTII Rn. 581, jedoch ohne Begründung.

2. Entfernen / Unbrauchbarmachen sämtlicher Löschgerätschaften

§ 307 Nr. 3 verlangt nicht die Entfernung bzw. Unbrauchbarmachung sämtlicher für die Löschung des betreffenden Brandes verfügbaren Löschgerätschaften.[15] Dies ergibt sich insbesondere aus der Entstehungsgeschichte der Vorschrift. § 304 Nr. 4 des revidierten Entwurfes eines Strafgesetzbuches für den Norddeutschen Bund[16], der dem Reichstag am 14.2.1870 vorgelegt wurde, drohte u. a. dem Brandstifter lebenslängliches Zuchthaus an, der, „um das Löschen des Feuers zu verhindern oder zu erschweren, *die* Löschgerätschaften entfernt oder unbrauchbar gemacht hat". In der anschließenden Vorberatung durch eine vom Reichstag eingesetzte Kommission unter Vorsitz von Dr. Schwarze wurde die Streichung des Artikels vor „Löschgerätschaften" beschlossen, um deutlich zu machen, daß der Tatbestand nicht die Entfernung sämtlicher Löschgerätschaften erfordert.[17] Grundüberlegung war dabei, die Anwendung des § 304 Nr. 3 nicht in denjenigen Fällen auszuschließen, in denen außer den von dem Täter entfernten bzw. unbrauchbar gemachten noch andere Löschgeräte vorhanden sind, selbst wenn der Täter dies nicht weiß.[18]

Eine so beschaffene Auslegung entspricht auch der Ratio der Qualifizierung, da die Unbrauchbarmachung bzw. Entfernung von Löschgerätschaften ihre generelle Gefährlichkeit nicht einbüßt, wenn daneben noch andere brauchbare Löschgeräte zur Verfügung stehen.

3. Weitere Anforderungen an die Qualität von Tatobjekt und Tathandlung

Wenn schon die Entfernung oder Unbrauchbarmachung eines einzigen Löschgerätes genügt, so fragt sich, ob dann nicht bestimmte Anforderungen an die Qualität des Tatobjektes und / oder an die Tauglichkeit der Tathandlung zu stellen sind.

So könnte es beispielsweise für die Strafschärfung nicht ausreichen, daß der Täter ein schon funktions*un*tüchtiges Löschgerät entfernt oder unbrauchbar macht (Qualität des Tatobjekts). Daneben könnte von Bedeutung sein, ob das entfernte oder unbrauchbar gemachte Löschgerät im Falle seiner Funktionsfähigkeit bzw. seines Vorhandenseins dennoch nicht zum Löschen verwendet worden wäre, da z. B. die Feuerwehr, wie es heutzutage die Regel ist, mit Geräten aus eigenen Beständen gelöscht hat (Qualität der Tathandlung).

---

15 Vgl. RGSt 53, 274 (274); LK-Wolff § 307 Rn. 7; Olshausen § 307 Anm. 6.

16 Vgl. Aktenstück Nr. 5, Session 1870, I. Legislaturperiode.

17 Vgl. Aktenstück Nr. 92, Session 1870, I. Legislaturperiode; ein entsprechender im Reichstag gestellter Änderungsantrag wurde angenommen, vgl. Aktenstück Nr. 132, Session 1870, I. Legislaturperiode.

18 Schwarze S. 737.

a) § 307 Nr. 3 als Delikt mit überschießender Innentendenz

Betrachtet man die Struktur des § 307 Nr. 3, der als Delikt mit überschießender Innentendenz [19] konzipiert ist, bei dem es also auf die Verwirklichung der Absicht nicht ankommt, so deutet das Absichtsmerkmal die Unerheblichkeit der Eignung von Tathandlung und Tatobjekt hinsichtlich der Herbeiführung des beabsichtigten Erfolges an. Denn eine etwaige vom Täter verkannte Untauglichkeit des Mittels kann den subjektiv gesetzten Zweckbezug nicht beseitigen. [20] Verlangte man aber kumulativ die Eignung des Tatobjektes und der Tathandlung, den beabsichtigten Erfolg herbeiführen zu können, so würde der nach der Fassung des Tatbestandes nur zu intendierende Erfolg mittelbar — quasi über die Hintertür — zu einer objektiven Tatbestandsvoraussetzung erhoben. Soweit das Löschgerät ursprünglich brauchbar war und auch benutzt worden wäre, führt nämlich seine Unbrauchbarmachung bzw. Entfernung stets zu einer, wenn auch eventuell nur geringfügigen Erschwerung der Löscharbeiten.

Läßt sich also aus diesen Erwägungen folgern, bestimmte Anforderungen an die Qualität von Tathandlung und Tatobjekt seien nicht zu stellen, so könnte sich allenfalls aus dem Sinn und Zweck des § 307 Nr. 3 etwas anderes ergeben.

b) Normzweck

Beruht bei § 307 Nr. 3 die Strafschärfung sowohl auf der objektiven Gefährlichkeit der Tat als auch auf der besonderen kriminellen Energie des Täters, so fehlt es an der objektiven Gefahrenintensivierung, wenn es dem Täter wegen der Untauglichkeit des Tatobjekts oder der Tathandlung unmöglich ist, die beabsichtigte Beeinträchtigung der Löscharbeiten zu bewirken. Dennoch äußert sich die besonders verwerfliche Gesinnung des Täters. Hatte dagegen der Täter von der mangelnden Eignung seiner Tathandlung und / oder des Tatobjekts Kenntnis, so liegt in diesem Falle schon die erforderliche Absicht nicht vor, [21] es fehlt mithin an beiden für die Strafschärfung maßgeblichen Elementen. Weder ist die Tathandlung objektiv generell gefährlich, noch steht sie zumindest in dem spezifischen Planungszusammenhang.

Fehlt es an der objektiven Gefährlichkeit der Tathandlung, und weiß der Täter nicht davon, so fragt sich, ob allein die besondere kriminelle Energie die volle Strafschärfung legitimieren kann.

Aus der Gesetzesformulierung selbst wird deutlich, daß der Tätereinstellung besonderes Gewicht in bezug auf die Strafschärfung zukommt. Andernfalls hätte

---

19 Allg. dazu Jescheck AT § 30II1; Maurach / Zipf AT1 § 20 Rn. 38 f.

20 Oehler NJW 66, 1633 (1635).

21 Vgl. auch Schwarze S. 737; unabhängig davon, welche Vorsatzform für die Absicht zugrunde gelegt wird, ist im intellektuellen Bereich zumindest ein „Für-Möglich-Halten" des Erfolges notwendig, an dem es bei sicherer Kenntnis vom Nichteintritt fehlt.

der Gesetzgeber schon für die bloße Unbrauchbarmachung oder Entfernung von Löschgerätschaften einen erhöhten Strafrahmen androhen können. Andererseits kann die subjektive Komponente der Qualifizierungsratio nicht den objektiven Faktor vollständig in den Hintergrund drängen. Vielmehr darf angesichts der extrem hohen Strafdrohung nur das kumulative Vorliegen der vom Gesetzgeber zugrunde gelegten Erschwerungsgründe die Strafschärfung auslösen. Daraus folgt: War das Löschgerät bereits zum Zeitpunkt der Einwirkung funktionsuntüchtig, so geht von der Tathandlung objektiv keinerlei Gefahr aus. Die in ihr zum Ausdruck kommende kriminelle Energie des Täters kann ausreichend bei der Strafbarkeit wegen versuchter besonders schwerer Brandstiftung berücksichtigt werden.

Entfernt dagegen der Täter ein funktionstüchtiges Löschgerät, wird dieses aber im konkreten Fall gar nicht zum Löschen verwendet, so geht die der Tathandlung innewohnende generelle Gefährlichkeit nicht dadurch verloren, daß sich ex post herausstellt, das Löschgerät wäre, selbst wenn es vorhanden gewesen wäre, nicht benutzt worden. Auf solche nur nachträglich feststellbaren Umstände darf es für die Beurteilung der Gefährlichkeit der Tat nicht ankommen. Maßgebend sind allein diejenigen Faktoren, die zum Zeitpunkt der Ausführung vorliegen. In dieser Phase stellt sich aber die Tathandlung als generell gefährlich dar.

Unter Berücksichtigung des Normzwecks läßt sich damit festhalten, daß zwar hinsichtlich des Tatobjekts dessen (ursprüngliche) Brauchbarkeit zu verlangen, daneben aber weder erforderlich ist, daß das entfernte bzw. unbrauchbar gemachte Löschgerät tatsächlich zum Löschen verwendet worden wäre,[22] noch daß die Löscharbeiten realiter verhindert oder erschwert wurden[23].

Nimmt der Täter irrtümlich an, das von ihm entfernte Löschgerät sei brauchbar, so kommt lediglich ein untauglicher Versuch[24] der besonders schweren Brandstiftung in Betracht. Der Täter geht in diesem Falle fälschlicherweise von einem Sachverhalt aus, der, läge er tatsächlich vor, den objektiven Tatbestand erfüllt. Folglich besitzt er den für den strafbaren Versuch notwendigen Vorsatz.

4. Zeitpunkt des Unbrauchbarmachens / Entfernens

Es ist völlig unerheblich, wann der Täter die Löschgerätschaften unbrauchbar macht oder entfernt. Dies kann vor oder nach der Brandstiftung geschehen.[25]

---

22 SK-Horn § 307 Rn. 16; S/S-Cramer § 307 Rn. 10.

23 LK-Wolff § 307 Rn. 7; Bruch S. 52; Singer, Brandstiftung, S. 38; Benfer BTII Rn. 582; Hälschner Bd. 2,2 S. 621; Schaper HH III S. 886.

24 Vgl. allg. dazu Jescheck AT § 50I; LK-Vogler § 22 Rn. 133 ff.

25 H. M., vgl. nur LK-Wolff § 307 Rn. 8; Dr-Tr § 307 Rn. 5.

II. Subjektiver Tatbestand

Der subjektive Tatbestand des § 307 Nr. 3 verlangt vorsätzliches Handeln, d. h. die willentliche Verwirklichung des Straftatbestandes in Kenntnis aller seiner objektiven Tatumstände[26] und die Absicht des Täters, das Löschen des Feuers zu verhindern oder zu erschweren.

1. Umfang des Vorsatzes

Da § 307 Nr. 3 nicht nur die Entfernung bzw. Unbrauchbarmachung von Löschgerätschaften, sondern auch eine vollendete Brandstiftung gem. § 306 voraussetzt, stellt sich die Frage, ob schon bei Ausführung des ersten Aktes der Täter den Entschluß gefaßt haben muß, den zweiten Akt vorzunehmen. So kann sich beispielsweise der Täter erst, nachdem er ein Wohnhaus in Brand gesetzt hat, dazu entschließen, den in der Nähe befindlichen Feuerlöscher zu entfernen. Es stellt sich dann die Frage, ob dies für die innere Tatseite des § 307 Nr. 3 ausreicht oder ob der Täter vielmehr schon bei der Brandstiftung den Tatentschluß hinsichtlich der Entfernung des Feuerlöschers gehabt haben muß.

Die Antwort erschließt sich durch Rückgriff auf den deliktischen Kern des § 307 Nr. 3. Die im Rahmen des § 307 Nr. 3 maßgebenden straferhöhenden Umstände sind unabhängig davon gegeben, ob sich der Täter schon vor oder erst nach der Brandstiftung zur Tathandlung des § 307 Nr. 3 entschließt. Die Tat erlangt ihren besonderen Unrechtsgehalt nicht erst dadurch, daß der Täter bei Ausführung der Brandstiftung die Entfernung oder Unbrauchbarmachung von Löschgeräten innerlich antizipiert. Es reicht daher aus, wenn der Täter im Anschluß an die Brandstiftung aufgrund eines neuen Entschlusses Löschgeräte entfernt oder unbrauchbar macht.

Auch der umgekehrte Fall, also die vorangehende Entfernung bzw. Unbrauchbarmachung eines Löschgeräts ohne entsprechenden Vorsatz hinsichtlich der Brandstiftung, ist denkbar, jedoch stellt sich das aufgeworfene Vorsatzproblem nicht, denn in diesen Fällen fehlt es immer schon an der nach § 307 Nr. 3 erforderlichen Absicht[27], die Löscharbeiten zu beeinträchtigen. Besprüht der Täter, um seinen Nachbarn zu ärgern, N's Rosenbeet mit dessen Feuerlöscher und zündet anschließend aufgrund eines spontanen Einfalls auch noch das Haus des N an, so handelt er bei dem Unbrauchbarmachen des Feuerlöschers nicht mit der Absicht, das Löschen des Feuers zu erschweren. Gleiches gilt, wenn der Täter eine Brandstiftung ins Auge gefaßt hat, sich aber noch nicht endgültig

---

[26] So die gängige Kurzformel, vgl. RGSt 58, 247 (248); BGHSt 19, 295 (298); Jescheck AT § 29II2; Wessels AT § 7I1.

[27] Siehe bzgl. der zu verlangenden Vorsatzform unten Erster Teil, II.2.

entschlossen hat, und nun vorsorglich den Feuerlöscher entfernt, um gegebenenfalls die Löscharbeiten zu erschweren.

Die Realisierung der Absicht setzt zwingend die Vornahme der Brandstiftung, also ein weiteres willentliches Tätigwerden des Täters voraus. Maßgebend dafür, ob der Täter bei der Entfernung bzw. Unbrauchbarmachung des Löschgeräts in der Absicht handelte, die Löscharbeiten zu beeinträchtigen, ist damit das Vorliegen eines unbedingten Handlungsentschlusses hinsichtlich der Brandstiftung.[28] Ein solcher unbedingter Handlungsentschluß liegt auch dann vor, wenn das Tätigwerden von dem Eintritt einer objektiven Bedingung abhängig gemacht wird (sog. Tatentschluß auf bewußt unsicherer Tatsachengrundlage), der Täter also beispielsweise die spätere Brandstiftung ausführen will, falls es nicht regnet. Behält sich der Täter dagegen die Entscheidung über das „Ob" der Brandstiftung noch vor, so fehlt es an einem unbedingten Handlungsentschluß, es ist lediglich eine sog. Tatgeneigtheit gegeben. Der unbedingte Handlungsentschluß hinsichtlich der Brandstiftung beschreibt letztlich nichts anderes als den Vorsatz, der damit zum Zeitpunkt des Unbrauchbarmachens bzw. Entfernens der Löschgeräte vorliegen muß, soll die Strafbarkeit nicht schon am Fehlen der notwendigen Absicht scheitern.

2. Absicht

Der subjektive Tatbestand des § 307 Nr. 3 fordert nicht nur vorsätzliches Handeln, sondern der Täter muß zudem das Löschgerät in der Absicht entfernt bzw. unbrauchbar gemacht haben, das Löschen des Feuers zu verhindern oder zu erschweren. Da mit dem Begriff der Absicht je nach Sinn und Zweck des jeweiligen Strafgesetzes entweder ein zielgerichteter Wille oder ein direkter Vorsatz ersten und zweiten Grades[29] unter Ausschluß des Eventualvorsatzes beschrieben wird,[30] stellt sich die Frage, welche Vorsatzform für die in § 307 Nr. 3 normierte Absicht zu verlangen ist.

---

28 Vgl. entsprechend zu § 263: BGHSt 31, 178 (180 f.); Gehrig S. 61 f.; zu § 267: S/S-Cramer § 267 Rn. 91; Schmid ZStW 74, 48 (67 f.).

29 Vgl. zur Terminologie nur Samson JA 89, 449 (449 ff.).

30 So die überwiegende Ansicht, vgl. nur Jescheck AT § 29III1b; S/S-Cramer § 15 Rn. 70. Vereinzelt wird in den Kreis der Bedeutungsvarianten auch noch der Vorsatz als solcher, d.h. unter Einschluß des dolus eventualis, einbezogen. Der Eventualvorsatz soll bei unvollkommen zweiaktigen Delikten und bei kupierten Erfolgsdelikten in Betracht kommen, deren eigentlicher rechtsgutsverletzender Erfolg erst in der Absichtsverwirklichung liegt. Zur Begründung wird die versuchsähnliche Struktur dieser Delikte angeführt, die eine systematische Angleichung des Absichtsmerkmals an die subjektiven Anforderungen des Versuchs im technischen Sinn gebiete; so Herzberg ZStW 88, 68 (95 f.); Stratenwerth AT Rn. 315 ff.; ders. ZStW 76, 669 (699); AK-Zielinski §§ 15,16 Rn. 69; Jakobs 8/39 f.; nur für kupierte Erfolgsdelikte Sprang, Auslegung der Absichtsmerkmale, S. 80 ff., der den dolus eventualis aber aufgrund einer teleologischen Betrachtungsweise befürwortet; vgl. auch noch allgemein zu den Absichtsdelikten Gehrig, Der Absichtsbegriff.

Antizipiert der Absichtsinhalt die eigentliche Rechtsgutsverletzung, geht es mithin nach der ratio legis um eine zeitliche Vorverlagerung des Rechtsgüterschutzes, so wird nach überwiegender Ansicht direkter Vorsatz ersten oder zweiten Grades für ausreichend gehalten.[31] Zur Begründung wird angeführt, es sei für das geschützte Rechtsgut ohne Bedeutung, ob der Täter den Erfolg als Haupt- oder Zwischenziel erstrebt oder ob er sich seinen Eintritt nur als sichere Nebenfolge seines Handelns vorstellt. In beiden Fällen sei er für das geschützte Rechtsgut gleichermaßen gefährlich,[32] da eine Differenz hinsichtlich des Unrechts- und Schuldgehalts zwischen dolus directus ersten Grades und dolus directus zweiten Grades nicht besteht[33].

Anders soll es hingegen sein, wenn die Absicht die besondere Motivation des Täters charakterisiert. Hier finde die spezielle Intention des Täters in den tatbestandlichen Anforderungen nur dann ihren Niederschlag, wenn eine Absicht im technischen Sinne verlangt wird,[34] da bei dieser Vorsatzform eben das voluntative Element stark überwiegt.

Bei den bisher angestellten Betrachtungen in bezug auf § 307 Nr. 3 ist deutlich geworden, daß das Absichtsmerkmal nicht der Vorverlagerung des Rechtsgüterschutzes dient, sondern den besonders intensiven verbrecherischen Willen des Täters erfassen will. Der erhöhte Strafrahmen soll auf denjenigen Brandstifter Anwendung finden, der einen weiteren gefährlichen Akt um bestimmter Zwecke willen ausführt. Gerade in dieser besonderen Zwecksetzung offenbart sich seine kriminelle Energie, die neben der Gefährlichkeit der Tathandlung die Grundlage der Strafschärfung bildet. Unter Zugrundelegung der oben genannten Abgrenzungskriterien müßte demnach dolus directus ersten Grades verlangt werden.

Jedoch könnte noch erwogen werden, ob der Täter für den Fall, daß er sich die Beeinträchtigung der Löscharbeiten nur als sichere Nebenfolge seines Handelns vorstellt, gleichermaßen mit der für die Strafschärfung notwendigen verbrecherischen Intensität tätig wird. Setzt der Täter beispielsweise das Haus seines Nachbarn in Brand, und sprüht er anschließend mit dem Feuerlöscher des N, um diesen noch mehr zu ärgern, dessen Pkw durch das geöffnete Schiebedach voll, wohl wissend, daß dadurch die Löscharbeiten behindert werden könnten, so fragt sich, ob in diesem Fall die der Strafschärfung zugrundeliegende besonders verwerfliche Gesinnung des Täters zum Ausdruck kommt. Zwar ist der Täter objektiv gefährlich, denn er läßt sich von seiner Tat trotz der erkannten Nebenfolgen nicht abhalten, jedoch fehlt es an dem planvollen, von verbrecherischer Intensität geprägten Vorgehen. Die reine Kumulation der Akte in Kenntnis der

---

31 Samson JA 89, 449 (453); Lenckner NJW 67, 1890 (1894); Gehrig S. 12; Oehler NJW 66, 1633 (1637 f.); S/S-Stree § 257 Rn. 22; die Minderheitsansicht (Anm. 30) nimmt hier dolus eventualis an.

32 Lenckner NJW 67, 1890 (1893 f.).

33 S/S-Cramer § 15 Rn. 69; Gehrig S. 84 ff.; Jescheck AT § 29III2.

34 Samson JA 89, 449 (453); Lenckner NJW 67, 1890 (1894 f.).

Folgen rechtfertigt noch nicht die erhebliche Strafschärfung. Erst wenn der Täter zielgerichtet die Löschgeräte entfernt bzw. unbrauchbar macht, es ihm gerade auf die Verhinderung / Erschwerung des Löschens ankommt, erreicht seine Tat den Unrechts- und Schuldgehalt, der dem Maß der Strafanhebung entspricht.

Für die Absicht in § 307 Nr. 3 muß also eine Absicht im technischen Sinne verlangt werden. Nur derjenige handelt tatbestandsmäßig, der die Verhinderung bzw. Erschwerung der Löscharbeiten als Haupt- oder Zwischenziel erstrebt, wobei unerheblich ist, ob er diesen Erfolgseintritt für sicher oder nur für möglich hält.

ZWEITER TEIL

Täterschaft bei Verwirklichung eines zweiaktigen Tatbestandes unter Verteilung der beiden Teilakte auf zwei Personen

Neben § 307 Nr. 3 enthält das StGB andere zweiaktige Delikte, wie die Geldfälschung (§ 146I Nr. 3), die Vergewaltigung (§ 177I), die sexuelle Nötigung (§ 178I), die Verletzung des Briefgeheimnisses (§ 202II), den erpresserischen Menschenraub (§ 239aI 2. Alt.), die Geiselnahme (§ 239bI 2. Alt.), die Entführung gegen den Willen der Entführten (§ 237), den Raub (§ 249), den räuberischen Diebstahl (§ 252) und die Fälschung von Gesundheitszeugnissen (§ 277).

Nun mag auf den ersten Blick diesem Deliktsaufbau im Verhältnis zu den einaktigen Delikten keine wesentliche Bedeutung beigemessen werden, wird doch eben nur verlangt, daß der Täter nicht nur einen, sondern zwei (Teil-)Akte ausführt. Zugegebenermaßen tauchen keine Schwierigkeiten auf, solange nur eine einzige Person an der Deliktsverwirklichung beteiligt ist. Der Unterschied wird aber deutlich, sobald zwei Personen an der Tatausführung mitwirken. So kann nämlich jeder der beiden Beteiligten einen Teilakt ausführen und damit (teil-)tatbestandsmäßig handeln, ohne jedoch zugleich, wie es im Rahmen einaktiger Delikte der Fall ist, den gesamten Tatbestand eigenhändig zu erfüllen. Gerade auf diesem Unterschied beruht denn auch die Besonderheit der zweiaktigen Delikte. Während der den einaktigen Tatbestand vollständig eigenhändig verwirklichende Beteiligte bei rechtswidrigem und schuldhaftem Handeln zweifellos als Täter haftet, läßt sich der Täter bei Ausführung eines zweiaktigen Deliktes durch zwei teiltatbestandsmäßig handelnde Beteiligte nicht gleichermaßen ohne nähere Prüfung bestimmen.

A. Problemstellung am Beispiel des § 307 Nr. 3

§ 307 Nr. 3 soll im Folgenden als Beispiel auch für die anderen zweiaktigen Delikte dienen, aber nur, soweit dies angesichts der Spezifika der einzelnen Tatbestände möglich ist, so daß gegebenenfalls eine gesonderte Betrachtung der einzelnen Tatbestände zu erfolgen hat.

Im Rahmen des § 307 Nr. 3 lassen sich verschiedene Fallkonstellationen bilden, bei denen stets die beiden Beteiligten (A und B) je einen Teilakt ausführen:

Fall 1

A und B haben gemeinsam geplant, im Wege der Arbeitsteilung das Haus des X anzuzünden und die Löschgeräte unbrauchbar zu machen, um die Löscharbeiten zu beeinträchtigen. Dabei fällt dem A die Vornahme der Brandstiftung zu, während B die Löschgeräte beschädigt.

Fall 2

Es ist auch möglich, daß zunächst A einen entsprechenden Plan faßt und vor Ausführung der Tat den B bittet, die Löschgeräte unbrauchbar zu machen; er selbst will das Gebäude in Brand setzen. Der B stimmt zu, weil er in der Schuld des A steht und diesem einen Gefallen erweisen möchte; ob die Löscharbeiten durch sein Tun beeinträchtigt werden, interessiert ihn nicht.

Fall 3

Ebenso ist denkbar, daß der A den B zu einer Brandstiftung veranlaßt und anschließend ohne Wissen des B die Löschgeräte unbrauchbar macht. (Fall 3a)

Dieses Beispiel läßt sich auch im Umkehrung der Teilakte bilden: A spiegelt dem nach der Ausführung der Brandstiftung hinzukommenden B vor, der Brand habe einen technischen Defekt zur Ursache. Er veranlaßt den B, dessen Feindschaft mit X ortsbekannt ist, die Löschgeräte unbrauchbar zu machen, um die Löscharbeiten zu verhindern. So geschieht es. (Fall 3b)

Fall 4

Letztlich könnte auch A die Brandstiftung ausführen und den hinzukommenden B, dem er von seiner Tat erzählt, bitten, die Löschgeräte unbrauchbar zu machen. B folgt dem Vorschlag des A, weil auch er den X haßt und daher die Löscharbeiten verhindern möchte.

Abstrakt gefaßt handelt es sich also um die Varianten

1) Deliktsverwirklichung aufgrund gemeinsamer Tatplanung bei Innehabung der erforderlichen Täterqualifikation (Fall 1),

2) Zusammenwirken mit einem ohne die erforderliche überschießende Innentendenz Handelnden (Fall 2),

3) Zusammenwirken mit einem Beteiligten, der in Unkenntnis des anderen Teilaktes tätig wird (Fall 3a und b) und

4) Einschaltung eines nach Ausführung des ersten Teilaktes Hinzukommenden, der in Kenntnis des bereits Geschehenen tätig wird (Fall 4).

In den Fallvarianten 1, 2, 3b und 4 ist A als Täter der Brandstiftung (§ 306) und B als Täter einer Sachbeschädigung (§ 303) einzuordnen. In Fall 3a verhält es sich umgekehrt. Insoweit bereiten diese Beispiele keine Schwierigkeiten. Richtet man jedoch den Blick auf die jeweilige Beteiligungsform von A und B in bezug auf die von ihnen gemeinsam objektiv verwirklichte qualifizierte Brandstiftung, so läßt sich die Frage nach dem Täter der besonders schweren Brandstiftung nicht ohne eingehendere Prüfung aller Fallvarianten beantworten. So könnten sowohl A als auch B oder vielleicht auch nur A Täter sein; genauso wäre denkbar, daß keinem der beiden die Täterschaft zukommt.

Da die vorgestellten Fallkonstellationen am Beispiel des § 307 Nr. 3 exemplarisch für vergleichbare Fallgestaltungen bei anderen zweiaktigen Delikten stehen, stellt sich also allgemein die Frage, inwieweit eine Täterschaft der Beteiligten hinsichtlich des zweiaktigen Deliktes in Betracht kommt, wenn jeder einen Teilakt in der beschriebenen Weise ausführt.

Das StGB normiert neben der unmittelbaren Alleintäterschaft (§ 25I 1. Alt.) die mittelbare Alleintäterschaft (§ 25I 2. Alt.) und die Mittäterschaft (§ 25II), die sich phänomenologisch voneinander unterscheiden. Soll also einer der Beteiligten in den geschilderten Fallbeispielen Täter des zweiaktigen Deliktes sein, so muß sich seine Mitwirkung einer dieser drei Täterschaftsformen zuordnen lassen. Nachfolgend stellt sich damit die Aufgabe, mit Hilfe der heute herrschenden Täterlehre zu prüfen, ob sich mindestens einer der Beteiligten A oder B als Täter der besonders schweren Brandstiftung bzw. bei identischer Fallgestaltung bezüglich eines anderen zweiaktigen Delikts als Täter desselben einstufen läßt, obwohl keiner von beiden das gesamte tatbestandsmäßige Geschehen eigenhändig verwirklicht.

B. Grundlagen der Täterschaft

Das StGB stellt — außer bei den Fahrlässigkeitsdelikten — nicht auf einen Einheitstäter ab, sondern differenziert zwischen Tätern und Teilnehmern. Die daher notwendige Abgrenzung hat zur Herausbildung verschiedener Täterlehren geführt, die sich anhand ihrer vorrangigen Anknüpfung entweder an das äußere Geschehen oder an die Vorstellungen der Beteiligten grob in subjektive und objektive Theorien einteilen lassen. Während zu Beginn dieses Jahrhunderts neben vermittelnden Ansätzen auch noch Extrempositionen sowohl bezüglich einer subjektiven als auch einer objektiven Lehre vertreten wurden, hat mittlerweile eine inhaltliche Annäherung der im einzelnen vertretenen Ansätze stattgefunden. Die Unterschiede konzentrieren sich letztlich nur noch auf die verschiedenen Anknüpfungspunkte, bezüglich der anzulegenden Maßstäbe besteht dagegen weitgehende Übereinstimmung. Obwohl die extremen Lehren heute überholt sind, sollen auch sie in der anschließenden Darstellung der Täterlehren kurz skizziert werden, da auf sie bei Auseinandersetzungen mit der Täterfrage zum Teil Bezug genommen wird.

I. Ältere Täterlehren

1. Extrem-subjektive Theorie

Den Ausgangspunkt dieser Theorie bildet der extensive Täterbegriff, nach dem alle kausalen Tatbeiträge als gleichwertig und damit als täterschaftsbegründend einzustufen sind, so daß die Teilnahmevorschriften Strafeinschränkungsgründe darstellen. Die damit verbundene Unmöglichkeit, zwischen den Beteiligungsformen im objektiven Bereich zu differenzieren, muß zwangsläufig zur Verlagerung der Abgrenzung in den subjektiven Bereich führen. Dementsprechend wird das maßgebliche Abgrenzungskriterium in dem Willen der Beteiligten gesehen. Auf der Dolustheorie[1] aufbauend, die die Unterordnung des Willens unter die Entschlüsse des Täters als Charakteristikum der Teilnahme ansieht, während der Täter einen den seinigen beherrschenden Willen nicht anerkennt, wurde die „animus-Formel" geprägt: Täter ist, wer die Tat als eigene will, Teilnehmer, wer die Tat als fremde will. Danach kann auch derjenige, der den Tatbestand vollständig eigenhändig verwirklicht, als Gehilfe eingeordnet werden, sofern er keinen Täterwillen, sondern nur einen Teilnehmerwillen aufweist.

Der subjektiven Theorie folgte neben einigen Autoren aus der Lehre[2] auch das Reichsgericht in ständiger Rechtsprechung,[3] die zum Teil vom BGH[4] übernommen wurde. Und sowohl Reichsgericht als auch BGH gelangten im „Badewannenfall"[5] bzw. im „Stachinsky-Urteil"[6] zur Gehilfenschaft trotz vollständiger Verwirklichung sämtlicher Tatbestandsmerkmale.

Schon diese extreme Konsequenz hat allgemeine Ablehnung hervorgerufen, und mit der Neufassung des § 25I vom 1.1.1975 ist ihr nun auch die Grundlage entzogen worden. Daneben beruhen die Mängel der extrem-subjektiven Theorie auf dem kausalen Ansatz und der damit verbundenen unzutreffenden Prämisse von der Gleichwertigkeit der objektiven Beiträge, denn das objektive Gewicht eines Tatbeitrages wird gerade nicht allein durch dessen Kausalität für den Deliktserfolg bestimmt.

Um ihre Ansicht von der Unmöglichkeit einer Abgrenzung im objektiven Bereich zu rechtfertigen, greift sich die Rechtsprechung mit der Kausalität einen Maßstab heraus, der zur Differenzierung gerade wegen der Äquivalenz aller

---

1 Als einflußreichster Vertreter galt v. Buri, Die Kausalität und ihre strafrechtlichen Beziehungen (1885), S. 41.

2 Vgl. die Nachweise bei Roxin, Tatherrschaft, S. 52 ff.; heute noch Baumann / Weber AT S. 525 ff.

3 RGSt 2, 160 (162); 3, 181 (182); 74, 84 (85); 66, 298 (305); 66, 236 (240); 39, 193 (196).

4 BGHSt 4, 20 (21); 6, 226 (228); 8, 70 (73); BGH NJW 51, 323; BGH MDR / D 53, 400 f.; BGH MDR / D 73, 17.

5 RGSt 74, 84 ff.

6 BGHSt 18, 87 ff.

Bedingungen ganz offensichtlich nicht zur Abgrenzung im objektiven Bereich taugt. Mit dem dadurch bedingten Ausweichen auf den Täterwillen als einem rein internen psychischen Moment wird ein Umstand zum Abgrenzungskriterium erhoben, der willkürlicher Bestimmung preisgegeben ist, da es an den Täterwillen konkretisierenden Merkmalen fehlt.[7] Darüberhinaus verdeutlicht auch schon die Existenz altruistischer Delikte, wie beispielsweise die §§ 216, 253, 259 und 263, daß der Täterwille kein geeignetes Unterscheidungsmerkmal darstellen kann.

Die Beliebigkeit der Täterbestimmung, wie sie der subjektiven Theorie innewohnt, wird auch bei der Frage nach dem Täter der hier im Mittelpunkt stehenden Fallkonstellationen bezogen auf zweiaktige Delikte deutlich. In den Fallbeispielen 1 - 4[8] kann nach der subjektiven Theorie ohne weiteres derjenige, der die Verwirklichung des zweiaktigen Tatbestandes unter eigener Mitwirkung veranlaßt, als Täter eingestuft werden, weil er die Tat als eigene will. Der A ist folglich in allen Varianten Täter der besonders schweren Brandstiftung, unabhängig davon, wie die Beteiligung des B (Mittäter / Gehilfe der zweiaktigen Tat; Täter der von ihm ausgeführten einaktigen Tat) einzustufen ist. Spezifische Täterschaftsprobleme zweiaktiger Delikte, bedingt durch die Verteilung der beiden Teilakte auf zwei Ausführende, wie in den hier zugrunde gelegten Fallkonstellationen, stellen sich für die subjektive Theorie nicht, denn der A könnte selbst dann noch Täter sein, wenn er überhaupt keinen Teilakt ausführt.

2. Formal-objektive Theorie

Die Gegenposition zur extrem-subjektiven Theorie bildet die formal-objektive Theorie. Danach kommt als Alleintäter nur in Betracht, wer die im Tatbestand beschriebene deliktstypische Handlung eigenhändig ausführt. Mittäter soll entsprechend nur derjenige sein, der ein Stück der Ausführungshandlung selbst vornimmt. Beihilfe liegt dagegen vor, wenn der Beteiligte, ohne die tatbestandliche Handlung auszuführen, lediglich vorbereitend oder unterstützend tätig wird.[9]

In der Bestimmung des Alleintäters als desjenigen, der selbst den Tatbestand verwirklicht, steckt der richtige Ausgangspunkt. Die Beschränkung der Alleintäterschaft auf die unmittelbare eigenhändige Ausführung verhindert aber die Erfassung der mittelbaren Täterschaft als eine weitere, in § 25 I 2. Alt. gesetzlich anerkannte Erscheinungsform der Alleintäterschaft, es sei denn, das formal-objektive Prinzip wird preisgegeben.[10] Daneben wird der Bereich der Mittäter-

---

[7] Vgl. auch LK-Roxin § 25 Rn. 31; Wessels AT § 13II4; Maurach / Gössel / Zipf AT2 § 47 Rn. 55.

[8] Siehe Zweiter Teil, A.

[9] Vgl. als Hauptvertreter Beling, Lehre vom Verbrechen, S. 397; v. Liszt / Schmidt S. 334; weitere Nachweise bei Roxin, Tatherrschaft, S. 34.

[10] Vgl. auch Cramer, Bockelmann-Festschrift, S. 391; Stoffers MDR 89, 208 (209); Geerds Jura 90, 173 (174).

schaft zu stark eingeschränkt, denn es beruht oftmals auf Zufälligkeiten, ob der Beteiligte einen Teil der Ausführungshandlung vornimmt oder ob er eine andere wesentliche Funktion erfüllt, die ihn als gleichrangigen Mittäter erscheinen läßt.[11] Insofern stellt sich die formal-objektive Theorie als zu eng dar.

Gerade die Starrheit und Beschränktheit der formal-objektiven Theorie zeigt sich bei der Anwendung auf die hier zu prüfenden Fallkonstellationen. Grundsätzlich müßten A und B in den Fallbeispielen 1-4 als Mittäter eingestuft werden, da beide einen Teil der Ausführungshandlung selbst vornehmen. Offen bleibt jedoch, wie der Täter zu bestimmen ist, wenn bei einem Beteiligten für die Täterschaft notwendige Voraussetzungen, beispielsweise eine spezifische Absicht, nicht vorliegen. Kann dann der andere Beteiligte Alleintäter sein, obwohl er nicht die gesamte Ausführungshandlung selbst vorgenommen hat, und läßt sich der die Tätervoraussetzungen nicht erfüllende Beteiligte als Gehilfe einordnen, obwohl er einen Teil der Tathandlung ausgeführt hat und damit nicht bloß vorbereitend oder unterstützend tätig geworden ist? Die formal-objektive Theorie hält für solche Mitwirkungsformen keinen Abgrenzungsmaßstab bereit. Allein der formale Aspekt hilft nicht weiter, und eben darin zeigt sich denn auch die mangelnde Flexibilität der formal-objektiven Theorie, die eine Täterbestimmung in von dem Regelfall abweichenden Erscheinungsformen verhindert.

3. Materiell-objektive Theorien

Zwischen der streng-subjektiven Theorie und der formal-objektiven Theorie als Außenpunkte sind materiell-objektive Theorien entwickelt worden, die auf einer Unterscheidung nach der Intensität der Kausalbeziehung, die der Täter mittels seines Beitrags zum Tatgeschehen aufweist, beruhen. So erfolgt unter anderem eine Differenzierung von Tätern und Teilnehmern nach der Notwendigkeit des kausalen Beitrags für die Deliktsverwirklichung (Notwendigkeitstheorie),[12] nach dem Zeitpunkt innerhalb des deliktischen Gesamtgeschehens, zu dem der Tatbeitrag geleistet wird (Gleichzeitigkeitstheorie)[13] oder nach der Setzung von einerseits Ursachen, die unmittelbar den Erfolg herbeiführen (physisch vermittelte Kausalität) und andererseits Bedingungen, bei denen noch die selbständige Handlung eines Anderen zur Erfolgsherbeiführung erforderlich ist (psychisch vermittelte Kausalität)[14],[15] Neben verschiedenen verwertbaren Ansätzen weisen diese Abgrenzungsversuche jedoch Schwächen auf, die ihren Wert als allgemein-

---

11 Vgl. auch Küpper GA 86, 437 (439); S/S-Cramer Vorbem. §§ 25 ff. Rn. 54; Jescheck AT § 61III3.

12 Baumgarten ZStW 37, 517 (526 ff.); Kohlrausch ZStW 55, 384 (394).

13 Fuchs GA 29, 169 (170 ff.); siehe auch die Darstellung bei Roxin, Tatherrschaft, S. 42.

14 Frank Vor § 47 Anm. II.

15 Siehe im Einzelnen die Darstellung bei Roxin, Tatherrschaft, S. 38 ff.

gültige Maßstäbe mindern. So sieht sich die Notwendigkeitstheorie, die als Mittäter denjenigen ansieht, ohne dessen Beitrag die Tat nicht hätte ausgeführt werden können, während der Gehilfe einen bloß förderlichen Beitrag leistet,[16] u. a. Beweisschwierigkeiten ausgesetzt, da ex post der Nachweis über die Notwendigkeit eines Beitrags für den Deliktserfolg geführt werden muß.[17] Daneben besteht das Problem, den notwendigen Beitrag des Täters von dem bloß förderlichen Beitrag des Gehilfen abzugrenzen.[18] Außerdem versagt dieses Kriterium im Bereich der Abgrenzung von Anstiftung und mittelbarer Täterschaft.[19]

Die Abgrenzung nach dem Zeitpunkt der Beteiligung, wie sie die Gleichzeitigkeitstheorie vornimmt, erscheint zu schematisch, denn es überzeugt nicht, wenn jemand, der einen völlig untergeordneten Beitrag gerade während der Deliktsausführung leistet, allein aufgrund dieses Umstandes zum Täter avancieren soll.[20] Ebenso birgt die Abgrenzung nach physisch oder psychisch vermittelter Kausalität Unzulänglichkeiten im Bereich der Mittäterschaft, wenn nur einer der Beteiligten die Ausführungshandlung vornimmt und der andere einen gleichgewichtigen Beitrag leistet. Dieser wäre stets von der Mittäterschaft ausgeschlossen, da er nicht unmittelbar, sondern nur über den Partner den Deliktserfolg herbeiführt.

Bei der Anwendung der älteren materiell-objektiven Theorien auf die hier zu prüfenden Fallkonstellationen ergeben sich für die Notwendigkeits- und die Gleichzeitigkeitstheorie die Schwierigkeiten, die auch bei Zugrundelegung der formal-objektiven Theorie auftauchen. Da die von den beiden Beteiligten geleisteten Teilakte für die Deliktsverwirklichung notwendig sind und zudem während des Ausführungsstadiums erbracht werden, ist grundsätzlich Mittäterschaft gegeben. Aber auch hier besteht das Problem, den Täter des zweiaktigen Deliktes zu ermitteln, wenn einer der Beteiligten beispielsweise mangels Vorsatzes oder wegen Handelns ohne die erforderliche Absicht nicht Täter sein kann. Will man den die Täterschaftsvoraussetzungen mitbringenden Beteiligten als Alleintäter einstufen, so muß der andere Beteiligte Gehilfe sein. Wie kann dessen Mitwirkung aber nur als Beihilfe bewertet werden, wenn er doch einen notwendigen Beitrag bzw. einen Beitrag im Ausführungsstadium leistet? Eine Lösung ist nur möglich, wenn das für die Unterscheidung erhebliche Kriterium preisgegeben wird.

Im Gegensatz dazu kann bei einer Abgrenzung nach der Art der vermittelten Kausalität keiner der beiden Beteiligten Mittäter sein, da beide nicht unmittelbar, sondern nur über den anderen den Deliktserfolg herbeiführen.

Für die älteren materiell-objektiven Theorien stellt sich damit in gleicher Weise wie für die formal-objektive Theorie das Problem, daß sie die Abgrenzung zu

---

16 Baumgarten ZStW 37, 517 (526 ff.); Kohlrausch ZStW 55, 384 (394).

17 Vgl. auch Roxin, Tatherrschaft, S. 41; Jakobs 21/26; S/S-Cramer Vorbem. §§ 25 ff. Rn. 61.

18 Vgl. auch Stratenwerth Rn. 741.

19 Vgl. auch Roxin, Tatherrschaft, S. 41.

20 Vgl. auch Roxin, Tatherrschaft, S. 44.

stark an ein im objektiven Bereich wurzelndes Kriterium binden. Zwar wird dadurch die Willkürlichkeit einer rein an subjektiven Faktoren orientierten Abgrenzung vermieden, insofern stecken in diesen Theorien brauchbare Ansätze. Jedoch entbehren sie aufgrund der ausschließlichen Anknüpfung an formale Aspekte eines Maßstabs, der die Unterscheidung zwischen Tätern und Teilnehmern in solchen Fällen ermöglicht, in denen es sich eben nicht um den typischen Regelfall handelt.

Die älteren materiell-objektiven Theorien gelten daher, ebenso wie andere in der Lehre entwickelte Abgrenzungsversuche[21], als überholt. Sie lassen jedoch in der Zusammenschau mit der ebenfalls nicht mehr vertretenen extrem-subjektiven und formal-objektiven Theorie die maßgebenden Kriterien erkennen, die eine Täterlehre zu berücksichtigen hat, damit die Täterschaftsfrage bei den hier zu prüfenden zweiaktigen Delikten gelöst werden kann. So muß eine solche Täterlehre einerseits die Abgrenzung im objektiven Bereich ansiedeln, um die Täterbestimmung nicht der Beliebigkeit anheimzustellen. Andererseits hat sie die Starrheit und den Formalismus der objektiven Theorien zu vermeiden, indem sie Wertungskriterien zur Verfügung stellt, mit deren Hilfe als Täter auch bestimmt werden kann, wer nicht den gesamten Tatbestand, sondern nur einen Teilakt selbst verwirklicht, und noch als Gehilfe eingestuft werden kann, wer eine tatbestandliche Ausführungshandlung vornimmt.

II. Heutige Täterlehren

1. Tatherrschaftslehre

In der Rechtslehre hat sich heute eine materiell-objektive Theorie unter dem Leitprinzip der Tatherrschaft durchgesetzt. Sie geht von einem restriktiven Täterbegriff aus, der den Täter als das Subjekt der Tatbestandsbeschreibung versteht, so daß die Teilnahmevorschriften als Strafausdehnungsgründe zu interpretieren sind. Täter ist danach, wer die Tatausführung beherrscht, dagegen ist Teilnehmer derjenige, der ohne Beherrschung des Geschehens zur Tat beiträgt.[22] Wann eine solche Herrschaft über die Tat vorliegt, wird zum Teil nur durch formelhafte Wendungen beschrieben. So muß nach Welzel der Handelnde durch zweckbewußte Lenkung des Kausalgeschehens auf den tatbestandsmäßigen Erfolg hin als Herr der Tatbestandsverwirklichung erscheinen.[23] Gallas spricht davon, daß der Handelnde nach einem Programm verfährt, dessen Verwirklichung ihm den Erfolg in die Hand gibt.[24] Maurach bezeichnet die Tatherrschaft als das vom

21 Siehe dazu Roxin, Tatherrschaft, S. 49 ff.

22 LK-Roxin § 25 Rn. 7; S/S-Cramer Vorbem. §§ 25 ff. Rn. 62; Maurach / Gössel / Zipf AT2 § 47 Rn. 85; Gallas, Beiträge, S. 102 f., 138 f.; Hünerfeld ZStW 99, 228 (233).

23 Welzel Lb S. 99; vgl. auch Gallas, Beiträge, S. 90.

24 Gallas, Beiträge, S. 89.

Vorsatz umfaßte In-den-Händen-Halten des tatbestandsmäßigen Geschehensablaufs, so daß der Handelnde die Verwirklichung des Gesamterfolges je nach seinem Willen hemmen, ablaufen oder abbrechen lassen kann,[25] und Bockelmann spricht die Tatherrschaft demjenigen zu, der die maßgebliche Entscheidung über das Ob der Tat fällt.[26]

Den auf diese Weise lediglich grob konturierten Tatherrschaftsbegriff hat Roxin in seiner Monographie über Täterschaft und Tatherrschaft präzisiert. Ausgehend von dem Leitbild des Täters als Zentralgestalt des handlungsmäßigen Geschehens, das bei den Herrschaftsdelikten durch die Tatherrschaft konkretisiert wird,[27] hat er die empirisch vorfindbaren Formen der Beteiligung am Tatgeschehen gesichtet und die Handlungsherrschaft, die Willensherrschaft und die funktionelle Tatherrschaft für die Bereiche der unmittelbaren und mittelbaren Täterschaft und der Mittäterschaft als Ausprägungen des Tatherrschaftsprinzips herausgearbeitet. Der so konkretisierte Tatherrschaftsbegriff soll keinen subsumtionsfähigen Inhalt aufweisen, sondern sei als „offener Begriff" zu klassifizieren, der sich durch ein beschreibendes Verfahren unter Einbau regulativer Prinzipien auszeichnet.[28]

In ähnlicher Weise wie Roxin konkretisiert auch Jakobs die Tatherrschaft, wenn er zwischen formeller Tatherrschaft, materieller Tatherrschaft als Entscheidungsherrschaft und materieller Tatherrschaft als Gestaltungsherrschaft differenziert.[29]

Trotz des objektiven Ansatzes läßt die Tatherrschaftslehre subjektive Momente nicht unberücksichtigt, denn die Innehabung der Tatherrschaft setzt ein entsprechendes Bewußtsein bei dem oder den Beteiligten voraus. Subjektive Faktoren werden also grundsätzlich insoweit einbezogen, als sie eine Entsprechung in der objektiven Geschehenssteuerung finden. Die Tatherrschaft stellt sich damit als ein aus objektiven wie subjektiven Komponenten gleichermaßen zusammengesetzter Begriff dar,[30] wie auch die Bezeichnung als „finale Tatherrschaft"[31] deutlich macht. Partiell besteht sogar die Tendenz, über das Tatherrschaftsbewußtsein hinaus subjektive Faktoren ergänzend heranzuziehen. So soll der Willensinhalt der Beteiligten insbesondere bei der Abgrenzung von Mittäterschaft und Beihilfe berücksichtigt werden, soweit ein außertatbestandlicher Beitrag geleistet wird.[32]

---

25 Maurach / Gössel / Zipf AT2 § 47 Rn. 85.

26 Bockelmann, Untersuchungen, S. 76, 101.

27 Tatherrschaft, S. 25 f., 108.

28 Roxin, Tatherrschaft, S. 122 ff.

29 Jakobs 21/35.

30 Küpper GA 86, 437 (442); LK-Roxin § 25 Rn. 35; Bockelmann, Untersuchungen, S. 122; Welzel ZStW 58, 491 (542 f.); Gallas, Beiträge, S. 90; Bloy, Zurechnungstypus, S. 204; Hünerfeld ZStW 99, 228 (233); Maurach / Gössel / Zipf AT2 § 47 Rn. 85 ff. beschreiben die Tatherrschaft dagegen als objektives Täterschaftsmerkmal, auf das der Vorsatz bezogen sein muß.

31 Maurach / Gössel / Zipf AT2 § 47 Rn. 87.

2. Ganzheitstheorie

Eine Sonderstellung innerhalb des Schrifttums nimmt Schmidhäuser[33] mit der von ihm vertretenen „Ganzheitstheorie" ein, bei der die Abgrenzung von Täterschaft und Teilnahme nach einer ganzheitlichen Betrachtung von 16 typisierten Gesichtspunkten, die sowohl im Objektiv-Äußeren des Geschehens als auch im Subjektiv-Seelischen wurzeln, erfolgt. Täter ist, wer nach der Ganzheit aller Momente des Sachverhalts der Tatbestandsbeschreibung des Täterdelikts entspricht. Als Teilnehmer ist demgegenüber einzuordnen, wer der ergänzenden Beschreibung der allgemeinen Vorschriften über Anstifter- bzw. Gehilfendelikte entspricht. Bei der danach erforderlichen Wertung soll zwar nie ein einzelner Faktor allein den Ausschlag geben, wohl aber kann durchaus jedesmal ein anderer der zu berücksichtigenden Faktoren innerhalb des Gesamtzusammenhangs den Schwerpunkt bilden. Es wird also von Schmidhäuser keine Richtlinie vorgegeben, anhand derer die Wertigkeit der zu berücksichtigenden Momente gemessen werden kann, so daß hier trotz der Anknüpfung auch an objektive Kriterien eine einheitliche, nicht der Beliebigkeit anheimfallende Täterbestimmung nicht gewährleistet ist.[34]

3. Modifizierte subjektive Theorie

Der BGH hat bis heute den subjektiven Ansatzpunkt nicht aufgegeben,[35] vertritt aber eine modifizierte subjektive Theorie, bei der in wertender Betrachtung aller Umstände der Täter- bzw. Teilnehmerwille ermittelt wird.[36] Für die Beurteilung, ob der Beteiligte die Tat als eigene will, dienen als wesentliche Anhaltspunkte der Grad des eigenen Interesses am Erfolg der Tat, der Umfang der Tatbeteiligung, die Tatherrschaft oder doch wenigstens der Wille zur Tatherrschaft, so daß Durchführung und Ausgang der Tat maßgeblich auch vom Willen des jeweils Beteiligten abhängen.[37] Die angeführten Wertungskriterien lassen sich im Grunde auf das Tatinteresse und die Tatherrschaft reduzieren,[38] da das eigene Interesse am Erfolg der Tat in der Regel mit dem Willen zur Tatherrschaft korrespondiert,

---

32 Blei I §§ 71II1a, 78III2; Geerds Jura 90, 173 (173, 177); Cramer, Bockelmann-Festschrift, S. 400 ff.; ders. S/S Vorbem. §§ 25 ff. Rn. 85; Seelmann JuS 80, 571 (574); Welzel ZStW 58, 491 (551 f.).

33 AT 10/163 ff.

34 Vgl. zur Kritik auch Roxin ZStW 83, 369 (394 ff.).

35 A. A. Küper JZ 89, 935 (938) in seiner Besprechung des „Katzenkönig-Urteils" (BGHSt 35, 347).

36 Vgl. auch die Darstellung der Entwicklung bei Bloy, Zurechnungstypus, S. 101 ff.

37 BGH NStZ 82, 243; BGHSt 28, 346 (349); BGH GA 84, 287; BGH GA 84, 572 (572 f.); BGH NStZ 85, 165; BGH NStZ 87, 364; BGH NStZ 91, 280 (281); BGHSt 36, 231 (232); s. aber auch BGH NStZ 93, 138.

38 Vgl. auch Küpper GA 86, 437 (440).

und der Umfang der Tatbeteiligung sich letztlich auf die Tatherrschaft bezieht. Die subjektive Theorie wird also durch diejenigen objektiven Elemente ergänzt, die die Lehre zugrunde legt, und nähert sich damit der Tatherrschaftslehre an.[39] Sie wird daher vereinzelt als gemischt subjektive-objektive Tatherrschaftslehre[40] oder als normative Kombinationstheorie bezeichnet[41].

4. Zusammenfassung

Wenn also letztlich nur noch die Ausgangspunkte der Tatherrschaftslehre und der von der Rechtsprechung vertretenen Täterlehre differieren,[42] so spricht gerade die Anknüpfung im objektiven Bereich für die Tatherrschaftslehre. Zwar wendet sich auch die Rechtsprechung zu einer objektiven Abgrenzung hin, vollzieht diese Hinwendung aber nicht vollständig und konsequent. Mit Hilfe des wertend zu ermittelnden Täterwillens hält sie sich die Möglichkeit offen, in Ausnahmefällen aus Strafzumessungserwägungen trotz Vorliegen von Tatherrschaft nur Teilnahme und beim Fehlen von Tatherrschaft dennoch Täterschaft anzunehmen.[43] So kann im Einzelfall ein Minus bzgl. der Tatherrschaft durch zumindest einen Willen zur Tatherrschaft oder durch ein besonders starkes Eigeninteresse am Erfolg ausgeglichen werden.

Mit der Tatherrschaft dagegen wird ein Abgrenzungskriterium an die Hand gegeben, das nicht nur durch seine Verwurzelung im objektiven Bereich die extremen Ergebnisse einer subjektiven Täterbestimmung, sondern zudem auch den Schematismus anderer materiell-objektiver Kriterien vermeidet. Denn als „offener Begriff"[44], der sowohl ein gewisses Maß an Bestimmtheit als auch eine relative Flexibilität aufweist, ist der Tatherrschaftsbegriff in der Lage, einerseits die verschiedenen Erscheinungsformen der Täterschaft typisierend zu erfassen, so daß eine generalisierende Bewertung möglich wird, andererseits kann er aber auch atypische Einzelfälle miteinbeziehen. Die Tatherrschaftslehre erfüllt damit genau diejenigen Anforderungen, die sich bei der Betrachtung der früher vertretenen Täterlehren als wesentlich für die Täterbestimmung bei zweiaktigen Delikten, wenn diese von zwei Beteiligten durch jeweilige Leistung eines Teilaktes ausgeführt werden, herauskristallisiert haben.

---

39 Geerds Jura 90, 173 (175); Jescheck AT § 61V4; Lackner Vor § 25 Rn. 5; SK-Samson § 25 Rn. 16.

40 Küpper GA 86, 437 (439).

41 LK-Roxin § 25 Rn. 20.

42 Vgl. auch Küpper GA 86, 437 (443).

43 Dies macht der BGH in einem Urteil des ersten Senats vom 6.11.1984 (NStZ 85, 165) deutlich, in dem es heißt: „Die Feststellungen der Strafkammer ließen auch die Wertung zu, der Angeklagte habe sich lediglich als Gehilfe beteiligt, mag auch eine andere tatrichterliche Beurteilung möglich gewesen sein".

44 Roxin, Tatherrschaft, S. 122 ff.

Im Folgenden soll deshalb das im Schrifttum allgemein anerkannte Tatherrschaftsprinzip zugrunde gelegt werden, um die Frage nach der Täterschaft bei zweiaktigen Delikten zu klären, wenn wie in den anfangs vorgestellten Fallbeispielen die Verwirklichung der beiden Teilakte durch zwei Beteiligte erfolgt. Dabei wird es bezüglich der verschiedenen Täterschaftsarten notwendig werden, über die bisher nur grobe Skizzierung der Tatherrschaft hinaus ihre jeweilige Erscheinungsform eingehender zu betrachten, um eine Zuordnung der verschiedenen Fallgestaltungen zu ermöglichen.

C. Wechselseitige mittäterschaftliche Zurechnung (§ 25II)

Als Täter der von A und B in den Fallbeispielen 1 - 4[1] verwirklichten besonders schweren Brandstiftung kommen entweder nur A und B gemeinsam oder nur A bzw. nur B in Betracht, es sei denn, im Einzelfall kann keiner von beiden als Täter eingestuft werden. Ohne jede nähere Erörterung läßt sich vorab feststellen, daß Täter des zweiaktigen Deliktes jedenfalls derjenige sein wird, der beide Akte täterschaftlich verwirklicht, dem also beide Teilakte auf der Grundlage der Tatherrschaftslehre täterschaftlich zugerechnet werden können. Von dieser Überlegung ausgehend kann geprüft werden, ob und gegebenenfalls welcher der zwei Beteiligten sich als Täter sowohl des einen als auch des anderen Teilaktes einstufen läßt. Bei zwei Mitwirkenden, die jeweils einen Teilakt vornehmen, bietet sich auf den ersten Blick eine wechselseitige mittäterschaftliche Zurechnung der verwirklichten Teilakte an, so daß sich zunächst die Frage stellt, ob A und B als Mittäter haften.

Die Mittäterschaft ist durch die gemeinschaftliche Begehung einer Straftat im Wege bewußten und gewollten Zusammenwirkens mehrerer auf der Grundlage arbeitsteiligen Handelns und funktioneller Rollenverteilung gekennzeichnet. Die Folge eines so beschaffenen Zusammenwirkens besteht darin, daß jedem Beteiligten außer dem von ihm selbst verwirklichten Tatbeitrag die Tatbeiträge der anderen Mittäter als eigene zugerechnet werden, jeder Mittäter somit auch als Täter des gemeinschaftlich verwirklichten Deliktstatbestandes anzusehen ist.[2]

I. Allgemeine Voraussetzungen der Mittäterschaft

Die Mittäterschaft fordert dementsprechend neben dem Vorliegen der nach dem Tatbestand notwendigen besonderen persönlichen Merkmale bei jedem Be-

---

1 Siehe oben Zweiter Teil, A.

2 RGSt 58, 279; 66, 236 (240); BGHSt 6, 248 (249); 14, 124 (128 f.); 24, 286 (288); S/S-Cramer § 25 Rn. 61; SK-Samson § 25 Rn. 43; Jescheck AT § 63I2; Jakobs 21/59.

teiligten[3] einen gemeinsamen Tatplan und eine gemeinsame Tatausführung.[4] Die besonderen persönlichen Merkmale umfassen spezielle Absichten, Gesinnungen, Pflichtenstellungen und auch die von bestimmten Delikten geforderte Eigenhändigkeit.[5] Der Tatplan beinhaltet, daß jeder Beteiligte im gegenseitigen Einverständnis als gleichberechtigter Partner mit den anderen die arbeitsteilige Begehung der Tat will. Darüber hinaus verlangt die gemeinsame Tatausführung einen objektiven, für die Deliktsbegehung kausalen Tatbeitrag jedes Einzelnen,[6] wobei die weiteren Anforderungen an die Qualität des Tatbeitrages von der für die Täterschaft maßgebenden Tatherrschaft geprägt sind. Im Gegensatz zum Alleintäter können die Mittäter nur gemeinsam die Tat beherrschen.[7] Es handelt sich dabei um eine Tatherrschaft des Kollektivs, an der der Einzelne nur aufgrund seines von ihm beherrschten Tatbeitrags teilhat und auf diese Weise zum Inhaber der Mitherrschaft am Gesamtdelikt wird.[8] Der Beteiligte muß demnach einen Beitrag leisten, der ihm die Teilhabe an der kollektiven Tatherrschaft vermittelt. Auf die Einzelheiten wird im Folgenden noch einzugehen sein.

II. Sichtung der verschiedenen Fallkonstellationen

Vor diesem grob gezeichneten Hintergrund und mit Hilfe der im Einzelfall erforderlich werdenden Vertiefungen im Hinblick auf die Struktur der Mittäterschaft läßt sich nun klären, inwieweit zwei Beteiligte als Mittäter eines zweiaktigen Deliktes haften, wenn sie, wie in den anfangs gebildeten Fallkonstellationen dargestellt, zusammenwirken. Dabei soll speziell auf die verschiedenen zweiaktigen Tatbestände nur insoweit eingegangen werden, als die Besonderheiten des jeweiligen Deliktes dies erfordern.

---

3 BGHSt 14, 123 (129); 15, 1; 37, 106 (114 ff.); BGH MDR / H 89, 858; Welzel Lb S. 107; Jescheck AT § 63I3b; Herzberg ZStW 99, 49 (57).

4 H. M. vgl. nur LK-Roxin § 25 Rn. 173, 179 m.w.N.

5 LK-Roxin § 25 Rn. 168; Jakobs 21/9.

6 Seelmann JuS 80, 571 (572); Lackner § 25 Rn. 11; S/S-Cramer § 25 Rn. 63.

7 Roxin JA 79, 519 (520); ders. Tatherrschaft, S. 277; SK-Samson § 25 Rn. 43; Jescheck AT § 63I1a; Stratenwerth Rn. 807; Welzel Lb S. 107; Bloy, Zurechnungstypus, S. 371; Rudolphi, Bockelmann-Festschrift, S. 371; Gössel, Jescheck-Festschrift S. 553 f.; Gallas, Beiträge, S. 103; Wessels AT § 13III2b.

8 A. A. S/S-Cramer Vorbem. §§ 25 ff. Rn. 86, ders. Bockelmann-Festschrift, S. 402, der Tatherrschaft aufgrund objektiver Kriterien nur hinsichtlich des einzelnen Beitrags, nicht aber bzgl. der Gesamttat annimmt; Maurach / Gössel / Zipf AT2 § 49 Rn. 5 meinen, der Mittäter werde wegen seiner Beteiligung an der kollektiven Tatherrschaft selbst zum Inhaber der Tatherrschaft; dann müßte dieser jedoch allein die Gesamttat beherrschen; vgl. aber auch Maurach / Gössel / Zipf AT2 § 49 Rn. 7.

1. Deliktsverwirklichung aufgrund gemeinsamer Planung bei Innehabung der erforderlichen Täterqualifikation (Fall 1)

Planen die Beteiligten von vornherein die gemeinsame Begehung des zweiaktigen Deliktes, verwirklicht jeder plangemäß einen Teilakt und weisen beide auch die gegebenenfalls notwendigen besonderen persönlichen Merkmale auf, wie in § 307 Nr. 3 die Absicht, die Löscharbeiten zu beeinträchtigen, so scheint es sich geradezu um einen klassischen Fall der Mittäterschaft zu handeln. Aber dieser erste Eindruck könnte täuschen, denn erstens muß eine Mittäterschaft ausscheiden, soweit eines der zweiaktigen Delikte die eigenhändige Vornahme eines bzw. beider Teilakte verlangt, und zweitens ist nicht auszuschließen, daß der geleistete Beitrag die für die Mittäterschaft erforderliche Qualität nicht aufweist.

a) Erfordernis der eigenhändigen Verwirklichung eines Teilaktes

Die Existenz eigenhändiger Delikte ist nahezu einhellig anerkannt[9] und bezogen auf die zweiaktigen Delikte ist denkbar, daß ein zweiaktiger Tatbestand entweder insgesamt oder zumindest teilweise, d.h. hinsichtlich eines Teilaktes, eine eigenhändige Begehung voraussetzt.

Im Hinblick auf die Kriterien, die die Eigenhändigkeit eines Tatbestandes charakterisieren, wird im Schrifttum überwiegend auf den bei diesen Delikten im Vordergrund stehenden Handlungsunwert abgestellt.[10] Allein die körperliche Vornahme des verwerflichen Aktes soll bei eigenhändigen Delikten das entscheidende Unrecht hervorbringen können.[11] Schall hat für die damit notwendig verbundene Betrachtung der einzelnen Straftatbestände eine allgemeine Leitlinie ausgearbeitet und nimmt ein eigenhändiges Delikt an, soweit die Auslegung der Norm ergibt, daß „nach der gesetzgeberischen Entscheidung das jeweilige Rechtsgut nur gegen die vom Täter selbst vorgenommene Verletzung geschützt werden soll".[12]

Bei der Durchsicht der einzelnen zweiaktigen Delikte werfen lediglich die Verletzung des Briefgeheimnisses (§ 202II) wegen des Erfordernisses des „Sich-Kenntnis-Verschaffens" und die Entführung gegen den Willen der Entführten (§ 237) wegen ihres Sexualcharakters Anhaltspunkte für eine mögliche Eigenhändigkeit auf.[13]

---

[9] Abgelehnt von Eb. Schmidt, Frank-Festgabe II, S. 128 f.; Frühauf, Eigenhändige Delikte, Diss. 1959.

[10] Vgl. aber auch Roxin, Tatherrschaft, S. 399 ff., Herzberg ZStW 82, 896 (920 ff.), die versuchen, die eigenhändigen Delikte systematisch zu erschließen.

[11] Welzel Lb S. 106 f.; Stratenwerth Rn. 758; Jakobs 21/19; Lackner § 25 Rn. 3; Wessels AT § 1II6c; Jescheck AT § 26II6; Maurach / Zipf AT1 § 21 Rn. 3.

[12] JuS 79, 104 (108 f.).

aa) Verletzung des Briefgeheimnisses § 202II

§ 202II setzt voraus, daß jemand sich unbefugt von dem Inhalt eines Schriftstückes, das nicht zu seiner Kenntnis bestimmt und durch ein verschlossenes Behältnis gegen Kenntnisnahme besonders gesichert ist, Kenntnis verschafft, nachdem er dazu das Behältnis geöffnet hat. Der zeitlich vorgelagerte und damit erste Akt besteht also in der Öffnung des Behältnisses, der nachfolgende zweite Akt in der Kenntnisnahme.

Über das von § 202II geschützte Rechtsgut besteht im Schrifttum keine Einigkeit. Die Beschreibungen weisen eine gewisse Bandbreite auf und erstrecken sich von dem Schutz des formalen Geheimbereichs [14] über den Schutz der Unversehrtheit von Gegenständen, die typischerweise zur Fixierung von vertraulichen Sachen dienen, [15] bis hin zum Schutz des Briefgeheimnisses [16]. Letztere ist zu eng, da § 202 sich nicht nur auf Briefe im Sinne des Art. 10 GG bezieht, sondern allgemein Schriftstücke und über § 202III zudem Abbildungen erfaßt. Aber auch die Unversehrtheit des Verschlusses kommt als Schutzgut im Hinblick auf § 202I Nr. 2, der gerade keine Beschädigung des Verschlusses verlangt, nicht in Betracht, zumal die Unversehrtheit von Gegenständen hinreichend über § 303 geschützt wird, so daß es eines besonderen Schutzes von Verschlüssen im Sinne des § 202 nicht bedarf. Da § 202 kein materielles Geheimnis voraussetzt, [17] wird das geschützte Rechtsgut vielmehr durch die Befugnis charakterisiert, beliebige Dritte von der Kenntnisnahme des Inhalts eines Schriftstücks auszuschließen, wobei dieses Recht nur dann Schutz beanspruchen kann, wenn es nach außen durch eine Sicherung vor Kenntnisnahme seitens Unbefugter dokumentiert wird.

Steht dieser formale Geheimbereich im Vordergrund, so reicht für eine Verletzung desselben aus, daß der Inhalt des Schriftstückes optisch wahrgenommen wird, auf ein Verstehen des Sinngehaltes kommt es nicht an. [18]

In bezug auf eine mögliche Eigenhändigkeit des Teilaktes der Kenntnisnahme ist von Bedeutung, ob das entscheidende Unrecht des Deliktes nur durch die höchstpersönliche Wahrnehmung des Täters realisiert wird oder ob es beispielsweise auch ausreicht, wenn er einen anderen nötigt, von dem Inhalt des Schriftstückes Kenntnis zu nehmen.

---

13 Zwar stellen auch die §§ 177, 178 sexualbezogene Delikte dar, aber schon die tatbestandliche Einbeziehung sexueller Handlungen „mit einem Dritten" schließt das Eigenhändigkeitserfordernis aus.

14 Küper JZ 77, 464 (465); Maurach / Schroeder / Maiwald BT1 § 29 Rn. 5; LK-Träger § 202 Rn. 2; S/S-Lenckner § 202 Rn. 2; ders. JR 78, 424 (424).

15 SK-Samson § 202 Rn. 1.

16 Lackner § 202 Rn. 1; Dr-Tr § 202 Rn. 1; Wessels BT1 § 12III1.

17 Vgl. auch Lenckner JR 78, 424 (424); Küper JZ 77, 464 (465 Anm. 16).

18 So auch Blei II § 32III2; Lackner § 202 Rn. 4; Wessels BT1 § 12III2; a. A. S/S-Lenckner § 202 Rn. 10.

Das Unrecht der Tat wird durch das Hinwegsetzen über den Anspruch des Opfers auf Nichtkenntnisnahme seitens beliebiger unbefugter Dritter begründet. Für das tatbestandliche Unrecht kann daher nicht maßgebend sein, ob eine ganz bestimmte Person unmittelbar Kenntnis nimmt, sondern nur, ob es überhaupt zu einer unbefugten Kenntnisnahme kommt. Insofern wird das Delikt nicht durch die höchstpersönliche Vornahme geprägt.

Andererseits spricht der Tatbestand explizit von „*sich* Kenntnis verschaffen", verwendet ein Reflexivpronomen und weist damit auf die Person des unmittelbar Handelnden, also des Täters, hin. Darüber hinaus handelt es sich bei der visuellen Wahrnehmung um eine ein Sinnesorgan beanspruchende Tätigkeit, die sich auf den eigenen Körper bezieht und insofern Eigenhändigkeit indiziert. Im Grunde dreht sich das Problem weniger um einen typischen eigenhändigen Akt dergestalt, daß das Rechtsgut nur gegen die vom Täter persönlich vorgenommene Beeinträchtigung geschützt werden soll, als vielmehr um die positivrechtliche gesetzgeberische Formulierung des zweiten Teilaktes des § 202II als nur selbstbegehbarer Akt. Es verschafft eben nur *sich* Kenntnis, wer selbst den Inhalt wahrnimmt, nicht aber, wer die Wahrnehmung durch Dritte bewirkt.[19] Die damit verbundenen Lücken im Hinblick auf einen vollständigen Rechtsgüterschutz sind wohl wegen der „Plastizität des Tatbestandes" bewußt vom Gesetzgeber in Kauf genommen worden.[20]

Für § 202II gilt damit, daß Täter des Deliktes nur sein kann, wer sich selbst Kenntnis verschafft, d.h. in eigener Person den Inhalt des Schriftstückes visuell wahrnimmt. Eine Mittäterschaft dergestalt, daß der eine nur öffnet, der andere nur Kenntnis nimmt, ist daher nicht möglich.[21] Derjenige, der nicht selbst Kenntnis nimmt, kann auf keinen Fall (Mit-)Täter sein. Aber auch derjenige, der sich höchstpersönlich Kenntnis verschafft, jedoch nicht selbst das Schriftstück öffnet, scheidet jedenfalls als *Mit*täter aus. Die Mittäterschaft setzt schon begrifflich mindestens zwei Täter voraus. Kommt nur ein einziger Beteiligter als Täter in Betracht, so läßt er sich gegebenenfalls nur als *Allein*täter einordnen.

bb) Entführung gegen den Willen der Entführten § 237

Die Entführung gegen den Willen der Entführten setzt als ersten Akt die Entführung einer Frau wider ihren Willen durch List, Drohung oder Gewalt,

---

19 Vgl. das ähnliche Problem mit der Zueignungsabsicht bei § 242.

20 Vgl. auch Jakobs 21/20.

21 A. A. wohl LK-Träger § 202 Rn. 21, der in dem Fall, daß jemand das verschlossene Behältnis öffnet und das Schriftstück fotografiert, um die Aufnahme anschließend einem anderen zur Kenntnisnahme zu übergeben, ein der Strafvorschrift widersprechendes personelles Auseinanderfallen von Öffnen und Kenntnisnahme feststellt; Träger nimmt jedoch ohne nähere Begründung an, daß in diesem Falle die Beteiligten in der Regel aufgrund eines gemeinschaftlichen Tatplanes zusammenwirken und daher Mittäter sind; er verkennt dabei aber, daß eine so beschaffene Mittäterschaft nicht möglich ist.

namentlich durch die Verbringung mit einem Fahrzeug an einen anderen Ort, voraus. An die dadurch geschaffene hilflose Lage der Frau knüpft der zweite Akt an, der die Ausnutzung dieser Situation zu außerehelichen sexuellen Handlungen mit der Frau beinhaltet.

Bei der Entführung gegen den Willen der Entführten könnte die Vergleichbarkeit mit der Tatsituation des § 179, der den sexuellen Mißbrauch Widerstandsunfähiger unter Strafe stellt und bei dem überwiegend eine eigenhändige Vornahme der sexuellen Handlungen verlangt wird,[22] eine entsprechende Auslegung des zweiten Teilaktes bei § 237 nahelegen.

§ 237 schützt das sexuelle Selbstbestimmungsrecht der Frau[23] und schließt die Lücke zwischen den Tatbeständen der Vergewaltigung (§ 177) und sexuellen Nötigung (§ 178) auf der einen und dem sexuellen Mißbrauch Widerstandsunfähiger (§ 179) auf der anderen Seite. Der Täter muß nicht wie bei den §§ 177, 178 ein Nötigungsmittel anwenden, um sexuelle Handlungen vornehmen zu können, andererseits befindet sich das Opfer noch nicht in einem die Widerstandsunfähigkeit im Sinne des § 179 begründenden Zustand. Den §§ 237 und 179 ist also gemeinsam, daß es einer aktiven Überwindung des Widerstandes seitens des Opfers nicht bedarf, um sexualbezogene Handlungen ausführen zu können.

Die Begründung der Eigenhändigkeit bei § 179 wird in erster Linie auf das Fehlen des Zusatzes „mit einem Dritten“, wie er in den §§ 177, 178 zu finden ist, verwiesen.[24] Dies überzeugt jedoch insofern nicht, als schon § 177 a.F., der diesen Zusatz nicht enthielt, nach einhelliger Ansicht kein eigenhändiges Delikt darstellte.[25] Die Neufassung sollte nur klarstellen, was schon nach dem alten Recht galt.[26]

Horn[27] und Lenckner[28] führen zur Rechtfertigung des Eigenhändigkeitserfordernisses die zweite Alternative des § 179I an, die verlangt, daß der Täter sexuelle Handlungen *an sich* vornehmen läßt. Der dafür notwendige körperliche Kontakt des Täters mit dem Opfer müsse auch bei der ersten Alternative gefordert werden, da eine unterschiedliche Behandlung der Alternativen weder dem Normzweck gerecht werde noch praktikabel sei.

---

22 BGHSt 6, 226 (228) und 15, 132 (133) zu § 176I Nr. 2 a.F.; KG NJW 77, 817 (817 f.); SK-Horn § 179 Rn. 15; Lackner § 179 Rn. 2; Dr-Tr § 179 Rn. 2; LK-Laufhütte § 179 Rn. 17; S/S-Lenckner § 179 Rn. 15; a. A. Schall JuS 79, 104 (109 f.); Otto BT S. 311; Herzberg JuS 75, 171 (172); Roxin, Tatherrschaft, S. 417 zu § 176 a.F.

23 Vgl. nur Lackner § 237 Rn. 1; Dr-Tr § 237 Rn. 1; von der systematischen Einteilung des StGB her müßte § 237 ebenfalls im 13. Abschnitt des StGB eingefügt werden, vgl. auch Grein, Entführung, S. 81 ff., 93.

24 KG NJW 77, 817; Dr-Tr § 179 Rn. 2; S/S-Lenckner § 179 Rn. 15.

25 Vgl. BGHSt 6, 226 (227 f.); Olshausen § 177 Anm. 2b; v. Liszt / Schmidt S. 545.

26 Vgl. Sturm, Sonderausschuß VI, 53. Sitzung, S. 1635 f.

27 SK-Horn § 179 Rn. 15.

28 S/S-Lenckner § 179 Rn. 15.

Eine solche Argumentation wirkt recht formal, zumal der Wortlaut ebensogut ein argumentum e contrario zuläßt, da gerade bei der ersten Alternative der die Eigenhändigkeit postulierenden Zusatz „an sich" fehlt. Auch können reine Praktikabilitätserwägungen und der schlichte Hinweis auf den Gesetzeszweck ein Eigenhändigkeitserfordernis, das letztlich den Schutz des Opfers vor sexuellen Handlungen einschränkt, nicht rechtfertigen. Es fehlt an einer auf das betroffene Rechtsgut Bezug nehmenden Darlegung, inwiefern eine Beeinträchtigung des sexuellen Selbstbestimmungsrechts nur durch eigenhändige Vornahme sexueller Handlungen seitens des Täters möglich sein soll. Im Rahmen des § 179 kann daher ohne nähere Betrachtung des betroffenen Rechtsgutes der überwiegenden Ansicht, die eine eigenhändige Begehung bei § 179 verlangt, nicht gefolgt werden. Damit gibt aber auch die Parallelität zwischen den Tatbeständen § 237 und § 179 als solche für eine Entscheidung über die Eigenhändigkeit bei § 237 nichts her.

Das Ausnutzen der hilflosen Lage zu sexuellen Handlungen mit der Frau als zweiter Teilakt des § 237 richtet sich direkt gegen das geschützte Rechtsgut der sexuellen Selbstbestimmung. Mit ihm realisiert sich die Gefahr, die schon der Entführung als erstem Teilakt latent innewohnt.[29] § 237 schließt im Bereich der „Auto-Sexfallen" eine strafrechtliche Lücke, die entsteht, wenn der Täter das Opfer — auch ohne Vorsatz bezüglich der Vornahme sexueller Handlungen[30] — in eine hilflose Lage gebracht hat, in der es bei sexuellen Übergriffen des Täters zwar theoretisch noch Widerstand leisten kann, darauf jedoch aus Angst oder Resignation verzichtet. Dies gilt insbesondere, weil es sich dem Täter ausgeliefert sieht und auf fremde Hilfe nicht rechnen kann, so daß der Täter nicht auf die Nötigungsmittel der §§ 177, 178 angewiesen ist.[31] Der besondere Unwert des Deliktes liegt damit darin, daß das sexuelle Selbstbestimmungsrecht der Frau ignoriert wird, indem ihre hilflose Lage bewußt dazu eingesetzt wird, ihren der Vornahme sexueller Handlungen entgegenstehenden Willen zu überwinden. Das spezifische Handlungsunrecht wird dabei nicht durch die persönliche Vornahme sexueller Handlungen seitens des Täters begründet, es kommt vielmehr nur auf die Herbeiführung des Verletzungserfolges als solchen an. Daher ist es unerheb-

---

29 Blei JA 71, 590.

30 BGHSt 24, 90 (91 f.); 29, 233 (235 ff.); BGH MDR 71, 314 (314 f.); SK-Horn § 237 Rn. 10; Dr-Tr § 237 Rn. 7; ders. NJW 72, 1641 ff.; LK-Vogler § 237 Rn. 18; Lackner § 237 Rn. 6; Maurach / Schroeder / Maiwald BT1 § 18 Rn. 53; Wessels BT1 § 9I2; Otto BT S. 321; a. A. BGH JZ 72, 288 mit Anm. Schröder; BGH MDR/D 70, 196 (196 f.); Hruschka JZ 73, 12 ff.; S/S-Eser § 237 Rn. 6; Schmidhäuser BT 4/45; Schröder JZ 71, 435.

31 Vgl. Horstkotte, Sonderausschuß V, 119. Sitzung, S. 2377; Arndt, Sonderausschuß V, 119. Sitzung, S. 2383, 2385; Corves, Sonderausschuß V, 119. Sitzung, S. 2383; Sturm, Sonderausschuß V, 135. Sitzung, S. 2873; Grein, Entführung, S. 159 f.; z.T. wird § 237 für entbehrlich gehalten, weil das strafbare Verhalten ausreichend über andere Tatbestände erfaßt werden könne, vgl. Hanack, Gutachten, A87 Rn. 127 ff.; s. auch Horstkotte, Sonderausschuß V, 119. Sitzung, S. 2376, 2379.

lich, ob der Entführer selbst oder ein Mittäter die sexuellen Handlungen vornimmt. Der Entführer setzt sich in beiden Fällen über das sexuelle Selbstbestimmungsrecht des Opfers hinweg.

Eine eigenhändige Vornahme der sexuellen Handlung ist daher nicht zu fordern, so daß eine Mittäterschaft in Form der jeweiligen Ausführung eines Teilaktes durch zwei Beteiligte möglich ist.

Da den zweiaktigen Tatbeständen der §§ 146I Nr. 3, 177, 178, 239aI 2. Alt., 239bI 2.Alt., 249, 252, 277 und 307 Nr. 3 keine Anhaltspunkte für eine etwaige Eigenhändigkeit zu entnehmen sind, steht die Verteilung der beiden Teilakte auf zwei Mitwirkende der Annahme einer Mittäterschaft nicht entgegen.

b) Mitherrschaft aufgrund eigenhändiger Verwirklichung eines Teilaktes

Damit kann nun einem weiteren Aspekt Aufmerksamkeit geschenkt werden. Wie anfangs dargestellt, setzt die Mittäterschaft eine gemeinsame Herrschaft der Beteiligten über die Tat voraus. Der jeweils geleistete Tatbeitrag muß dem Beteiligten die Teilhabe an der Tatherrschaft über das gesamte Tatgeschehen vermitteln. Maßgebend innerhalb der hier betrachteten Fallkonstellationen ist daher, ob die Verwirklichung eines Teilaktes zugleich die Teilhabe an der kollektiven Tatherrschaft verschafft.

Ein die Mitherrschaft vermittelnder Tatbeitrag wird allgemein angenommen, wenn der Beteiligte ein Tatbestandsmerkmal eigenhändig und voll verantwortlich verwirklicht hat.[32] Demnach müßten die geleisteten Beiträge der an der Verwirklichung eines zweiaktigen Deliktes Beteiligten, die jeweils einen Teilakt vornehmen, ohne weiteres die erforderliche Qualität aufweisen.

Diese rein an formalen Kriterien orientierte Wertung wirft jedoch unabhängig von den zweiaktigen Delikten prinzipielle Bedenken auf: So könnte der Diebstahlsgehilfe zum Mittäter des Diebstahls mit Waffen avancieren, nur weil er eine Waffe bei sich führt und damit ein Tatbestandsmerkmal eigenhändig und voll verantwortlich verwirklicht. Übertragen auf die zweiaktigen Delikte erheben sich bei der nach § 307 Nr. 3 qualifizierten Brandstiftung Zweifel, ob derjenige Beteiligte, der nur die Löschgeräte unbrauchbar macht, allein aufgrund dieses Umstandes als Mittäter eingestuft werden kann.

---

32 Stratenwerth Rn. 821; Jescheck AT § 63III1; Maurach / Gössel / Zipf AT2 § 49 Rn. 33 f.; S/S-Cramer § 25 Rn. 64; Blei I § 78III; Jakobs 21/53; Ebert AT S. 179; Welzel Lb S. 110.

aa) Am Beispiel des § 307 Nr. 3

Betrachtet man in dem oben genannten Fall 1 die jeweiligen Beiträge genauer, so ergibt sich Folgendes: A's Tathandlung stellt eine vollendete Brandstiftung dar, während B einen Akt vornimmt, der die Brandstiftung zu einer qualifizierten aufrücken läßt. Durch B's Tathandlung soll der angestrebte Enderfolg — Abbrennen des Hauses — gegen bestimmte Erfolgsverhinderungsmaßnahmen abgesichert werden. Die Beschädigung der Löschgeräte kann damit aber erst und auch nur dann ihren Zweck erfüllen, wenn A seinen Part erfüllt. Insofern ist B's Handlung von A's Tatbeitrag abhängig. Nun stellt die gegenseitige Abhängigkeit der Tatbeiträge bei der Mittäterschaft keine Besonderheit dar, beruht sie doch gerade auf dem arbeitsteiligen Ineinandergreifen mehrerer Handlungen, die jede für sich genommen in der Regel den deliktischen Erfolg nicht bewirken. Aber gerade an diesem Punkt setzt die Besonderheit der von A und B geleisteten Tatbeiträge an: A ist im Gegensatz zu B in der Lage, schon mit seinem Tatbeitrag den angestrebten Enderfolg herbeizuführen. B kann lediglich durch seinen Beitrag — für den Fall, daß A den seinigen leistet — die Wahrscheinlichkeit des Erfolgseintrittes erhöhen. Auch wenn man eine Brandstiftung durch das Unbrauchbarmachen der Löschgeräte annimmt[33] und B insofern sogar selbst als Brandstiftungstäter einzuordnen ist, so ist diese Brandstiftung dennoch abhängig von A's Tathandlung. Damit stellt sich aber die Frage, ob A und B dennoch die Tat derart gemeinsam beherrschen, daß auch B aufgrund seines Tatbeitrages an der Tatherrschaft teilhat, oder ob vielmehr der A wegen seiner überragenden Stellung allein das Geschehen beherrscht.

Im Hinblick auf die Mittäterschaft bei zweiaktigen Delikten gilt es also zu prüfen, inwieweit tatsächlich bei Verwirklichung eines Tatbestandsmerkmals stets eine Teilhabe an der Tatherrschaft gegeben ist.

bb) Grundlage der Teilhabe an der Tatherrschaft

Die Anforderungen an die Qualität eines mittäterschaftlichen Tatbeitrags sind in erster Linie anhand der einaktigen Delikte entwickelt worden, und dort rankt sich die Diskussion vorrangig um die Abgrenzung von Mittäterschaft und Beihilfe, soweit der Beteiligte nur einen außertatbestandlichen Beitrag leistet. Überwiegend wird hinsichtlich der die Teilhabe an der Tatherrschaft vermittelnden Qualität des Tatbeitrags auf die Wesentlichkeit des Beitrags für die Verwirklichung des Tatplans abgestellt,[34] während Herzberg[35] und Jakobs[36] die Gleichgewichtigkeit der Tatbeiträge betonen.

---

33 Wer Löschgeräte entfernt oder unbrauchbar macht kann unter Umständen wegen des Abbruchs eines rettenden Kausalverlaufs zugleich Täter einer Brandstiftung nach § 306 sein, vgl. SK-Horn § 307 Rn. 15; S/S-Cramer § 307 Rn. 10; siehe auch unten C.IV.3.

(1) Wesentlichkeit des Tatbeitrages

Die Kriterien, anhand derer die Wesentlichkeit ermittelt werden soll, werden — wenn überhaupt — nur formelhaft genannt und gehen im Grunde über Unterschiede in der Terminologie nicht hinaus. So fordert Jescheck ein bestimmtes Maß an funktionaler Bedeutung, ohne dieses jedoch näher zu bestimmen.[37] Samson läßt die bloße Beteiligung an Vorbereitungshandlungen und die Vornahme rein unterstützender, für die Planverwirklichung nebensächlicher Akte nicht ausreichen.[38] Damit legt er zwar den Zeitpunkt für die Vornahme des Tatbeitrages fest, wie jedoch sein Gewicht bestimmt werden kann, bleibt offen. Denn für die Planverwirklichung Nebensächliches ist in der Tat nicht wesentlich. Auch Lackner[39] geht bei seiner Forderung nach einer wesentlichen Mitgestaltung des Tatablaufs durch den Tatbeitrag nicht näher auf die Gesichtspunkte ein, die eine solche wesentliche Mitgestaltung begründen.

Roxin und Bloy haben dagegen versucht, konkretere Maßstäbe herauszuarbeiten, mit deren Hilfe eine Feststellung der Wesentlichkeit des Tatbeitrages ermöglicht wird. Dabei besteht darüber Einigkeit, daß der Begriff der „Wesentlichkeit" keinen fest fixierten Inhalt aufweist, der eine exakte Subsumtion zuläßt, sondern vielmehr eine Richtlinie darstellt, mit deren Hilfe eine Feststellung der Mitherrschaft im Einzelfall ermöglicht wird.[40]

(a) Roxin

Roxin greift auf den Grundgedanken der Mittäterschaft als gemeinsame Tatherrschaft zurück, bei der nur alle Mittäter zusammen den beschlossenen Deliktsplan realisieren können, jedoch jeder Einzelne durch Nichterbringung seines Beitrags die Verwirklichung des Plans verhindern kann.[41] Folglich bewertet er einen Tatbeitrag als wesentlich, wenn er eine unerläßliche Voraussetzung für die Verwirklichung des angestrebten Erfolges darstellt und mit seiner Erbringung das ganze Unternehmen steht oder fällt.[42] Maßgebend sei dabei nicht die ex post

34 Roxin JA 79, 519 (523); ders. Tatherrschaft, S. 284; Seelmann JuS 80, 571 (573 f.); Jescheck AT § 63I1a; SK-Samson § 25 Rn. 47; S/S-Cramer § 25 Rn. 69; Rudolphi, Bockelmann-Festschrift, S. 371, 373 f.; Stratenwerth Rn. 823 f.; Bloy, Zurechnungstypus, S. 369 f.; Lackner § 25 Rn. 11; Gimbernat Ordeig ZStW 80, 915 (928).

35 Täterschaft, S. 69 ff.

36 21/49 ff.

37 AT § 63I1a.

38 SK § 25 Rn. 47.

39 § 25 Rn. 11.

40 Roxin, Tatherrschaft, S. 284; Bloy, Zurechnungstypus, S. 375.

41 Tatherrschaft, S. 278 f.

42 Roxin, Tatherrschaft, S. 280; ders. Anm. zu BGH StrV 86, 384; im Anschluß an ihn auch Stratenwerth Rn. 823; Rudolphi, Bockelmann-Festschrift, S. 373 f.; Seelmann

festgestellte Kausalität,[43] sondern die ex ante zu ermittelnde Bedeutung des Beitrags hinsichtlich des Erfolges[44]. Daher leiste nicht nur derjenige Beteiligte, mit dessen Ausfall die Realisierung des Erfolges unmöglich wird, einen wesentlichen Tatbeitrag, sondern auch derjenige, dem nach dem Tatplan eine Rolle zukommen sollte, die möglicherweise nach den Tatumständen im Einzelfall entscheidend oder wichtig hätte werden können.[45]

Prüft man den Tatbeitrag des B unter diesem Aspekt, so stellt er nicht eine unerläßliche Voraussetzung dergestalt dar, daß mit der Beschädigung der Löschgeräte das ganze Unternehmen steht oder fällt. B kann weder durch Nichtleisten seines Beitrags das Inbrandsetzen als solches noch mit Sicherheit das völlige Niederbrennen verhindern. Seine fehlende Mitwirkung könnte aber in dem Fall frühzeitiger Entdeckung des Feuers dazu führen, daß mit den intakten Löschgeräten das Feuer gelöscht oder zumindest an seiner Ausbreitung gehindert wird, so daß der später eintreffenden Feuerwehr ein Löschen des Brandes vor vollständigem Abbrennen oder bevor wesentliche Gebäudeteile vom Feuer erfaßt sind, möglich ist. Für diesen Fall kommt nach dem Tatplan dem Tatbeitrag des B eine bedeutende Funktion zu, weil er die Wahrscheinlichkeit des Gelingens der Tat erhöht. B leistet damit unter Anwendung der von Roxin entwickelten Maßstäbe einen Tatbeitrag, durch den er an der gemeinsamen Tatherrschaft teilhat.

(b) Bloy

Bloy lehnt die Unentbehrlichkeit eines Tatbeitrags als allgemeines Kriterium für die Bewertung seiner Wesentlichkeit ab und bemißt das Gewicht des einzelnen Tatbeitrags nach der Art des Rechtsgutsangriffs.[46] Der Täter gefährde das Rechtsgut direkt, während der Gehilfe das Rechtsgut nur über Vermittlung durch den Täter angreifen könne.[47] Die Mitherrschaft werde dadurch begründet, „daß die Risikoerhöhung, die von dem Beteiligten ausgeht, allein seiner eigenen Disposition unterliegt, während die Risikoerhöhung durch den Gehilfen zusätzlich daran gebunden ist, daß der Haupttäter sie zur Entfaltung gelangen läßt".[48]

Durch die Brandstiftung begründet A direkt eine abstrakte Gefahr für die durch § 306 geschützten Menschenleben. Indem B die Möglichkeit sofortigen Löschens mit funktionstüchtigen Löschgeräten ausschaltet, gefährdet auch er dieses Rechtsgut, jedoch nicht unmittelbar, sondern indirekt, da sich die risikoerhöhende Wir-

---

JuS 80, 571 (573 f.); Maurach / Gössel / Zipf AT2 § 49 Rn. 32 halten die Formel für treffend, aber für zu allgemein.

43 Tatherrschaft, S. 283; LK § 25 Rn. 154.

44 JA 79, 519 (523); LK § 25 Rn. 154; vgl. auch S / S-Cramer § 25 Rn. 69.

45 JA 79, 519 (523); ders. Tatherrschaft, S. 283; vgl. auch LK § 25 Rn. 159.

46 Zurechnungstypus, S. 378.

47 Zurechnungstypus, S. 375, 378.

48 Zurechnungstypus, S. 375.

kung seines Beitrags nur durch A's Beitrag vermittelt entfalten kann. Daß daneben B selbst als Brandstifter unmittelbar das geschützte Rechtsgut angreift, muß in diesem Zusammenhang unberücksichtigt bleiben, da allein die Funktion des Beitrags im Gesamtgeschehen von Bedeutung ist. Diese besteht primär in der Absicherung, nicht in der selbständigen Brandstiftung.

Im Ergebnis müßte Bloy trotz eigenhändiger partieller Tatbestandsverwirklichung einen wesentlichen Tatbeitrag des B ablehnen. Mittäterschaft zwischen A und B läge danach nicht vor.

Bloy entwickelt den Maßstab, an dem er die Wesentlichkeit eines Tatbeitrags mißt, aus der von Herzberg ins Spiel gebrachten additiven Mittäterschaft, bei der jeder Mittäter sich nach dem gemeinsamen Tatplan um die Erfüllung des gesamten Tatbestandes bemüht.[49] Der von Herzberg angeführte Beispielsfall, in dem zwanzig Verschwörer gleichzeitig auf das Opfer schießen, um die Chance des Gelingens zu erhöhen, zeige, daß die wichtige und damit wesentliche Funktion des Einzelbeitrags gerade in seiner Bedeutungslosigkeit für die Erfolgsverwirklichung liegt. Denn durch „gezielt herbeigeführte Redundanz" solle das Risiko des Fehlgehens der Tat so gering wie möglich gehalten werden. Dazu leiste der Einzelne einen wichtigen Beitrag, indem er „die Überzähligkeit der handelnden Protagonisten" mit aufrechterhält.[50] Damit hänge aber die Wesentlichkeit eines Tatbeitrags nicht von seiner Unentbehrlichkeit ab.[51]

Was auf den ersten Blick so einleuchtend erscheint, muß bei näherem Hinsehen Zweifel an der Logik dieser Argumentation erwecken. Um die Erfolgschancen des Attentats zu erhöhen, ist es durchaus sinnvoll, den einzelnen Beteiligten keinen unentbehrlichen Tatbeitrag leisten zu lassen, da andernfalls bei Ausfall nur eines Einzigen der Erfolg gefährdet ist. Wird die Zahl der Schützen erhöht, so werden die Erfolgschancen durch Fehlleistungen eines Einzelnen nicht berührt. Mit zunehmender Zahl an Schützen steigt proportional die Anzahl der entbehrlichen Akte.

Wenn Bloy jetzt aber folgert, die Wesentlichkeit des Einzelbeitrags werde nicht durch seine Unentbehrlichkeit bestimmt, dann sitzt er einem Zirkelschluß auf. Der Einzelne kann die Zahl der unerheblichen Beiträge nur dann mit positiver Auswirkung auf die Erfolgschancen erhöhen, wenn er selbst nicht von vornherein einen entbehrlichen Beitrag in Gestalt eines nicht treffenden Schusses leistet, sondern er vielmehr einen potentiellen Treffer-Schützen darstellt und somit für einen anderen die Möglichkeit eröffnet, ohne Auswirkungen auf die Erfolgschancen sein Ziel zu verfehlen. Damit liegt aber die wesentliche Funktion des einzelnen Beitrags primär nicht in seiner Bedeutungslosigkeit, sondern in seiner potentiellen Erfolgsrelevanz. So stellt auch Bloy fest, daß ex ante betrachtet jeder Beteiligte

---

[49] Täterschaft, S. 56 ff.

[50] Zurechnungstypus, S. 373.

[51] Zurechnungstypus, S. 375.

eine bedeutsame Funktion in Form der Risikoerhöhung erfüllt und die gleiche Erheblichkeit für das Gelingen besitzt. Darin sieht er denn auch den maßgeblichen Aspekt der Mittäterschaft. Damit befindet er sich aber auf einer Argumentationsebene mit Roxin,[52] der in dem Fallbeispiel von Herzberg eine nach dem Tatplan wesentliche Funktion jedes Einzelnen annimmt, da von ihm das Gelingen der Tat abhängen kann.

Bloy schafft darüber hinaus mit der Art des Rechtsgutsangriffs kein allgemeingültiges Kriterium für die Abgrenzung von Mittäterschaft und Beihilfe. Es muß bei der häufig auftretenden korrelativen Mittäterschaft versagen, soweit die gemeinschaftliche Ausführung dergestalt aufgeteilt ist, daß ein oder mehrere Beteiligte die tatbestandliche Ausführungshandlung, andere Beteiligte dagegen wichtige, jedoch sich nicht direkt auf das Rechtsgut auswirkende, weil außertatbestandliche Handlungen vornehmen. Bei der Verteilung der Tatbeiträge können Zweckmäßigkeitsgesichtspunkte eine Rolle gespielt haben, oder es kann sich um eine unteilbare Ausführungshandlung handeln, z. B. eine Urkundenfälschung durch Einsetzen eines Betrages in einen Blankoscheck. In diesen Fällen wäre aber von vornherein eine Mittäterschaft desjenigen ausgeschlossen, der zwar einen relevanten, aber einen sich nur über die Vermittlung durch den „Haupttäter" risikoerhöhend auf das durch den jeweiligen Tatbestand geschützte Rechtsgut auswirkenden Beitrag leistet. Die Mittäterschaft basiert auf der Zurechnung der von den anderen Beteiligten geleisteten Beiträge als eigene, so daß im Ergebnis jeder Mittäter das Rechtsgut unmittelbar beeinträchtigt, jedoch ist dies erst die Folge der Zurechnung und damit der Mittäterschaft. Allein von der Art des Rechtsgutsangriffs läßt sich nicht auf eine Mittäterschaft oder Beihilfe schließen. Andernfalls liegt eine Hinwendung zu einer formal-objektiven Abgrenzung vor, verbunden mit einer Relativierung des Tatherrschaftsprinzips, das gerade ermöglicht, den außerhalb des Tatbestands Handelnden entsprechend seiner zentralen und mitbeherrschenden Stellung als Mittäter zu qualifizieren.

Im Hinblick auf das die Teilhabe an der Tatherrschaft konkretisierende Wesentlichkeitskriterium kann daher der von Bloy erarbeiteten Umschreibung der Wesentlichkeit eines Tatbeitrags nicht gefolgt werden. Legt man den von Roxin beschriebenen Maßstab zugrunde, so leistet derjenige, der nur Löschgeräte unbrauchbar macht, einen die Teilhabe an der Tatherrschaft vermittelnden Beitrag.

(2) Gleichgewichtigkeit

Nicht die durch seine Unentbehrlichkeit begründete Wesentlichkeit eines Tatbeitrages, sondern die Gleichgewichtigkeit aller Beiträge halten Jakobs und Herzberg für das maßgebliche Kriterium der Mitherrschaft.

---

[52] Tatherrschaft, S. 649.

(a) Jakobs

Jakobs lehnt den Taterfolg als Bezugspunkt für die Bestimmung des Gewichtes des Tatbeitrags ab und stellt auf das Maß an Beeinflussung der Tatgestalt ab,[53] denn bei der Mittäterschaft solle die Teilhabe an der Tatherrschaft, soweit es an einer eigenhändigen (Mit-)Verwirklichung des Tatbestands fehlt, überwiegend durch die Gestaltungsherrschaft bestimmt werden.[54] Die Gestaltung der Tat erfolge durch Festlegung des Täters, des Tatobjekts, des Grades seiner Verletzung, des Tatmittels und anderer relevanter Umstände.[55] Dabei sei die Ersetzbarkeit des die Tat prägenden Beitrags unerheblich, da damit die „Faktizität der realen Gestaltung" nicht beseitigt werde.[56] Erforderlich sei aber stets „ein Beitrag vom Maß der anderen Beiträge".[57]

Fragt man nach dem Maß, in dem B die Tat in ihrem Aussehen mitgeprägt hat, so läßt sich feststellen, daß B durch Unbrauchbarmachen der Löschgeräte zunächst aufgrund seines Tätigwerdens an einem bestimmten Ort das Tatobjekt mitgestaltet hat. Daneben hat er auf die Art und das Maß des Angriffs sowie auf das Tatmittel Einfluß ausgeübt. Auf diese Weise hat B in einem dem A vergleichbaren Maße die Tat mitgestaltet und hat somit an der Tatherrschaft teil.

Wenn Jakobs auf den Grad der Beeinflussung der Tatgestalt abstellt, dann besteht im Ergebnis kein Unterschied zur Frage nach der Bedeutung eines Beitrags für den angestrebten Deliktserfolg, mündet doch die so gestaltete Tat in den geplanten Erfolg. Derjenige, der das Tatgeschehen mitprägt, erfüllt auch eine wesentliche, weil erhebliche Funktion bei der Deliktsverwirklichung.

Jakobs betont primär die Gleichgewichtigkeit der Beiträge dergestalt, daß ein Minus an Gestaltung durch eine stärker aufgefächerte Arbeitsteilung ausgeglichen werde, sofern nur die Beiträge gleichgewichtig sind,[58] und hält so eine relative Erheblichkeit für maßgebend, die aber nicht zu anderen Ergebnissen als die Anwendung der von Roxin entwickelten Kriterien führen kann. Soweit vielen Tatbeiträgen ein vergleichbares Gewicht zukommt, stellen sie, jeder für sich genommen, wesentliche Tatbeiträge dar, denn keiner der Beteiligten dominiert wegen seines Beitrages über den anderen, es kommt vielmehr auf alle an. Leisten dagegen die Beteiligten Beiträge unterschiedlichen Gewichts, so liegt gleichzeitig eine wertungsmäßige Differenz hinsichtlich ihrer Bedeutung für die Deliktsverwirklichung vor. Im Grunde verwendet Jakobs mit der „Gleichgewichtigkeit" nur eine andere Terminologie.[59]

---

53 21/51.

54 21/48.

55 21/49.

56 21/51.

57 21/49.

58 21/49.

59 So auch Roxin JA 79, 519 (524); Bloy, Zurechnungstypus, S. 376.

Zudem setzt ein Vergleich der Beiträge hinsichtlich ihrer Gestaltungskraft zunächst eine Einzelbewertung voraus. Wie aber die Intensität der Gestaltungskraft des Einzelbeitrags gemessen werden soll, bleibt offen. Jakobs begnügt sich mit dem lapidaren Hinweis, derjenige, der dem Mörder die Waffe gebe, sei Gehilfe, führe er dem Mörder aber auch noch das Opfer zu, so sei er Mittäter, weil er auch der Tat die Gestalt gegeben habe.[60]

(b) Herzberg

Herzberg hält die von Roxin entwickelten Kriterien zur Ermittlung eines die Teilhabe an der Tatherrschaft begründenden Tatbeitrags im Bereich der korrelativen Mittäterschaft für „richtig und brauchbar".[61] Seiner Ansicht nach versagen sie jedoch bei der additiven Mittäterschaft, bei der er den Einzelbeitrag gerade für unwesentlich hält.[62] Um auch die additive Mittäterschaft mitzuerfassen, will er allgemein die Qualität des Tatbeitrags ex ante an seiner Gleichrangigkeit bzw. Gleichgewichtigkeit im Vergleich zu den übrigen Tatbeiträgen messen. Der Partner müsse sich in der „deliktischen Kernzone" als gleichrangiger Partner betätigen, sein Beitrag müsse sich als der Begehung der Tatbestandshandlung annähernd gleichgewichtig erweisen.[63]

Ob A und B bezogen auf ihre Tatbeiträge ex ante als gleichrangige Partner eingeordnet werden können, läßt sich ohne vorherige Gewichtung ihrer Beiträge nicht feststellen. Auch hier fehlt es an einem entsprechenden Maßstab, der eine Wertung ermöglicht. Vor dem Hintergrund der bisher erfolgten Betrachtungen muß aber dem Tatbeitrag des B vom Tatplan her ein dem Beitrag des A vergleichbares Gewicht zugestanden werden. Denn B leistet — um mit den Worten Herzbergs zu formulieren — nicht lediglich „entbehrliche Handlangerdienste" oder „nebensächliche Zutaten"[64], sondern erfüllt eine mit A vergleichbare Funktion, indem er die Wirksamkeit von dessen Tathandlung absichert. Auch Herzberg müßte demnach einen die Teilhabe an der Tatherrschaft vermittelnden Beitrag des B annehmen.

Die die Basis des Gleichgewichtigkeitskriteriums bildende Annahme Herzbergs, die Teilhabe an der Tatherrschaft bei der additiven Mittäterschaft könne nicht mit Hilfe eines wesentlichen Tatbeitrags erfaßt werden, beruht auf der oben schon dargestellten fehlerhaften Wertung, der Einzelne leiste einen bedeutungslosen Beitrag. Darüberhinaus ist er denselben Einwänden ausgesetzt wie auch Jakobs. Gerade bei der Anwendung auf den konkreten Fall wird deutlich, daß

---

60 21/49.

61 Täterschaft, S. 70.

62 Täterschaft, S. 57 ff.

63 Täterschaft, S. 69 f.; ders. ZStW 99, 49 (58 f.).

64 Täterschaft, S. 69.

Herzberg keine Wertungsmaßstäbe liefert, anhand derer das Gewicht der einzelnen Beiträge gemessen werden kann, um ihren Vergleich zu ermöglichen.

(3) Zusammenfassung

Im Ergebnis bejahen bis auf Bloy alle das Vorliegen eines objektiven Tatbeitrags des B, der ihm Teilhabe an der Tatherrschaft zuweist. Dabei fällt auf, daß Jakobs und Herzberg, auch wenn sie Kritik an der Formel Roxins üben und versuchen, eine Alternative oder zumindest eine modifizierte Formel aufzustellen, letztlich keinen neuen Ansatz bieten, sondern sich ihre Lösungen mit den Überlegungen Roxins decken. Die Abweichungen gehen über terminologische Differenzen nicht hinaus. Lediglich Bloy beschreitet einen anderen Weg, seine Abgrenzung versagt aber im Bereich der korrelativen Mittäterschaft.

Damit zeigt sich, daß Roxin mit seinem Leitgedanken der Mitherrschaft durch einen Tatbeitrag, mit dessen Leistung das Unternehmen vom Tatplan her steht oder fällt, einen für die Ermittlung der Teilhabe an der Tatherrschaft brauchbaren Maßstab liefert. Der von Jakobs erhobene Vorwurf,[65] Roxin kehre zur alten materiell-objektiven (Notwendigkeits-)Theorie zurück, wird ungeachtet der Äußerung Roxins erhoben, es dürfe bei der Frage nach der Notwendigkeit des Tatbeitrags für die Verwirklichung des Tatplans nicht auf den kausalen Ansatz der früheren Notwendigkeitstheorie zurückgegriffen werden.[66] Maßgebend solle allein sein, ob es auf den Einzelnen im konkreten Fall wie ihn der Tatplan vorsieht, hätte ankommen können.

cc) Zusammenhang zwischen Verwirklichung eines Tatbestandsmerkmals und Teilhabe an der Tatherrschaft

Die am Tatbestand des § 307 Nr. 3 vorgenommene Überprüfung der Aussage, ein Beteiligter, der ein Tatbestandsmerkmal eigenhändig und voll verantwortlich verwirklicht, leiste stets einen die Mitherrschaft vermittelnden Tatbeitrag, scheint dieselbe zu bestätigen, jedenfalls soweit der Beteiligte einen tatbestandsmäßigen Teilakt ausführt. Dabei darf aber nicht übersehen werden, daß sich die mittäterschaftliche Qualität des von B geleisteten Tatbeitrags erst durch eine wertende Betrachtung seines Aktes auf der Grundlage des gemeinsamen Tatplanes erschloß. Letztlich ist es der Tatplan, der den Beitrag des B, dem objektiv betrachtet nur ein unterstützender Charakter zukommt, zu einem mittäterschaftlichen Beitrag aufwertet.

Überprüft man anhand der anderen zweiaktigen Delikte, ob der Beteiligte, der einen Teilakt ausführt, einen wesentlichen Tatbeitrag leistet, so gelangt man ohne

---

[65] 21/51.

[66] Tatherrschaft, S. 283, 649.

weiteres zu einem übereinstimmenden Ergebnis. Dies mag dadurch bedingt sein, daß die anderen zweiaktigen Tatbestände im Gegensatz zu § 307 Nr. 3 nicht aus einem Grundtatbestand und einer qualifizierenden Handlung zusammengesetzt sind, sondern eigenständige Delikte darstellen. Dabei lassen sich zwei Gruppen unterscheiden: Bei der einen besitzen die Teilakte konstitutive Funktion im Hinblick auf den Deliktstypus, so bei den §§ 239aI 2. Alt., 239bI 2. Alt., 249, 252, 177, 178 und 237. Die andere Gruppe besteht aus Delikten, die eine Vorbereitungs- und eine Gefährdungshandlung bzw. eine Versuchs- und eine Verletzungshandlung zusammenfassen, so bei den §§ 146I Nr. 3, 202II und 277.

Bezüglich beider Gruppen ist offensichtlich, daß jeder einzelne Teilakt einen wesentlichen Tatbeitrag darstellt, denn ohne ihn ist der (Gesamt-)Deliktserfolg noch nicht einmal erreichbar. Bei diesen Delikten wohnt daher der eigenhändigen Verwirklichung eines Teilaktes eine geradezu absolute Indizwirkung bezüglich der Wesentlichkeit des Tatbeitrags inne. Anders dagegen bei zweiaktigen Delikten, die Qualifizierungen zu einem einaktigen Grunddelikt darstellen. Hier bedarf es einer Überprüfung im Einzelfall, ob der qualifizierende Teilakt einen wesentlichen Tatbeitrag darstellt, denn die Normierung eines qualifizierenden Aktes erfolgt aus von der Abgrenzung zwischen Täterschaft und Teilnahme unabhängigen Überlegungen und besitzt insofern keine für die Täterschaft maßgebliche Bedeutung. Dies bestätigt auch der § 243 Nr. 2 a.F.[67], der als zweiaktiges Delikt ausgestaltet war. Es kann nicht ohne weiteres angenommen werden, daß derjenige, der einsteigt, ansonsten aber nur Wache steht, auf jeden Fall Mittäter des Einbruchdiebstahls ist.[68] Die mittäterschaftliche Qualität seiner Mitwirkung erschließt sich nur über die konkrete Betrachtung seiner Funktion, die er aufgrund des Tatplanes innehat.

Im Hinblick auf die erste Fallgruppe gemeinschaftlicher Verwirklichung eines zweiaktigen Deliktes aufgrund gemeinsamer Tatplanung läßt sich folglich festhalten:

Die Beteiligten haften, soweit es sich um ein zweiaktiges Delikt mit selbständigem Charakter handelt, als Mittäter. Insofern trifft die anfangs aufgestellte Vermutung, es handele sich um einen geradezu klassischen Fall der Mittäterschaft, zu. Wird dagegen ein qualifizierter zweiaktiger Tatbestand wie z. B. § 307 Nr. 3 verwirklicht, so muß im Einzelfall überprüft werden, ob derjenige Beteiligte, der den qualifizierenden Teilakt vornimmt, einen wesentlichen Tatbeitrag leistet. Als Richtschnur dienen dabei die von Roxin entwickelten Kriterien zur Qualität eines mittäterschaftlichen Beitrags.

---

67 § 243 Nr. 2 a.F.: Auf Zuchthaus bis zu zehn Jahren ist zu erkennen, wenn 1. (...); 2. aus einem Gebäude oder umschlossenen Raume mittels Einbruchs, Einsteigens oder Erbrechens von Behältnissen gestohlen wird; (...).

68 Vgl. auch Roxin, Tatherrschaft, S. 137 f.

2. Zusammenwirken mit einem ohne die erforderliche überschießende Innentendenz Handelnden (Fall 2)

Fall 2 steht exemplarisch für diejenigen Konstellationen bei den zweiaktigen Delikten, in denen zwar die Beteiligten vorsätzlich ihren Teilakt ausführen, jedoch einer der beiden nicht die vom Tatbestand geforderte überschießende Innentendenz im Sinne eines dolos directus ersten Grades aufweist. So handelt B in Fall 2 nicht in der Absicht, die Löscharbeiten zu verhindern oder zu erschweren, sondern er will dem A lediglich einen Gefallen erweisen. Die sichere Kenntnis des B von den möglichen Folgen seiner Tathandlung reicht für das deliktstypische Unrecht nicht.[69] Auch ist eine gegenseitige Zurechnung solcher besonderen Absichten nicht zulässig.[70] Die hier aufgrund der jeweiligen Tatbeiträge prinzipiell in Betracht kommende Mittäterschaft zwischen A und B bzgl. der nach § 307 Nr. 3 qualifizierten Brandstiftung muß damit hinsichtlich des B mangels der erforderlichen Täterqualifikation zwingend ausscheiden. Soweit B nicht Mittäter sein kann, läßt sich aber auch A nicht als Mittäter einordnen, denn das Prinzip der Mittäterschaft beruht auf wechselseitiger mittäterschaftlicher Zurechnung der geleisteten Tatbeiträge, die das tatbestandliche Unrecht verkörpern. Entfällt eine täterschaftliche Zurechnung gegenüber B mangels Tätertauglichkeit, so muß gleichzeitig eine mittäterschaftliche Zurechnung gegenüber A, trotz Täterqualifikation, ausscheiden, denn eine Mittäterschaft eines Einzelnen enthält schon einen Widerspruch in sich.[71] Gleiches gilt bei allen anderen zweiaktigen Delikten, die eine Absicht im engeren Sinne verlangen, so bei §§ 202II, 249, 252 und 146I Nr. 3.[72] Dagegen reicht bei § 239aI 2. Alt. i.V.m. § 253 eine altruistische Bereicherungsabsicht, und bei § 277 genügt wie bei der Urkundenfälschung gem. § 267 hinsichtlich der Täuschung dolus directus zweiten Grades,[73] insofern stellt sich ein vergleichbares Problem nicht. A und B haften daher z. B. als Mittäter wegen erpresserischen Menschenraubes (§ 239aI 2.Alt.), wenn A die F entführt und B die Eltern der F erpreßt, nicht aber sich, sondern nur den A bereichern will.

---

69 Siehe oben Erster Teil, II.2.

70 BGHSt 14, 123 (129); 15, 1 (3 ff.); BGH MDR/H 85, 284; BGH GA 86, 417; BGH NJW 87, 77 (77); BGH NJW 85, 812 (812); BGH StrV 88, 526 (527); BGH StrV 86, 61; Stoffers MDR 89, 208 (211); Wessels AT § 13III2c.

71 Wenn Jakobs 21/59 und S/S-Cramer § 25 Rn. 89 Täterschaft auch bei Zusammenwirken mit einem nicht tätertauglichen Beteiligten annehmen, so wird nicht deutlich, ob sie Mittäterschaft oder Alleintäterschaft meinen. Jakobs spricht diplomatisch von dem „Täter“, und Cramer wählt ein Beispiel, bei dem zwei taugliche Mittäter übrig bleiben.

72 Vgl. zur Absicht nur S/S-Lenckner § 202 Rn. 21; Lackner § 249 Rn. 5, § 242 Rn. 25; SK-Samson § 252 Rn. 11; S/S-Stree § 146 Rn. 7; anders muß dagegen bei § 249 entschieden werden, wenn man die eigenverantwortliche Weitergabe der Sache durch den unmittelbar Wegnehmenden als Ausdruck angemaßter Verfügungsmacht wertet und für ein „Sich-zueignen“ ausreichen läßt, so LK-Roxin § 25 Rn. 140 f.; ders. Tatherrschaft, S. 341 ff.; Tenckhoff JuS 80, 723 (723 ff.); Rudolphi GA 65, 33 (41 f., 51 f.); Otto BT S. 145.

73 Vgl. nur S/S-Cramer § 267 Rn. 91; Lackner § 267 Rn. 25.

Liegt also im Grunde eine mittäterschaftliche Konstellation mit funktioneller Arbeitsteilung zwischen den Beteiligten vor, weist aber einer der Beteiligten nicht den erforderlichen dolus directus ersten Grades auf, so kommt eine mittäterschaftliche Haftung für die Verwirklichung des zweiaktigen Deliktes nicht in Betracht.[74] Damit ist noch nicht entschieden, ob der die erforderliche Absicht aufweisende Beteiligte gegebenenfalls als Alleintäter des zweiaktigen Deliktes eingeordnet werden kann. Dies wird noch näher zu prüfen sein.

3. Zusammenwirken mit einem Beteiligten, der in Unkenntnis des zweiten Teilaktes tätig wird (Fall 3 a, 3 b)

Die Fallbeispiele 3 a und 3 b zeichnen sich dadurch aus, daß A den B entweder zur Brandstiftung oder zur Unbrauchbarmachung von Löschgeräten veranlaßt und selbst den jeweils anderen Teilakt vornimmt, wobei der B von den Aktivitäten des A keine Kenntnis besitzt.

Diese Konstellationen lassen sich wiederum auf die anderen zweiaktigen Delikte übertragen, und es stellt sich allgemein die Frage nach der mittäterschaftlichen Haftung.

In den Fallbeispielen fehlt es offensichtlich an einem für die Mittäterschaft notwendigen gemeinsamen Tatentschluß zwischen A und B. Dieser muß zwar nicht schon vor Beginn der Deliktsausführung gefaßt, sondern kann auch noch während der Tatausführung hergestellt werden, es bedarf aber zumindest einer konkludenten Willensübereinstimmung in bezug auf die gesamte Tat.[75] Daran fehlt es, wenn der in die Deliktsausführung Eingeschaltete in Unkenntnis von dem gesamten zweiaktigen Geschehen einen Teilakt ausführt.

Jakobs dagegen will für die Mittäterschaft einen sog. „Einpassungsentschluß“ genügen lassen für den Fall, daß ein nicht unmittelbar Ausführender, aber gestaltend mitwirkender Beteiligter seinen Beitrag mit dem Tun des Ausführenden verbindet.[76] Dies müßte er dann erst recht annehmen, wenn der betreffende Beteiligte selbst noch eine Ausführungshandlung vornimmt.

Gegen einen solchen die Mittäterschaft begründenden Einpassungsentschluß könnte jedoch die die Mittäterschaft kennzeichnende Tatherrschaft des Kollektivs sprechen. Diese wird entscheidend durch einen entsprechenden Willenskonnex geprägt. Entsprechend der unmittelbaren Täterschaft, die das Bewußtsein von der Ausübung der Tatherrschaft voraussetzt, muß die Mittäterschaft die Kenntnis

---

[74] Eser II 38 Rn. 18A spricht plastisch von „hinkender“ Mittäterschaft.

[75] SK-Samson § 25 Rn. 51; LK-Roxin § 25 Rn. 173; ders. JA 79, 519 (519); Lackner § 25 Rn. 10.

[76] Jakobs 21/43.

von der Tatbeherrschung durch die Gemeinschaft verlangen. Es kann also nicht ausreichen, daß der Einzelne von der objektiven Herrschaft über das Geschehen durch mehrere weiß, sondern er muß in dem Bewußtsein handeln, daß auch die anderen mit ihm die kollektive Tatherrschaft ausüben wollen.

An eben dieser Gegenseitigkeit fehlt es, wenn ein Beteiligter sein Tun mit dem Handeln der anderen Beteiligten ohne deren Wissen verbindet, quasi die Situation für seine Zwecke ausnutzt. Er wird gerade nicht in dem Bewußtsein tätig, daß sein Beitrag auch von den übrigen Ausführenden als Ergänzung der von ihnen geleisteten Akte verstanden wird. Daher kann auch ein Einpassungsentschluß dem für die Mittäterschaft notwendigen gemeinsamen Tatentschluß nicht genügen.

Wegen des nicht vorhandenen gemeinsamen Tatentschlusses scheidet also eine Mittäterschaft hinsichtlich des zweiaktigen Deliktes in diesen Fällen aus, und zwar nicht nur in der Person des eingeschalteten Beteiligten, sondern entsprechend auch in der Person des intellektuell Überlegenen. Dieser könnte wie auch im vorangegangenen Beispiel allenfalls Alleintäter des zweiaktigen Deliktes sein.

4. Einschaltung eines nach Ausführung des ersten Teilaktes Hinzukommenden, der in Kenntnis des bereits Geschehenen tätig wird (Fall 4)

In diesem Fallbeispiel führt zunächst A die Brandstiftung aus, weiht anschließend den B ein und veranlaßt ihn dazu, in der Absicht, die Löscharbeiten zu beeinträchtigen, die Löschgeräte unbrauchbar zu machen. Eine entsprechende Konstellation ist ebenfalls bei anderen zweiaktigen Delikten denkbar.

Erfolgt der Eintritt in das Geschehen in Kenntnis des bereits Ausgeführten, so steht das Erfordernis eines gemeinsamen Tatentschlusses einer Mittäterschaft nicht entgegen, denn dieser kann auch noch nach Beginn der Tatausführung hergestellt werden. Eine Mittäterschaft, die durch Eintreten in eine schon begonnene Ausführungshandlung begründet wird, ist seit RGSt 8, 42 allgemein anerkannt und wird unter der Bezeichnung „sukzessive Mittäterschaft" erörtert. Bei diesem Institut erfreuen sich insbesondere zwei Aspekte reger Diskussion: Zum einen, bis zu welchem Zeitpunkt ein Eintritt mit der Konsequenz mittäterschaftlicher Haftung möglich ist, zum anderen, ob dem Eintretenden bereits verwirklichtes Unrecht noch zugerechnet werden kann. Bezogen auf die hier zu prüfende Fallkonstellation stellt sich also die Frage, ob der Beteiligte zu diesem Zeitpunkt, d.h. nach Ausführung des ersten Teilaktes, überhaupt noch mit mittäterschaftlicher Wirkung in das Geschehen eintreten kann und ob ihm gegebenenfalls der verwirklichte erste Teilakt mittäterschaftlich zugerechnet wird.

Während der BGH und ein Teil der Lehre ein Eintreten noch in dem Zeitraum zwischen formeller Vollendung und materieller Beendigung ausreichen lassen,[77] verlangt die überwiegende Zahl von Autoren im Schrifttum einen Beitrag des hinzukommenden Beteiligten noch vor Vollendung des Deliktes[78]. Auf die hier zu betrachtende Konstellation scheint sich die kontroverse Beurteilung auf den ersten Blick nicht auszuwirken, ist doch der zweiaktige Gesamttatbestand in dem Zeitpunkt, in dem der B in die Deliktsverwirklichung eintritt, noch nicht vollendet. Sie gewinnt aber bei der sich nun zwangsläufig anschließenden Frage nach der Haftung des B für den bereits verwirklichten Teilakt Bedeutung. Denn der zeitliche Rahmen, innerhalb dessen eine Mittäterschaft noch möglich ist, und die Reichweite der mittäterschaftlichen Haftung hängen unmittelbar zusammen. So ist in Fall 4 die Brandstiftung vollendet, wenn das Tatobjekt in Brand gesetzt ist, d.h. bei einem Gebäude alle wesentlichen Teile derart vom Feuer erfaßt sind, daß dieses auch nach Entfernung der Feuerquelle weiterbrennt.[79] Beendet ist die Brandstiftung mit vollständiger Niederbrennung des Tatobjekts. Soll nun der hinzutretende B für die vollendete, aber noch nicht beendete Brandstiftung als Mittäter haften?

Hier taucht das Problem des mittäterschaftlichen Eintritts nach Vollendung wieder auf. Die Verquickung der bei der sukzessiven Mittäterschaft problematischen Aspekte zeigt sich denn auch daran, daß diejenigen Autoren, die eine sukzessive Mittäterschaft nur bis zur Vollendung der Tat zulassen, eine Zurechnung dessen, was schon vor der Beteiligung des Hinzutretenden verwirklicht war, ablehnen.[80]

Der BGH und einige andere Vertreter der Lehre dagegen wollen auch diejenigen Umstände zurechnen, die zwar schon vollendet, aber noch nicht vollständig abgeschlossen sind.[81] Nach Ansicht des BGH, der sich mit dieser Wertung von der reichsgerichtlichen Rechtsprechung abgewandt hat,[82] bezieht sich das Einverständnis dessen, der in Kenntnis und Billigung des bisher Geschehenen eintritt, auf einen verbrecherischen Gesamtplan, und es soll die Kraft haben, daß ihm

---

77 BGH GA 66, 210 (210); BGH MDR/D 69, 533 (533); BGH GA 77, 144 (144 f.); BGH JZ 81, 596 (596); schon differenzierend BGH NStZ 84, 548 (548 f.); Jescheck AT § 63II2; Blei I § 78II; Dr-Tr § 25 Rn. 9.

78 SK-Samson § 25 Rn. 48; Rudolphi, Bockelmann-Festschrift, S. 376; Roxin, Tatherrschaft, S. 290; Herzberg, Täterschaft, S. 71 f.; Maurach / Gössel / Zipf AT2 § 49 Rn. 67, 76; Otto Jura 87, 246 (253); Gössel, Jescheck-Festschrift, S. 555.

79 St. Rspr., vgl. BGHSt 7, 37 (38); 16, 109 (110); 18, 363 (364); Lackner § 306 Rn. 5; Wessels BT1 § 21II3.

80 Roxin, Tatherrschaft, S. 290 ff.; ders. LK § 25 Rn. 195; SK-Samson § 25 Rn. 48; Eser II 40 Rn. 19; Herzberg, Täterschaft, S. 153; Rudolphi, Bockelmann-Festschrift, S. 375 ff.; Schmidhäuser AT 10/65; Maurach / Gössel / Zipf AT2 § 49 Rn. 68 ff.; Gössel, Jescheck-Festschrift, S. 555 ff.; Küper JZ 81, 568 (568 ff.); Jakobs 21/60; Stratenwerth Rn. 818; Lackner § 25 Rn. 12; Bockelmann / Volk AT S. 190.

81 BGHSt 2, 344 (346 f.); 6, 248 (251); BGH MDR/D 69, 533 (533); BGH GA 77, 144 (144); BGH JZ 81, 596; einschränkend BGH NStZ 84, 548 (548 f.); Blei I § 78II; Jescheck AT § 63II2; Welzel Lb S. 107; wohl auch Küpper GA 86, 437 (447).

82 RGSt 8, 42 (43 f.); 42, 6 (7 f.); 59, 79 (81 f.).

auch das einheitliche Verbrechen als solches strafrechtlich zugerechnet wird.[83] „Nur für das, was schon vollständig abgeschlossen vorliegt, vermag das Einverständnis trotz Kenntnis, Billigung oder Ausnutzung der durch den anderen Mittäter geschaffenen Lage die strafbare Verantwortlichkeit nicht zu begründen."[84] Entsprechend nahm der BGH in einer Entscheidung vom 2.4.1969[85] einen gemeinschaftlichen Raub an, bei dem der hinzutretende B sich erst nach vollendeter Gewaltanwendung durch A an der Wegnahme beteiligte. Eine mittäterschaftliche Haftung des B für die bereits abgeschlossene Körperverletzung schloß der BGH aus.

Der BGH greift zur Begründung seiner Abkehr von der reichsgerichtlichen Rechtsprechung unter anderem auf die Beihilfe zurück, bei der er für unerheblich erachtet, zu welchem Zeitpunkt der Gehilfe fördernd tätig wird.[86] Leistet der Gehilfe seinen Beitrag erst nach Vollendung der Tat, so hafte er dennoch für bereits verwirklichte erschwerende Tatumstände. Da eine Ungleichbehandlung von Mittäterschaft und Beihilfe nicht gerechtfertigt sei, müsse auch der Mittäter nach Vollendung noch in das Geschehen eintreten können und sich bereits Verwirklichtes zurechnen lassen.[87]

Schon dieser Ansatz ist auf Kritik gestoßen. So verweist Roxin auf den wesentlichen Unterschied zwischen Beihilfe und Mittäterschaft, der darin bestehe, daß die Beihilfe akzessorisch ist, der Gehilfe also eine fremde Tat fördert, während der Mittäter für eine eigene, weil mitbeherrschte Tat haftet. An einer solchen Mitherrschaft fehle es aber in bezug auf bereits verwirklichte Tatumstände, daher liege insoweit auch keine eigene Tat vor.[88]

Nun geht dieser Einwand auf die grundsätzliche Divergenz zwischen subjektiver Täterlehre und Tatherrschaftslehre zurück, aber abgesehen davon sieht sich die Rechtsprechung auch unter Berücksichtigung des von ihr vertretenen subjektiven Ansatzes starker Kritik ausgesetzt. Zwar scheint unverkennbar die subjektive Täterlehre durch, wenn dem Einverständnis des Hinzutretenden die Kraft beigemessen wird, ihm das einheitliche Verbrechen als solches zuzurechnen.[89] Aber selbst auf dieser Grundlage kann eine nachträgliche Kenntnisnahme nicht einem Täterwillen gleichstehen, denn erstens sind auch später hinzutretende Teilnehmer mit dem bereits Geschehenen einverstanden,[90] und zweitens müßte dementspre-

83 BGHSt 2, 344 (346); BGH JZ 81, 596; BGH NStZ 84, 548.

84 BGHSt 2, 344 (346); BGH JZ 81, 596; BGH GA 77, 144 (144 f.); BGH MDR/D 69, 533.

85 MDR/D 69, 533.

86 BGHSt 3, 40 (43); 6, 248 (251); 19, 323 (325); vgl. allgemein zur sukzessiven Beihilfe unten F.

87 BGHSt 2, 344 (346).

88 Tatherrschaft, S. 290 f.; ders. JA 79, 519 (525); vgl. auch Seelmann JuS 80, 571 (573); Otto Jura 87, 246 (253); Gössel, Jescheck-Festschrift, S. 551.

89 Vgl. auch die Darstellung bei Gössel, Jescheck-Festschrift, S. 548 ff.

90 So auch Roxin, Tatherrschaft, S. 290.

chend beispielsweise auch die Ausnutzung einer vorangegangenen Gewaltanwendung zur Wegnahme oder zum Beischlaf zur Raub- bzw. Vergewaltigungstäterschaft führen, wenn nur ein Einverständnis hinsichtlich des Nötigungsaktes vorliegt. In diesem Falle lehnt der BGH jedoch zu Recht eine sukzessive Täterschaft ab.[91]

Darüber hinaus muß ein Täterwille zum Zeitpunkt der Verwirklichung des Tataktes gegeben sein, da andernfalls ein dolus subsequens anerkannt wird,[92] der auch nicht wie der BGH[93] anführt, durch ein handelndes Eingreifen aufgewertet wird. Ein solches tätiges Eingreifen kann nicht den Zusammenhang zwischen einem schon vergangenen Geschehen und dem nachfolgenden Vorsatz herstellen.[94] Besonders deutlich wird dies bei den Raub- und Vergewaltigungstatbeständen, die bei Vornahme des Nötigungsaktes über den Vorsatz hinaus eine Zweck-Mittel-Relation verlangen, die schon gar nicht durch ein nachträgliches Wissen ersetzt werden kann.[95]

Auch wenn also die von der Rechtsprechung vertretene (modifizierte) subjektive Theorie zugrunde gelegt wird, zeigt sich, daß der Begründung der mittäterschaftlichen Haftung für bereits verwirklichte Tatumstände erhebliche Mängel anhaften. Die Unhaltbarkeit dieser Ansicht offenbart sich aber vollständig, wenn der Maßstab der Tatherrschaft angelegt wird.

Zeichnet sich der Täter durch die (Allein-)Tatherrschaft, der Mittäter durch die Mitherrschaft aus, so ist es schon rein tatsächlich ausgeschlossen, Vergangenes noch mitzubeherrschen.[96] Die Mittäterschaft beschränkt sich nicht auf die Tatherrschaft über den eigenen Tatbeitrag, sondern diese vermittelt dem Mittäter zugleich Teilhabe an der kollektiven Herrschaft über das gesamte deliktische Geschehen, da er einen für die Deliktsverwirklichung wesentlichen Tatbeitrag leistet. Dies setzt aber für den später hinzutretenden Mittäter voraus, daß ein Geschehen abläuft, das prinzipiell noch einer Mitbeherrschung durch ihn zugänglich ist.

Das insofern maßgebliche Geschehen muß tatbestandsbezogen ermittelt werden, denn auch der Täterbegriff ist ein tatbestandsbezogener. Von Relevanz kann in diesem Zusammenhang nur das faktische Geschehen sein, das den maßgeblichen Tatbestand erfüllt, nicht aber die jeweilige rechtliche Qualifikation eines Teilgeschehens als selbständiges Delikt einerseits und als unselbständiger Teilakt

---

91 BGHSt 20, 32 (33); BGH MDR/D 68, 17 (17 f.); BGH MDR/D 73, 555 (555 f.); BGH GA 77, 144 (144 f.).

92 So auch LK-Roxin § 25 Rn. 195; Seelmann JuS 80, 571 (573); Otto Jura 87, 246 (253).

93 BGHSt 2, 344 (347).

94 So auch Gössel, Jescheck-Festschrift, S. 550 f.

95 So auch Küper JZ 81, 568 (570 f.); Roxin, Tatherrschaft, S. 291 f.

96 Vgl. auch Roxin, Tatherrschaft, S. 290; SK-Samson § 25 Rn. 48; Rudolphi, Bokkelmann-Festschrift, S. 377; Jakobs 21/60; Eser II 40 Rn. 18; Otto Jura 87, 246 (253).

eines zweiaktigen Deliktes andererseits, wie der BGH sie in den Vordergrund stellt.[97] Denn für die Frage, ob ein Beteiligter einen Handlungsablauf (mit-) beherrscht, kann nicht entscheidend sein, welchem selbständigen Tatbestand bzw. welchem Teil eines Tatbestandes dieses zuzuordnen ist. Grundlage bildet allein das gesamte tatbestandsmäßige tatsächliche Geschehen, das dem Beteiligten täterschaftlich zur Last gelegt werden soll. Eine Differenzierung zwischen der Vollendung eines Teilgeschehens und seiner „vollständigen Abgeschlossenheit" geht daher in bezug auf die Täterbestimmung völlig ins Leere. Andernfalls würde ein Kriterium in den Tatherrschaftsbegriff miteinbezogen, das keinerlei Entsprechung in der äußeren Gestaltung der Herrschaftspositionen findet.

Von dem Boden der Tatherrschaftslehre aus muß also eine mittäterschaftliche Zurechnung bereits vollständig verwirklichter Tatumstände abgelehnt werden, da diese einer Mitbeherrschung entzogen sind. Im Rahmen von Dauer(teil-)akten ist eine Mitbeherrschung dementsprechend nach letztmaliger Vollendung der tatbestandlichen Rechtsgutsbeeinträchtigung nicht mehr möglich.[98]

Für die hier zu betrachtenden zweiaktigen Delikte gilt damit, daß eine sukzessive Mittäterschaft ausgeschlossen ist, soweit der Hinzutritt des Mitwirkenden erst nach Vollendung eines Teilaktes erfolgt. Kann dieser Beteiligte nicht Mittäter sein, so scheidet auch für den Ersthandelnden eine mittäterschaftliche Haftung aus. In Fallbeispiel 4 sind daher A und B nicht Mittäter einer nach § 307 Nr. 3 qualifizierten Brandstiftung.

Ein Blick auf die parallelen Konstellationen bezüglich der anderen zweiaktigen Delikte zeigt, daß es sich bei den meisten Delikten ähnlich verhält. So ist bei § 146I Nr. 3 der erste Teilakt mit dem Nachmachen, Verfälschen oder Sich-Verschaffen vollendet; gleiches gilt mutatis mutandis für die jeweiligen Teilakte der §§ 177, 178, 202II, 249, 252 und 277. In all diesen Fällen liegt eine sukzessive Mittäterschaft nicht vor, wenn der Eintritt in das Geschehen erst nach Vornahme des jeweils ersten Teilaktes erfolgt.

Betrachtet man den erpresserischen Menschenraub (§ 239aI 2.Alt.) und die Geiselnahme (§ 239bI 2.Alt.), so nennen sie als ersten Teilakt alternativ das Entführen oder das Sich-Bemächtigen. Unabhängig davon, ob die Tathandlung des Entführens schon aufgrund eines Koordinationsbedürfnisses bezüglich des Sich-Bemächtigens als tatbestandsmäßig nur angesehen werden darf, wenn die Ortsveränderung zugleich der Begründung einer physischen Herrschaft über das Opfer dient, die Entführung also eine Vorstufe des Sich-Bemächtigens darstellt,[99] wird rein tatsächlich in der Regel mit der Entführung die Erlangung der Herrschaftsgewalt verbunden sein.[100] Das Sich-Bemächtigen als solches stellt einen

---

97 Vgl. nur BGH MDR/D 69, 533.

98 Vgl. auch Maurach / Gössel / Zipf AT2 § 49 Rn. 76.

99 So SK-Horn § 239a Rn. 4; S/S-Eser § 239a Rn. 6.

100 Vgl. auch Maier, Sonderausschuß VI, 49. Sitzung, S. 1562; Maurach, Heinitz-Festschrift, S. 407.

Dauer(teil-)akt dar, dessen letztmalige Vollendung unmittelbar der Aufhebung des Herrschaftsverhältnisses über das Opfer vorausgeht. Solange sich das Opfer noch in der Gewalt des Täters befindet, ist daher eine sukzessive Mittäterschaft eines Hinzutretenden möglich.

Ebenso wie bei dem erpresserischen Menschenraub und der Geiselnahme handelt es sich bei der Entführung gegen den Willen der Entführten um ein Dauerdelikt. Im Gegensatz zu den §§ 239a und 239b normiert § 237 als ersten Teilakt nur die Entführung des Opfers, wobei der Täter das Ziel verfolgen muß, eine hilflose Lage für das Opfer zu begründen, in der es dem ungehemmten Einfluß des Täters preisgegeben ist.[101] Die Situation des Opfers stellt sich insofern ähnlich wie bei den §§ 239a und 239b dar, es fehlt aber an der tatbestandlichen Normierung eines Aktes, der wie bei den §§ 239a, 239b das „Sich-Bemächtigen" die Aufrechterhaltung der hilflosen Lage als Tathandlung erfaßt. Unter Berücksichtigung der Tatbestandsbezogenheit der Tatherrschaft kann im Hinblick auf eine sukzessive Mittäterschaft nur der Entführungsakt als solcher maßgebend sein, der jedoch mit der Ortsveränderung und der damit verbundenen Begründung einer hilflosen Lage vollendet ist. Die unter Umständen durch einen hinzutretenden Beteiligten mitbeherrschte Aufrechterhaltung der hilflosen Lage des Opfers ist nicht tatbestandsmäßig und läßt den Hinzutretenden daher auch nicht zum (sukzessiven) Mittäter avancieren.

Als Ergebnis in bezug auf eine mittäterschaftliche Haftung bei Einschaltung eines nach Ausführung des ersten Teilaktes Hinzukommenden läßt sich festhalten: Es kommt zwar grundsätzlich eine sukzessive Mittäterschaft in Betracht, sie ist aber an die Möglichkeit der (Mit-)Beherrschung des vorangehenden tatbestandsmäßigen Teilgeschehens gebunden. Scheidet eine Mitherrschaft wegen Vollendung des betreffenden Teilaktes aus, so kann auch keine Mittäterschaft vorliegen.

5. Mittäterschaft bezüglich nur eines Teilaktes

Bisher wurde anhand der anfangs vorgestellten Fallkonstellationen am Beispiel des § 307 Nr. 3 geprüft,[102] inwieweit die beiden Beteiligten als Mittäter bezüglich des zweiaktigen Deliktes haften, und nur in dem Fall 1 konnte für sämtliche zweiaktigen Delikte und in Fall 4 zumindest für einige zweiaktige Tatbestände eine Mittäterschaft von A und B angenommen werden. Soweit eine Mittäterschaft in den Konstellationen 2, 3a und 3b abgelehnt werden mußte, läßt sich nun noch erwägen, ob nicht derjenige Beteiligte, der alle täterschaftlichen Voraussetzungen mitbringt — in den Beispielsfällen der A — als Mittäter des von B ausgeführten

---

101 Vgl. nur BGH GA 66, 310 (311) und BGHSt 22, 177 (178) zu § 236 a.F.; BGH MDR / H 88, 627; SK-Horn § 237 Rn. 5 f.; Dr-Tr § 237 Rn. 2; siehe zum Hintergrund dieses Entführungsbegriffes auch Grein, Entführung, S. 94 ff.

102 Siehe oben Zweiter Teil, C.I.1 - 4.

Teilaktes einzustufen ist. Die Mittäterschaft von A und B würde sich also auf den von B eigenhändig vorgenommenen Teilakt beschränken. Gegebenenfalls ließe sich dann zumindest der A als Täter des zweiaktigen Deliktes einordnen, weil ihm beide Teilakte täterschaftlich, d.h. der eine Teilakt als unmittelbarer Alleintäter, der andere Teilakt als Mittäter, zugerechnet werden könnten.

An der Ausführung des von B verwirklichten Teilgeschehens ist A selbst nicht beteiligt, seine Mitwirkung besteht allenfalls in der Planung und Organisation der Tat (= Teilakt). Damit erhebt sich die Frage, ob einem von A im Vorbereitungsstadium der Tat geleisteten wesentlichen Beitrag überhaupt eine die Mittäterschaft begründende Kraft zukommen kann oder ob die Mittäterschaft an eine Mitwirkung während der Ausführung der Tat gebunden ist.

Von den Vertretern der Tatherrschaftslehre wird darauf keine einheitliche Antwort gegeben. Während der überwiegende Teil des Schrifttums [103] in Übereinstimmung mit der Rechtsprechung [104] einen mittäterschaftlichen Beitrag im Vorbereitungsstadium der Tat für ausreichend erachtet, spricht eine andere Gruppe innerhalb der Tatherrschaftslehre [105] der Mitwirkung im Vorbereitungsstadium die mittäterschaftsbegründende Wirkung ab.

Diese Kontroverse innerhalb der Tatherrschaftslehre beruht unter anderem auf einer unterschiedlichen Ausprägung des jeweils zugrunde gelegten Tatherrschaftsbegriffes. So herrscht bei einigen Autoren, die eine Mitwirkung in der Vorbereitungsphase zulassen, ein subjektivierter Tatherrschaftsbegriff vor. Das die Mittäterschaft konstituierende arbeitsteilige Zusammenwirken aufgrund gemeinsamen Wollens soll nicht an die Mitwirkung bei der Ausführung der Tat gebunden sein, weil es oftmals von Zweckmäßigkeitsüberlegungen oder Zufälligkeiten abhänge, zu welchem Zeitpunkt der Tatbeitrag erbracht wird. [106] Es genüge, wenn der Beitrag bei der Tatbestandserfüllung im weiteren Sinne weiterwirkt. Wolle man die Wertigkeit des jeweiligen Tatbeitrags im Rahmen des Gesamtgeschehens ermitteln, so bedürfe es wegen des objektiven Minus an der Tatbestandsverwirklichung neben der Prüfung, inwieweit dieses Minus durch ein Mehr der Beteiligung an Planung und Organisation ausgeglichen wird, auch des Rückgriffs

---

103 S/S-Cramer § 25 Rn. 66; Dr-Tr § 25 Rn. 7; Blei I § 78III1; Lackner § 25 Rn. 11; Welzel Lb S. 110 f.; Maurach / Gössel / Zipf AT2 § 49 Rn. 29 f.; Jakobs 21/47; Stoffers MDR 89, 208 (211); Beulke, Anm. OLG Köln, JR 80, 424; Seelmann JuS 80, 571 (573); Otto Jura 87, 246 (253); Küpper GA 86, 437 (445 f.).

104 RGSt 64, 273 (274); BGHSt 14, 123 (128); BGH GA 84, 287; BGH NStZ 84, 413; BGH JZ 85, 100; OLG Köln StrV 85, 460 (461).

105 Roxin, Tatherrschaft, S. 292 ff., der aber nicht die Anwesenheit am Tatort verlangt, S. 280; ders. JA 79, 519 (522); SK-Samson § 25 Rn. 47, der im Anschluß an Roxin ebenfalls eine Anwesenheit am Tatort nicht für notwendig hält; Herzberg, Täterschaft, S. 65 f.; ders. ZStW 99, 49 (59 f.); Rudolphi, Bockelmann-Festschrift, S. 372 ff.; Bloy, Zurechnungstypus, S. 196 ff.; Gallas, Beiträge, S. 104; H. Mayer Lb S. 314; Gimbernat Ordeig ZStW 80, 915 (931 ff.).

106 Welzel ZStW 58, 491 (552).

auf die innere Haltung des Beteiligten zur Tat. Entscheidend sei damit auch die Willensrichtung des Einzelnen. [107]

Andere Befürworter einer mittäterschaftlichen Mitwirkung im Vorbereitungsstadium stellen nicht so sehr den Zeitpunkt der Mitwirkung in den Vordergrund, sondern halten vielmehr für maßgebend, inwieweit der geleistete Beitrag seine Wirkung auch im Ausführungsstadium entfaltet. So zeichne der die Tat Planende das Verhalten der Beteiligten vor und gestalte auf diese Weise den Ablauf der Tat, so daß er an der Herrschaft über die Tat teilhabe. [108]

Denjenigen Vertretern der Lehre, die einen Tatbeitrag des Mittäters im Ausführungsstadium verlangen, wird von den eben dargestellten Autoren vorgeworfen, sie verfielen partiell der bereits überwundenen formal-objektiven Theorie. [109] Entscheide nicht allein das formelle Moment der unmittelbaren eigenhändigen Tatbestandsverwirklichung über die Täterschaft, so dürfe auch nicht der Zeitpunkt, zu dem ein mittäterschaftlicher Beitrag erbracht werden muß, rein formal bestimmt werden. [110] Außerdem würden durch die notwendige Abgrenzung zwischen Vorbereitung und Versuch als Beginn der Ausführung neue Unsicherheiten in die Diskussion gebracht. [111] Daneben sei die Gegenansicht zu stark an der Einzeltäterschaft orientiert und werde dem Wesen der Mittäterschaft nicht gerecht. Zwar sei ein Angriff der Personengesamtheit, der das Versuchsstadium nicht erreicht, straflos, daraus folge aber nicht zugleich, daß der einzelne Mitwirkungsakt nur im Ausführungsstadium geleistet werden kann. Hier ziehe die Gegenansicht eine unzulässige Parallele zur Einzeltäterschaft. [112] Letztlich werde auch das physische Moment beim Kriterium des „In-den-Händen-Haltens" überbewertet, die Abgrenzung zwischen Täterschaft und Teilnahme beinhalte ein Zurechungsproblem, das mit der Rollenverteilung bei der Tatausführung allein noch nicht entschieden sei. [113]

Die so kritisierte, streng am Herrschaftsprinzip ausgerichtete Gegenansicht begründet dagegen ihr Abstellen auf einen Beitrag im Ausführungsstadium im Kern mit der Tatbestandsbezogenheit des Tatherrschaftsbegriffes. Maßgebend sei auch bei der Mittäterschaft, ob der Beteiligte das den Tatbestand unmittelbar erfüllende Geschehen mitbeherrscht. Von einer solchen Mitherrschaft könne nicht gesprochen werden, wenn sich der Beitrag in Vorbereitungshandlungen erschöpft,

---

[107] Blei I § 78III2; S/S-Cramer Vorbem. §§ 25 ff. Rn. 85; ders. § 25 Rn. 66; Dr-Tr § 25 Rn. 7; Welzel Lb S. 110 f.

[108] Jescheck AT § 63III1; Stratenwerth Rn. 822 ff.; Seelmann JuS 80, 571 (573); Jakobs 21/48 nimmt in diesen Fällen an, daß das Minus an Entscheidungsherrschaft durch ein Mehr an Gestaltungsherrschaft ausgeglichen wird.

[109] Lackner § 25 Rn. 11; Jakobs 21/47; Maurach / Gössel / Zipf AT2 § 49 Rn. 31.

[110] Jakobs 21/47.

[111] Küpper GA 86, 437 (446).

[112] Maurach / Gössel / Zipf AT2 § 49 Rn. 30.

[113] Beulke, Anm. zu OLG Köln, JR 80, 424.

denn allein die Ausführenden hätten die Deliktsverwirklichung in der Hand. Ein Einfluß des nur im Vorbereitungsstadium Mitwirkenden auf die Realisierung des Tatentschlusses bestehe nicht.[114] Andernfalls werde der bloß unterstützende Beteiligte täterschaftlich für eine Tat verantwortlich gemacht, die er nicht gemeinsam mit den anderen ausgeführt hat. Eine derartige Zurechnung sei nur auf der Grundlage ausgeübter Tatherrschaft zulässig, die ihm aber nicht erst im Wege der Zurechnung verschafft werden dürfe.[115]

Gerade diese Tendenz zur Verwendung der Tatherrschaft als Zurechnungsobjekt tritt bei Maurach deutlich hervor, wenn festgestellt wird, es sei nicht entscheidend, ob ein Mitwirkender einen Tatbeitrag im Vorbereitungsstadium eines gemeinsam vorgenommenen Rechtsgutsangriffs erbracht hat, sondern allein, ob ein Mitwirkender durch seinen — wann auch immer geleisteten — Beitrag an der kollektiven Tatherrschaft teilhat.[116] Eine Begründung, aufgrund welcher Umstände eine Mitinnehabung der Tatherrschaft bei vorbereitenden Handlungen vorliegen soll, wird jedoch nicht geliefert. Im Gegenteil, an anderer Stelle wird betont,[117] Mittäter sei auch, wer ohne selbst Hand anzulegen, regelnd und beherrschend den Tatablauf überwacht. Gehilfe sei dagegen, wessen Mitwirkung mit der Bestärkung des Tatentschlossenen ihr Ende findet und mit diesem Erfolg aus der Hand gegeben wird. Hier wird explizit herausgestellt, daß die mittäterschaftliche Mitwirkung an die Beteiligung im Ausführungsstadium gebunden sein soll. Deutlicher läßt sich der Sachverhalt nicht umschreiben.

Daneben ist denjenigen Autoren, die mangels einer an objektive Kriterien gebundenen Abgrenzung von Mittäterschaft und Beihilfe auf subjektive Umstände zur Bewertung eines im Vorbereitungsstadium geleisteten Beitrags zurückgreifen wollen, vorzuwerfen, daß sie auf diese Weise die Schwachpunkte der subjektiven Täterlehre in die Tatherrschaft hineintragen. Die Einordnung des außerhalb der Tatausführung Mitwirkenden als Mittäter oder Gehilfe wird von rein psychischen Faktoren abhängig gemacht und damit einer gewissen Willkürlichkeit, die sich an Strafzumessungserwägungen orientieren mag, preisgegeben. Die so beschriebenen Unsicherheiten wiegen erheblich schwerer als diejenigen, die mit der Abgrenzung zwischen Vorbereitung und Versuch verbunden sind. Abgesehen davon läßt sich der planende Bandenchef, der im Zusammenhang mit der hier dargestellten Problematik stets zitiert wird, strafrechtlich ausreichend über die Anstiftung erfassen, die den Strafrahmen des Täters bereithält. Ein zwingendes Bedürfnis, diesen Beteiligten als Mittäter zu erfassen, besteht daher nicht.

Wenn auch zum Teil[118] eine differenzierte Betrachtung dergestalt vorgenommen wird, daß es weniger auf den Zeitpunkt der Mitwirkung ankommen soll,

---

114 Rudolphi, Bockelmann-Festschrift, S. 374 f.; Bloy, Zurechnungstypus, S. 196 f.; Roxin JA 79, 519 (522, 523); ders. Tatherrschaft, S. 294 f.

115 Bloy, Zurechnungstypus, S. 197.

116 Maurach / Gössel / Zipf AT2 § 49 Rn. 29.

117 Maurach / Gössel / Zipf AT2 § 49 Rn. 17.

als darauf, ob der Beitrag bei der Ausführung der Tat weiterwirkt, so wird damit kein für die Abgrenzung erhebliches Kriterium angeboten. Denn auch Anstifter und vorbereitende Gehilfen leisten kausale Beiträge, die im Ausführungsstadium weiterwirken. Diese Mitwirksamkeit kann sich aber nur entfalten, wenn die Tat auch ausgeführt wird. Die Entscheidung über das Ob der Tat wird aber allein von den Ausführenden gefällt. Die im Vorbereitungsstadium Beteiligten können zwar im Einzelfall durch Nichtleistung ihres Beitrags die Planverwirklichung verhindern, ihre Realisierung haben sie dagegen nicht (mit) in der Hand. Es sind die an der Ausführung der Tat Beteiligten, die über die Verwirklichung des (gemeinsamen) Planes entscheiden und damit auch darüber, ob die im Vorbereitungsstadium erbrachten Aktivitäten weiterwirken sollen. Es schält sich also deutlich heraus, daß eine wesentliche Mitwirkung lediglich im Vorbereitungsstadium die Mittäterschaft nicht begründen kann, weil sie keine Teilhabe an der Herrschaft über das unmittelbar tatbestandsmäßige Geschehen vermittelt. Es bedarf vielmehr eines erheblichen Beitrags während der Tatausführung. Dies bedeutet aber nicht wie von der Gegenansicht behauptet, einen Rückfall in die formal-objektive Theorie, da diese allein auf die Ausführungs*handlung* abstellt,[119] hier aber die Ausführungs*phase* maßgebend ist.

Für die erwogene Mittäterschaft von A und B im Hinblick auf den von B verwirklichten Teilakt folgt daraus die Ablehnung einer Mittäterschaft. Dem A kann daher auch nicht dieser Teilakt (mit-)täterschaftlich zugerechnet werden, so daß eine daraus resultierende Täterschaft des A im Hinblick auf das zweiaktige Delikt ausscheiden muß.

III. Zusammenfassung

Die Prüfung der verschiedenen Fallkonstellationen am Beispiel des § 307 Nr. 3, die exemplarisch für alle parallelen Fallgestaltungen bei anderen zweiaktigen Delikten stehen, hat gezeigt, daß eine wechselseitige mittäterschaftliche Zurechnung der von A und B verwirklichten Teilakte nur in einigen Fällen (1 und 4) möglich ist. Abgesehen von den Spezifika einzelner zweiaktiger Delikte kommt demnach den feingliedrigen Differenzierungen zwischen den verschiedenen Fallvarianten eine erhebliche Bedeutung zu. Sowohl im Bereich der Täterqualifikation als auch hinsichtlich des Tatentschlusses und bezüglich des Zeitpunkts der Beteiligung können Defizite auftreten, die eine Mittäterschaft ausschließen. Fehlt ein gemeinsamer Tatentschluß, so kann das objektiv gegebene Zusammenwirken die Mittäterschaft nicht begründen, es sei denn, der gemeinsame Tatentschluß wird noch während der bereits begonnenen Deliktsausführung gefaßt. Maßgebend für die dann in Betracht kommende sukzessive Mittäterschaft ist

118 Vgl. die in Anm. 108 Genannten.

119 Siehe oben Zweiter Teil, B.I.2.

jedoch, ob sämtliche Teilakte noch einer Mitbeherrschung durch den Hinzutretenden zugänglich sind. In dem zu § 307 Nr. 3 gebildeten Fallbeispiel (Fall 4) und in der überwiegenden Zahl der Parallelfälle bezüglich der anderen zweiaktigen Delikte muß eine sukzessive Mittäterschaft wegen Vollendung des ersten Teilaktes zum Zeitpunkt des Hinzutritts abgelehnt werden.

Ein Fehlen der speziellen Täterqualifikation ist nur im Hinblick auf § 202II wegen des Erfordernisses persönlicher Kenntnisnahme und bei denjenigen Delikten denkbar, die eine spezifische Absicht im eigentlichen Sinne verlangen.

In all den Konstellationen, in denen die mittäterschaftlichen Voraussetzungen hinsichtlich des zweiaktigen Tatbestandes in einer Person nicht vorliegen, können zwangsläufig beide Mitwirkende nicht als Mittäter des zweiaktigen Deliktes eingestuft werden, selbst wenn der andere Beteiligte alle notwendigen Tätervoraussetzungen mitbringt. Eine Mittäterschaft erfordert zwingend mindestens zwei Mittäter, kommt nur einer als Täter in Betracht, so kann dieser schon begrifflich nicht Mittäter sein. Es stellt sich dann aber die Frage, ob er nicht als Alleintäter des zweiaktigen Deliktes einzuordnen ist. Diesem Problem soll in den folgenden Abschnitten der Arbeit nachgegangen werden.

Zuvor sollen aber im Wege eines kurzen Exkurses spezifische Täterschaftsprobleme des § 307 Nr. 3 behandelt werden. Der Tatbestand der besonders schweren Brandstiftung nach § 307 Nr. 3 unterscheidet sich in mehrfacher Hinsicht von den anderen zweiaktigen Delikten des StGB und wirft daher Täterschaftsfragen auf, die sich in dieser Form bei anderen zweiaktigen Delikten nicht stellen.

IV. Exkurs: Spezielle Täterschaftsprobleme des § 307 Nr. 3

Unabhängig von der Beteiligung zweier Personen an der Ausführung der besonders schweren Brandstiftung ist die Täterschaft nach § 307 Nr. 3 selbst dann nicht ohne weiteres zu bestimmen, wenn nur eine einzige Person die Elemente der besonders schweren Brandstiftung erfüllt. So kann der Täter die Brandstiftung durch Unterlassen verwirklichen und zusätzlich aktiv Löschgeräte unbrauchbar machen oder entfernen (1.), oder er kann aktiv ein Gebäude in Brand setzen und vorhandene Löschgeräte nicht reparieren, obwohl er für die Wartung dieser Gerätschaften zuständig ist (2.), und letztlich ist denkbar, daß jemand angesichts eines Brandes, mit dem er überhaupt nichts zu tun hat, Löschgeräte entfernt oder unbrauchbar macht (3.).

1. Brandstiftung durch Unterlassen / Unbrauchbarmachen bzw. Entfernen von Löschgeräten durch Tun

Es stellt sich zunächst die Frage, ob Täter einer besonders schweren Brandstiftung auch sein kann, wer eine Brandstiftung durch Unterlassen verwirklicht und anschließend aktiv Löschgeräte unbrauchbar macht.

Beispielsfall:

A ist Eigentümer eines einsam am Waldrand gelegenen Reetdachhauses, das er mit seiner Familie und zwei weiteren Familien bewohnt. Als er eines Tages von der Arbeit nach Hause kommt, bemerkt er einen kleinen Brandherd am Haus. Da er sich zur Zeit in finanziellen Schwierigkeiten befindet, kommt ihm das Feuer sehr gelegen. Er hofft, daß das Haus vollständig abbrennt, um die Versicherungssumme aus der Feuerversicherung kassieren zu können. Aus diesem Grunde löscht A das Feuer nicht, was ihm zu diesem Zeitpunkt noch möglich gewesen wäre. Damit nicht unter Umständen einer der anderen Mitbewohner das Feuer vorzeitig löscht, zerstört A die vorhandenen Feuerlöscher. Das Haus brennt wie erwartet vollständig ab.

Fragt man nach der Strafbarkeit des A, so hat er sich jedenfalls einer schweren Brandstiftung durch Unterlassen gem. §§ 306 Nr. 2, 13 schuldig gemacht.[120] Seine Garantenstellung ergibt sich aus der Eigenschaft als Hauseigentümer (Überwachergarant) und aus der Eigenschaft als Vater und Ehemann (Beschützergarant).[121] Einer weitergehenden Prüfung gem. § 13I, ob das Unterlassen des Löschens dem aktiven Inbrandsetzen entspricht, bedarf es nicht, da es sich bei der Brandstiftung um ein Erfolgsdelikt handelt[122] und somit nach allgemeiner Ansicht schon aufgrund der Garantenstellung das Unterlassen dem Tun entspricht.[123]

Zusätzlich zu der Brandstiftung durch Unterlassen hat der A noch Löschgeräte unbrauchbar gemacht, um Löscharbeiten zu verhindern. Es drängt sich damit die Frage auf, ob er sogar als Täter einer besonders schweren Brandstiftung nach §§ 307 Nr. 3, (13) eingeordnet werden kann, weil er täterschaftlich sowohl eine

120 Die Möglichkeit der Brandstiftung durch Unterlassen ist allgemein anerkannt, vgl. nur RGSt 64, 273 (273 ff.); OGHSt 1, 316 (316 ff.); 3, 1 (2 ff.); SK-Horn § 306 Rn. 15; S/S-Cramer § 306 Rn. 12.

121 Geppert Jura 89, 417 (423); vgl. allgemein zur Garantenstellung LK-Jescheck § 13 Rn. 19 ff.; S/S-Stree § 13 Rn. 8 ff.

122 Der Erfolg liegt in der Inbrandsetzung und in der Begründung der damit verbundenen abstrakten Gefahr für die durch § 306 geschützten Rechtsgüter.

123 OLG Karlsruhe JR 89, 210 (212); SK-Rudolphi § 13 Rn. 17; ders. Gleichstellungsproblematik, S. 55 ff., insbes. S. 60, 63; S/S-Stree § 13 Rn. 2, 4; Roxin JuS 73, 197 (199); Jescheck AT § 59IV1,V1; ders. LK § 13 Rn. 5; Maurach / Gössel / Zipf § 46 Rn. 54 ff.; Schünemann ZStW 96, 287 (312 f.); Wessels AT § 16II8; Welzel Lb S. 219; Bockelmann / Volk AT S. 142; a. A. Arzt JA 80, 712 (716 f.); Arthur Kaufmann / Hassemer JuS 64, 153 (156 f.); Androulakis, Unterlassungsdelikte, S. 219 ff.; einschränkend Dr-Tr § 13 Rn. 17; Lackner § 13 Rn. 16; Blei I § 88II.

Brandstiftung (durch Unterlassen) als auch den qualifizierenden Akt verwirklicht hat.

Die Besonderheit der hier dargestellten Fallkonstellation liegt in dem Umstand begründet, daß der Akt des Unbrauchbarmachens von Löschgeräten auf eine Brandstiftung durch Unterlassen und nicht — wie im Normalfall — auf eine Brandstiftung durch Tun trifft. Der A wird daher jedenfalls dann als Täter der qualifizierten Brandstiftung einzustufen sein, wenn sein Gesamtverhalten der typischen Erscheinungsform des § 307 Nr. 3, bei der die Teilakte jeweils aktiv verwirklicht werden, entspricht.

a) Entsprechungsprüfung hinsichtlich der Brandstiftung

Da nur die Brandstiftung durch Unterlassen verwirklicht wird, könnte eine Entsprechungsprüfung ausschließlich an die Vergleichbarkeit von Brandstiftung durch einerseits Tun und andererseits Unterlassen anknüpfen. Eine solche Prüfung stünde aber im Widerspruch zu der eingangs getroffenen Feststellung, daß es hinsichtlich der Täterschaft des A nach §§ 306, 13 einer Entsprechungsprüfung nicht bedarf, da das Tun dem Unterlassen schon aufgrund der Garantenstellung gleichgeachtet wird. Gegen diese zwingende Entsprechung bei Erfolgsdelikten läßt sich nicht einwenden, daß das Unterlassen regelmäßig einen geringeren Schuld- und Unrechtsgehalt aufweist, weil das untätige Geschehenlassen prinzipiell weniger verbrecherische Energie verlangt als die Vornahme einer aktiven Handlung[124]. Der Gesetzgeber hat der grundsätzlichen Wertdifferenz zwischen Tun und Unterlassen über die fakultative Strafmilderung des § 13II Rechnung getragen und schließt insoweit eine zweite Entsprechungsprüfung aus.[125] Andernfalls müßte grundsätzlich die Strafbarkeit des unechten Unterlassens in Frage gestellt werden, sie käme nur in Betracht, soweit sich im Einzelfall eine mit der Begehungstat übereinstimmende Strafwürdigkeit nachweisen ließe.[126]

---

124 BGHSt 36, 227 (228 f.); BGH StrV 87, 527 (528); SK-Rudolphi § 13 Rn. 65; Roxin, Tatherrschaft, S. 501; Armin Kaufmann, Unterlassungsdelikte, S. 301; LK-Jescheck § 13 Rn. 61; ders. AT § 58V; Lackner § 13 Rn. 17; differenzierend Arzt JA 80, 553 (555); zweifelnd Jakobs AT 29/123 m.w.N.; Herzberg, Unterlassung, S. 273, hält ausnahmslos das Unrecht der Unterlassung für geringfügiger; der Schuldgehalt könne im Einzelfall den einer vergleichbaren Begehung übersteigen.

125 Nach h.L. dürfen bei der Strafrahmenwahl nur solche Umstände von Bedeutung sein, die Auskunft darüber geben, ob das Unterlassen im Vergleich zur entsprechenden Begehungstat weniger oder gleich schwer wiegt, SK-Horn § 46 Rn. 68b; Bruns JR 82, 465 (466); Lackner § 13 Rn. 18; LK-Jescheck § 13 Rn. 63; die Rechtsprechung stellt auf eine Gesamtwürdigung der wesentlichen unterlassungsbezogenen Gesichtspunkte ab, ohne deutlich zu machen, ob diese bei der Strafrahmenwahl oder bei der Strafzumessung i.e.S. zu berücksichtigen sind, vgl. BGH JR 82, 464 (465) und BGH StrV 87, 527 (528).

126 Vgl. auch Rudolphi, Gleichstellungsproblematik, S. 60 f. m.w.N.

Entspricht also die Brandstiftung durch Unterlassen schon aufgrund der Garantenstellung der aktiven Brandstiftung, so bleibt diesbezüglich für eine weitere Entsprechungsprüfung kein Raum.

b) Entsprechungsprüfung hinsichtlich des gesamten Verhaltens (Brandstiftung plus qualifizierender Akt)

Als Objekt der Entsprechungsprüfung könnte jedoch der Qualifikationstatbestand insgesamt, also Brandstiftung plus qualifizierender Akt, in Betracht kommen. Denn es soll hier ermittelt werden, ob als Täter einer besonders schweren Brandstiftung nach § 307 Nr. 3 auch bestraft werden kann, wer eine Brandstiftung durch Unterlassen verwirklicht und Löschgeräte aktiv unbrauchbar macht. Damit steht gerade die Möglichkeit der Kombination von Unterlassen und Tun bezüglich des § 307 Nr. 3 im Vordergrund, so daß sich die Entsprechungsprüfung an dem Gesamttatbestand zu orientieren hat.

aa) Zulässigkeit einer weiteren Entsprechungsprüfung

Nun könnte jedoch einer solchen Entsprechungsprüfung entgegenstehen, daß es sich nicht nur bei der Brandstiftung als solcher, sondern auch bei dem Unbrauchbarmachen von Löschgeräten um einen Erfolgsakt handelt. Durch die Zerstörung der Löschgeräte wird deren Funktionsfähigkeit aufgehoben und zugleich die abstrakte Gefahr der Brandstiftung erhöht. Demzufolge stellt die besonders schwere Brandstiftung insgesamt ein Erfolgsdelikt dar. Wenn nun bei Erfolgsdelikten eine über den Nachweis der Garantenstellung hinausgehende Entsprechungsprüfung nicht mehr vorgenommen werden darf, so erheben sich Zweifel an der Zulässigkeit einer weiteren Entsprechungsprüfung.

(1) § 307 Nr. 3 als zweiaktiges Delikt

Dabei ist aber zunächst zu bedenken, daß es sich bei § 307 Nr. 3 um ein zweiaktiges Delikt handelt und in dem hier zu prüfenden Fallbeispiel lediglich ein Teilakt durch Unterlassen verwirklicht wird. Während bei den einaktigen Erfolgsdelikten entweder der Tatbestand nur durch Tun oder nur durch Unterlassen verwirklicht wird und sich damit eine Entsprechungsprüfung bei Vorliegen einer Garantenstellung verbietet, liegt hier eine Kombination von einerseits Tun und andererseits Unterlassen zugrunde. Es soll nicht die Entsprechung von Tun und Unterlassen für sich genommen, sondern die Entsprechung der Kombination von Tun und Unterlassen mit der Kombination von Tun und Tun überprüft werden. Bei den zweiaktigen (Erfolgs-)Delikten stehen die Teilakte nicht beziehungslos nebeneinander, sondern sie weisen einen spezifischen Zusammenhang auf, beispielsweise einen Finalzusammenhang (so bei § 249) oder ein Stufenverhältnis (so bei § 277). Eben diese Beziehung der Teilakte kann Grundlage einer Entsprechungsprüfung sein, denn es steht nicht von vornherein fest, daß das von der Norm vorausgesetzte Verhältnis der Teilakte zueinander unabhängig davon gegeben ist, daß ein Teilakt durch Unterlassen, der andere durch Tun verwirklicht wird.[127]

(2) § 307 Nr. 3 als Qualifikationstatbestand

Bei § 307 Nr. 3 zeichnet sich dieses Verhältnis der Teilakte zueinander durch den Strafschärfungszusammenhang aus, denn bei § 307 Nr. 3 handelt es sich nicht nur um ein zweiaktiges Delikt, sondern zugleich um einen Qualifikationstatbestand. Darin liegt auch eine der Besonderheiten des § 307 Nr. 3, weil er das einzige zweiaktige qualifizierte Delikt im StGB darstellt.

§ 307 Nr. 3 ordnet die Anwendung eines gegenüber dem Strafrahmen des Grunddeliktes schärferen Strafrahmens an. Den Täter trifft damit unabhängig von der Strafzumessung im konkreten Fall eine wesentlich höhere Mindeststrafe (§ 306: Mindestfreiheitsstrafe 1 Jahr; § 307: Mindestfreiheitsstrafe 10 Jahre). Unter Berücksichtigung, daß das Unterlassen regelmäßig weniger schwer wiegt als das entsprechende Tun, ist denkbar, daß die Inbrandsetzung durch Unterlassen plus Unbrauchbarmachen von Löschgeräten durch aktives Handeln prinzipiell nicht den von § 307 Nr. 3 vorausgesetzten Unrechts- und Schuldgehalt erreicht. In diesem Falle wäre eine Anwendung des wesentlich härteren Strafrahmens grundsätzlich nicht gerechtfertigt.

Folgende Gleichung mag die Überlegung verdeutlichen:

X = Unrechts- und Schuldgehalt des § 307 Nr. 3

Daraus folgt:

Brandstiftung durch Tun
+ Unbrauchbarmachen von Löschgeräten durch Tun

= X

Wenn

Unrechts- und Schuldgehalt der Brandstiftung durch Unterlassen	<	Unrechts- und Schuldgehalt der Brandstiftung durch Tun

[127] Vgl. auch den in der Lehre diskutierten Parallelfall beim Raub, bei dem der Täter zunächst aus anderen als Wegnahmezwecken Gewalt gegen das Opfer anwendet und unter Fortwirkung der Gewalt den Wegnahmevorsatz faßt und dann auch ausführt. Da der Raub aufgrund der finalen Verknüpfung der Teilakte Wegnahmevorsatz zum Zeitpunkt der Nötigung voraussetzt, ist eine Strafbarkeit wegen Raubes nur denkbar, soweit von einer Gewaltanwendung durch Unterlassen ausgegangen wird in dem Moment, in dem der Täter den Wegnahmeentschluß faßt; dies befürworten Eser NJW 65, 377 (378 ff.); ders. S/S § 249 Rn. 6; Lackner § 249 Rn. 4; Seelmann JuS 86, 201 (203); Schünemann JA 80, 349 (353); in diesem Fall auch Jakobs JR 84, 385 (386); ablehnend unter Berufung auf die fehlende Entsprechung: SK-Samson § 249 Rn. 26; LK-Herdegen § 249 Rn. 16; Joerden JuS 85, 20 (26 f.); Otto Jura 87, 498 (500); ders. JZ 85, 21 (26).

dann

Brandstiftung durch Unterlassen
+ Unbrauchbarmachen von Löschgeräten durch Tun

≠ X

Also

Brandstiftung durch Unterlassen
+ Unbrauchbarmachen von Löschgeräten durch Tun

≠ § 307 Nr. 3

Nun könnte sogleich eingewandt werden, der regelmäßig geringere Unrechts- und Schuldgehalt des Unterlassens sei hier ebenfalls nicht zu berücksichtigen, da die Brandstiftung durch Unterlassen für sich genommen der Brandstiftung durch Tun entspricht. Etwaige Wertdifferenzen seien über § 13II auszugleichen.

Dem ist ohne weiteres zuzustimmen, soweit es um Grundtatbestände geht; im Rahmen von Qualifikationstatbeständen ist aber Folgendes zu bedenken: Bei dem einaktigen Grunddelikt kommt wegen der Entsprechung von Tun und Unterlassen, unabhängig von dem prinzipiell geringeren Unrechts- und Schuldgehalt des Unterlassens, zunächst der Strafrahmen des entsprechenden Begehungsdeliktes zur Anwendung. Bestätigt sich im konkreten Fall die prinzipielle Wertdifferenz, so verschiebt sich der Strafrahmen zugunsten des Täters (§§ 13II, 49).

Anders dagegen verhält es sich, wenn die Anwendung eines zweiaktigen Qualifikationstatbestandes im Raume steht. Wird unabhängig von einer Entsprechungsprüfung der Qualifikationstatbestand ausgelöst, weil der bzw. die Einzelakt(e) als Erfolgsakte schon aufgrund der Garantenstellung dem Begehen entsprechen, so kann zwar auch auf den Strafrahmen des Qualifikationstatbestandes der § 13II angewandt werden und insofern der geringere Unrechts- und Schuldgehalt berücksichtigt werden. Aber es bildet eben der wesentlich schärfere Strafrahmen der Qualifikation den Ausgangspunkt der Strafrahmenverschiebung. Entsprechend liegt der daraus gewonnene milderere Strafrahmen immer noch über demjenigen, der aus einer Milderung des Strafrahmens des Grunddeliktes gewonnen wird. Dies ist aber nur gerechtfertigt, wenn die Verwirklichung des Qualifikationstatbestandes durch (Teil-)Unterlassen grundsätzlich — also unabhängig vom konkreten Einzelfall — das von dem Gesetzgeber der Strafschärfung zugrunde gelegte Maß an Strafwürdigkeit erreicht. Nur in diesem Falle steht die Verwirklichung durch (Teil-)Unterlassen der Verwirklichung durch Tun gleich.

Aus diesen Überlegungen ergibt sich somit das Erfordernis einer Entsprechungsprüfung, die eben auch zu erfolgen hat, wenn es sich um ein reines Erfolgsdelikt handelt.[128] Im Rahmen zweiaktiger Qualifikationstatbestände muß

[128] Vgl. auch Armin Kaufmann, Unterlassungsdelikte, S. 289, der eine Generalisierung der Gleichstellungsproblematik bei der Übertragung von Qualifizierungsgründen des Begehungsdeliktes auf das entsprechende Unterlassungsdelikt für verfehlt hält.

dies unabhängig davon gelten, welcher Teilakt oder ob sogar beide Teilakte durch Unterlassen verwirklicht werden.

Damit ist festzuhalten: Wird eine Brandstiftung nach § 306 durch Unterlassen verwirklicht und macht der Täter zusätzlich aktiv Löschgeräte unbrauchbar, so ist eine Entsprechungsprüfung zulässig und erforderlich, um über die Täterschaft nach § 307 Nr. 3 entscheiden zu können.

bb) Maßstab der Entsprechungsprüfung

Muß nun also geprüft werden, ob die Kombination von Brandstiftung durch Unterlassen mit aktivem Unbrauchbarmachen von Löschgeräten der Verwirklichung beider Teilakte im Wege aktiven Handelns entspricht, so ist ein Maßstab erforderlich, anhand dessen die Entsprechung gemessen werden kann.

Mittels der Entsprechungsprüfung soll festgestellt werden, ob die Anwendung des erhöhten Strafrahmens auch auf die Kombination von Unterlassen und Tun gerechtfertigt ist. Eine Rechtfertigung und damit die Entsprechung ist gegeben, wenn auch bei einer Brandstiftung durch Unterlassen plus aktiver Zerstörung der Löschgeräte der Normzweck des § 307 Nr. 3 erreicht wird. Den Maßstab der Entsprechungsprüfung bildet damit der dem § 307 Nr. 3 zugrundeliegende Normzweck.[129]

Die erhöhte Strafdrohung des § 307 Nr. 3 beruht auf der besonders kriminellen Energie des Täters und der erhöhten Gefährlichkeit der Tat. Die im Verhältnis zum Grunddelikt gesteigerte Gefahr ergibt sich aus der Vernichtung von Geräten, mit deren Hilfe der Brand gelöscht oder zumindest eingedämmt werden kann. Dabei ist unerheblich, in welcher Weise der Täter für die Brandstiftung haftet, ob als Begehungs- oder Unterlassungstäter, denn es brennt und Löschgeräte sind nicht einsetzbar.

Weniger eindeutig verhält es sich dagegen mit der von dem Täter des § 307 Nr. 3 zu verlangenden besonders kriminellen Energie, wenn er die Brandstiftung durch Unterlassen begeht. Findet der intensive verbrecherische Wille seinen Ausdruck allein in dem über die Brandstiftung hinausgehenden zusätzlichen Unbrauchbarmachen / Entfernen von Löschgeräten, so ist er unabhängig davon gegeben, ob die Brandstiftung im Wege des Unterlassens oder mittels positiven Tuns verwirklicht worden ist. Ist die kriminelle Energie dagegen durch eine außergewöhnliche Aktivität gekennzeichnet, die an ein zweimaliges Tätigwerden geknüpft ist, dann müßte eine Brandstiftung durch positives Tun verlangt werden.

Der gegenüber dem Täter des § 307 Nr. 3 erhobene Vorwurf, mit einem intensiveren verbrecherischen Willen vorgegangen zu sein, beruht auf dem Umstand,

---

129 Vgl. auch Schöne, Unterlassene Erfolgsabwendungen, S. 338; Rudolphi, Gleichstellungsproblematik, S. 60; LK-Jescheck § 13 Rn. 5; Stratenwerth AT Rn. 1036; Jakobs AT 29/81; Roxin JuS 73, 197 (199).

daß der Täter sich nicht auf die Brandstiftung beschränkt, um sein Ziel (= vollständiges Abbrennen) zu erreichen. Ihm wird zur Last gelegt, den Eintritt des erstrebten Erfolges abgesichert zu haben, indem er Löschmaßnahmen von vornherein unterbunden hat. Insofern wird ihm eine besondere Aktivität vorgehalten, die aber nicht erst aus der Kumulation zweimaligen Aktivwerdens resultiert. Es steht allein die besondere Mühe, die der Täter auf die Erfolgs*absicherung* verwendet im Vordergrund, nicht diejenige bei der Erfolgs*herbeiführung* insgesamt. Letztere ist bei den allgemeinen Strafzumessungserwägungen zu berücksichtigen, wobei das Doppelverwertungsverbot des § 46III zu beachten ist. Die für § 307 Nr. 3 erforderliche besonders kriminelle Energie tritt also schon und auch nur mit dem über die Brandstiftung hinausgehenden Unbrauchbarmachen / Entfernen von Löschgeräten in der Absicht, das Löschen des Feuers zu beeinträchtigen, hervor. Damit spielt es aber auch keine Rolle, ob die Brandstiftung durch aktives Handeln oder durch Unterlassen verwirklicht wird.

Liegen folglich die für die Strafschärfung maßgebenden Faktoren vor, so entspricht die Brandstiftung durch Unterlassen plus Unbrauchbarmachen von Löschgeräten durch Tun der Verwirklichung beider Teilakte des § 307 Nr. 3 durch jeweiliges aktives Handeln. Im Beispielsfall ist A somit als Täter einer besonders schweren Brandstiftung einzuordnen.

c) Fakultative Strafmilderung gem. § 13II

Abschließend stellt sich noch die Frage, ob A auch in dem Genuß der fakultativen Strafmilderung nach § 13II kommen kann. Dann müßte A wegen besonders schwerer Brandstiftung gem. §§ 307 Nr. 3, 13 durch Unterlassen zu bestrafen sein. Dem könnte entgegenstehen, daß das die Qualifikation auslösende Merkmal durch Tun verwirklicht worden ist und A daher wegen besonders schwerer Brandstiftung nach § 307 Nr. 3 (aktives Handeln) strafbar sein müßte. Andererseits verwirklicht A den Grundtatbestand durch Unterlassen, was für eine Unterlassungstäterschaft sprechen könnte.

Eine Entscheidung nach den allgemein zur Abgrenzung von Tun und Unterlassen vertretenen Regeln[130] kann in diesem Zusammenhang nicht weiterhelfen. Unabhängig davon, ob nach dem Schwerpunkt der Vorwerfbarkeit, dem Bezugspunkt des jeweiligen rechtlichen Vorwurfs, dem sozialen Sinngehalt des Geschehens oder nach dem Energieeinsatz abgegrenzt wird, entscheidend ist jeweils, welcher der Teilakte betont wird.

Bei § 307 Nr. 3 handelt es sich um eine unselbständige Qualifikation. Die Norm baut vollständig auf dem Grundtatbestand des § 306 auf, entsprechend steht auch der Brandstiftungsakt im Vordergrund. Wird dieser durch Unterlassen

---

130 Vgl. dazu nur SK-Rudolphi Vor § 13 Rn. 5 ff.; S/S-Stree Vorbem. §§ 13 ff. Rn. 158.

verwirklicht, so ist dogmatisch konsequent aus §§ 307 Nr. 3, 13 zu strafen. Daneben besteht allein bei einer solchen Wertung die Möglichkeit, einen im konkreten Fall geringeren Unrechts- und Schuldgehalt der Brandstiftung durch Unterlassen über die fakultative Strafmilderung des § 13II zu berücksichtigen. In dem Beispielsfall ist A folglich als Täter einer besonders schweren Brandstiftung durch Unterlassen nach §§ 307 Nr. 3, 13 einzustufen.

d) Ergebnis

Derjenige, der eine Brandstiftung im Wege des Unterlassens verwirklicht und zusätzlich aktiv Löschgeräte unbrauchbar macht bzw. entfernt in der Absicht, das Löschen des Feuers zu verhindern oder zu erschweren, ist Täter einer besonders schweren Brandstiftung durch Unterlassen gem. §§ 307 Nr. 3, 13.[131]

2. Brandstiftung durch Tun / Unbrauchbarmachen bzw. Entfernen von Löschgeräten durch Unterlassen

Zu dem unter IV.1. behandelten Beispielsfall läßt sich der gleichsam umgekehrte Fall bilden, bei dem die Brandstiftung aktiv verwirklicht wird und hinsichtlich des Unbrauchbarmachens von Löschgeräten eine Unterlassungshaftung vorliegt.

Beispielsfall:

A ist bei einem großen Kaufhaus als technischer Leiter angestellt. Er ist u. a. für den Brandschutz zuständig und muß daher die Funktionsfähigkeit der im Hause installierten Sprinkleranlage überwachen. Eines Tages stellt er fest, daß aufgrund eines technischen Defektes das Wasser nicht mehr in das Rohrsystem fließt. Da sich A mit dem Eigentümer des Kaufhauses zerstritten hat, hält er dies für eine günstige Gelegenheit, sich an seinem Chef zu rächen. Er beschließt, das Kaufhaus in Brand zu setzen und die Sprinkleranlage nicht zu reparieren, damit das Feuer sich ungehindert ausbreiten kann. Nachmittags zur Öffnungszeit des Kaufhauses legt er ein Feuer in der Textilabteilung. Das Gebäude brennt zu einem wesentlichen Teil ab.

A ist Täter einer schweren Brandstiftung gem. § 306 Nr. 3. Betrachtet man daneben isoliert sein Verhalten bezüglich der Sprinkleranlage, so läßt es sich als täterschaftliches Unbrauchbarmachen von Löschgeräten durch Unterlassen einordnen. Die erforderliche Garantenstellung des A ergibt sich aus der von dem Eigentümer des Kaufhauses vertraglich übernommenen Pflicht, eine Gefahrenquelle zu überwachen (Überwachergarant). Bei dieser isolierten Betrachtung entspricht das Nichtreparieren auch ohne weitere Prüfung dem aktiven Unbrauch-

131 Ebenso SK-Horn § 307 Rn. 18.

barmachen, denn es handelt sich bei diesem Teilakt um einen „Erfolgsakt"; der Erfolg liegt in der Funktionsuntüchtigkeit des Gerätes.

Verwirklicht demnach A beide Teilakte des § 307 Nr. 3 als solche täterschaftlich, so stellt sich wiederum die Frage, ob er als Täter einer besonders schweren Brandstiftung nach § 307 Nr. 3 eingestuft werden kann.

Auch hier muß unabhängig davon, daß es sich bei § 307 Nr. 3 um ein Erfolgsdelikt handelt und damit grundsätzlich eine Entsprechung von Unterlassen und Tun schon aufgrund der Garantenstellung gegeben ist, eine besondere Entsprechungsprüfung bezogen auf den Gesamttatbestand erfolgen.[132] Den Maßstab dieser Prüfung bildet der Normzweck des § 307 Nr. 3. Die Täterschaft des A nach § 307 Nr. 3 hängt daher davon ab, ob die der Qualifizierung zugrundeliegenden strafschärfenden Faktoren, nämlich erhöhte Gefährlichkeit der Tat und die intensive kriminelle Energie des Täters, vorliegen, wenn die Brandstiftung mittels aktiven Handelns, die Unbrauchbarmachung von Löschgeräten im Wege des Unterlassens erfolgt.

Eine gegenüber der reinen Brandstiftung erhöhte Gefährlichkeit der Tat ist auch bei dem Unterlassen der Reparatur von Löschgeräten gegeben, denn das Gebäude brennt und vorhandene Löschgeräte funktionieren nicht. Zweifelhaft könnte jedoch das Vorliegen eines intensiveren verbrecherischen Willens sein. Dieser äußert sich in der besonderen Mühe, die der Täter auf die Erfolgssicherung verwendet. Sie tritt hervor, indem der Täter sich nicht mit der Inbrandsetzung begnügt, sondern zusätzlich Löschgeräte beschädigt. Sind die Löschgeräte bereits funktionsuntüchtig, dann beschränkt sich der Täter darauf, seiner Pflicht zur Reparatur nicht nachzukommen. Er mag zwar durch dieses Verhalten eine gegenüber dem „bloßen" Brandstifter stärkere verbrecherische Energie offenbaren, da er die Wiederherstellung der Funktionsfähigkeit unter bewußter Vernachlässigung seiner Pflichten zweckgerichtet unterläßt und sich damit durch ein planvolles Vorgehen auszeichnet. Andererseits nutzt er im Grunde nur eine günstige Situation aus. Er setzt gerade nicht besondere Kräfte und eine außergewöhnliche Mühe ein, um die Löscharbeiten zu verhindern, sondern er bleibt lediglich untätig. Folglich steht sein verbrecherischer Wille von seiner Intensität her nicht demjenigen gleich, den der Brandstifter aufweist, der erst durch ein zusätzliches Tätigwerden Löschgeräte zerstört, auch wenn beide letztlich durch ihr jeweiliges Verhalten den gleichen objektiven Erfolg erzielen.

Hinsichtlich dieses Unterschiedes bezüglich der Intensität des verbrecherischen Willens könnte nun der Einwand erhoben werden, hier offenbare sich doch nichts weiter als die prinzipielle Wertdifferenz zwischen Tun und Unterlassen. Da aber die Unbrauchbarmachung von Löschgeräten durch Unterlassen schon aufgrund der Garantenstellung der Begehungstat entspreche, dürfe der Wertunterschied nicht berücksichtigt werden. Eine solche Argumentation geht jedoch fehl. In

[132] Siehe oben Zweiter Teil, C.IV.1.b.

bezug auf § 307 Nr. 3 wurde bereits festgestellt, daß trotz der Eigenschaft als Erfolgsdelikt eine Entsprechungsprüfung zu erfolgen hat. Daher kann die Entsprechungsprüfung durchaus ergeben, daß eine Entsprechung nur bei aktivem Unbrauchbarmachen von Löschgeräten vorliegt, weil die der Strafschärfung zugrundeliegenden Faktoren nur bei Verwirklichung des qualifizierenden Aktes mittels aktiven Handelns zutage treten.

Es handelt sich also bei § 307 Nr. 3 quasi um eine Art verhaltensgebundenes Delikt insofern, als der Strafschärfungsgrund allein in der *aktiven* Begehung realisiert wird und damit Modalitätenäquivalenz nur bei Tun diesbezüglich gegeben ist.

Abgesehen von dem Normzweck ist auch noch Folgendes zu bedenken: Löste die Kombination von Brandstiftung durch positives Tun und Unbrauchbarmachung von Löschgeräten durch Unterlassen den Tatbestand des § 307 Nr. 3 aus, so verlangte man von dem Täter, Maßnahmen zur Verhinderung des von ihm mit der Tat verfolgten Zieles zu ergreifen. Ihm würde also nicht nur vorgeworfen, eine Brandstiftung begangen zu haben, sondern strafschärfend legte man ihm zur Last, die Löschung des Feuers nicht ermöglicht zu haben. Die Widersinnigkeit dieses Ergebnisses liegt auf der Hand. Niemand käme auf die Idee, bei dem Täter einer Körperverletzung erschwerend in Rechnung zu stellen, daß er keinen Krankenwagen gerufen hat.

Im Ergebnis scheidet damit als Täter einer besonders schweren Brandstiftung gem. § 307 Nr. 3 aus, wer aktiv eines der in § 306 aufgeführten Objekte in Brand setzt und daneben Löschgeräte unbrauchbar macht im Wege des Unterlassens.[133]

3. Täterschaft desjenigen, der nur Löschgeräte entfernt bzw. unbrauchbar macht, in bezug auf § 307 Nr. 3

Abschließend ist die Möglichkeit einer Täterschaft nach § 307 Nr. 3 für den Fall zu prüfen, in dem jemand angesichts eines Brandes, den er nicht gelegt hat und für den er auch nicht als Unterlassungstäter haftet, die Löschgeräte unbrauchbar macht.

Als Beispiel kann Fall 4[134] herangezogen werden: A hat das Wohnhaus des X in Brand gesetzt. Dem hinzukommenden B erzählt er von der Tat und bittet ihn, die Löschgeräte unbrauchbar zu machen. B folgt dem Vorschlag des A, weil auch er den X haßt und daher die Löscharbeiten verhindern möchte.

Eine sukzessive Mittäterschaft liegt nicht vor, da A die Brandstiftung schon vollendet hat, aber vielleicht ist B sogar Alleintäter einer qualifizierten Brandstiftung, weil er Löschgeräte unbrauchbar gemacht hat, um die Löscharbeiten zu

---

133 Ebenso SK-Horn § 307 Rn. 18.

134 Siehe oben Zweiter Teil, A.

verhindern. Dabei soll Fall 4 dahingehend modifiziert werden, daß B die Löschgeräte unbrauchbar macht, als er den Z wahrnimmt, der sich gerade anschickt, das Feuer mit Hilfe der Löschgeräte zu löschen.

B könnte als Täter des § 307 Nr. 3 in Betracht kommen, wenn er auch als Täter einer Brandstiftung einzuordnen ist. Auf der Grundlage, daß in Brand gesetzte Objekte durchaus noch ein weiteres Mal in Brand gesetzt werden können,[135] und der Möglichkeit einer Täterschaft im Wege positiven Tuns durch Abbruch eines rettenden Kausalverlaufs,[136] steht einer Täterschaft des B hinsichtlich einer Brandstiftung nichts entgegen. Die Kausalität des B hinsichtlich der Weiterverbreitung des Feuers ist gegeben, denn hätte B nicht die Löschgeräte unbrauchbar gemacht und auf diese Weise den Z am Löschen oder zumindest an der Eindämmung des Brandes gehindert, dann hätte sich das Feuer nicht so wie geschehen ausgebreitet.[137] Dabei ist unerheblich, ob man die Inbrandsetzung an einer anderen Stelle verlangt[138] oder die Intensivierung des Feuers ausreichen läßt[139]. Denn durch die (mit-)verursachte Ausbreitung des Feuers werden auch bisher nicht brennende Teile der Sache vom Feuer erfaßt.

Formal betrachtet verwirklicht B demnach täterschaftlich die beiden Teilakte des § 307 Nr. 3. Die Besonderheit liegt darin begründet, daß im Unterschied zum typischen Normalfall der Verwirklichung der Teilakte des § 307 Nr. 3 durch jeweils positives Tun nicht ein zweimaliges Tätigwerden gegeben ist, sondern die Verwirklichung des vollständigen Tatbestandes in einem einzigen Akt zusammenfällt. Insofern stellt der § 307 Nr. 3 ein Kuriosum dar. Kein anderes zweiaktiges Delikt ist formal tatbestandlich erfüllbar im Wege aktiven Handelns, allein durch Vornahme eines einzigen Aktes.

Es stellt sich nun die Frage, ob hinsichtlich der nach § 307 Nr. 3 qualifizierten Brandstiftung durch positives Tun die bloße Tatbestandsverwirklichung ausreicht oder ob gerade die Vornahme von zwei Akten im Vordergrund steht. Allein der formalen Tatbestandsfassung, die zwei separate Akte voraussetzt, läßt sich nicht entnehmen, daß entsprechend ein zweimaliges, jeweils voneinander unabhängiges Tätigwerden des Täters erforderlich ist. Denn bei der Formulierung eines Tatbestandes hat der Gesetzgeber den typischen Alleintäter vor Augen, und es kann

135 OGH JR 50, 404 (404); Lackner § 306 Rn. 5; Dr-Tr § 306 Rn. 6; SK-Horn § 306 Rn. 12.

136 Vgl. dazu S/S-Stree Vorbem. §§ 13 ff. Rn. 159; LK-Jescheck Vor § 13 Rn. 83; Armin Kaufmann, Unterlassungsdelikte, S. 196; Roxin, Tatherrschaft, S. 472; Wessels AT § 16I2; a. A. Arthur Kaufmann / Hassemer JuS 64, 155 (156).

137 Anders dagegen, wenn die unbrauchbar gemachten Löschgeräte nicht benutzt worden wären. Hier fehlt es an der Kausalität des Unbrauchbarmachens für die Ausbreitung des Brandes. Daher ist allenfalls versuchte Brandstiftung denkbar.

138 BayOLG NJW 59, 1885 (1886); OLG Hamm NJW 60, 1874; Maurach / Schroeder / Maiwald BT2 § 51 Rn. 5; Geppert Jura 89, 417 (422 f.).

139 OGH JR 50, 404 (404); LK-Wolff § 306 Rn. 2; S/S-Cramer § 306 Rn. 13; SK-Horn § 306 Rn. 12; Otto BT S. 379.

davon ausgegangen werden, daß er solche Besonderheiten wie bei § 307 Nr. 3 — eben daß der zweiaktige Tatbestand sich wegen seiner spezifischen Beschaffenheit auch durch lediglich einen Akt verwirklichen läßt — nicht gesehen hat.

Im Hinblick auf die extrem hohe Strafdrohung des § 307 Nr. 3 gilt für eine Täterschaft, die allein auf dem Akt der Entfernung oder Unbrauchbarmachung von Löschgerätschaften beruhen soll, daß ihr ein der zweiaktigen Verwirklichung entsprechender Unrechts- und Schuldgehalt innewohnen muß. Andernfalls ist die Anwendung des erhöhten Strafrahmens nicht gerechtfertigt. Der Ratio des § 307 Nr. 3 liegt die objektive Gefährlichkeit der Tat und die besonders kriminelle Energie des Täters zugrunde. Die Tat mag durchaus gleichermaßen gefährlich sein, wenn der Täter angesichts eines Brandes, mit dem er sonst nicht zu tun hat, Löschgerätschaften entfernt oder unbrauchbar macht. Es fehlt aber an einem von der Intensität her vergleichbaren verbrecherischen Willen. Der typische Alleintäter des § 307 Nr. 3 zeichnet sich dadurch aus, daß er sich nicht mit der (durch positives Tun oder Unterlassen begangenen) Inbrandsetzung des Tatobjekts zufrieden gibt, sondern zudem den angestrebten Erfolg absichert, indem er mögliche Rettungsmaßnahmen unterbindet oder zumindest erschwert. Die von dem Täter verwandte Mühe und damit seine intensive kriminelle Energie zeigt sich gerade in der zusätzlichen aktiven Vornahme des qualifizierenden Aktes.[140] Daran fehlt es, wenn der qualifizierende Akt zugleich der Verwirklichung des Grundtatbestandes dient. Der Täter setzt in diesem Falle gerade keine über das erforderliche Maß hinausgehenden Kräfte zur Erfolgsabsicherung ein. Er beschränkt sich vielmehr auf das unbedingt Notwendige zur Erfolgsherbeiführung, denn ohne die Unbrauchbarmachung der Löschgeräte wäre er ja noch nicht einmal Täter einer schweren Brandstiftung nach § 306. Damit fehlt es aber an einem außergewöhnlichen Einsatz des Täters, der Ausdruck seines intensiven verbrecherischen Willens sein könnte. Erst in der zu der Brandstiftung *hinzutretenden* Erfolgsabsicherung wird besonders deutlich, daß sich der Täter nicht zu rechtskonformem Verhalten motivieren läßt. Er setzt sich ein weiteres Mal über die der Tat entgegenstehenden Hemmungsgründe hinweg und dokumentiert so nach außen seine intensive kriminelle Energie.

Für die Täterschaft nach § 307 Nr. 3 muß daher verlangt werden, daß der Tatbestand durch zwei selbständige Akte verwirklicht wird. Wer nur Löschgerätschaften entfernt oder unbrauchbar macht in der Absicht, die Löscharbeiten zu beeinträchtigen, ist nicht Täter einer besonders schweren Brandstiftung nach § 307 Nr. 3, sondern Täter einer schweren Brandstiftung nach § 306.[141]

---

140 Siehe auch oben Zweiter Teil, C.IV.2.

141 So auch SK-Horn § 306 Rn. 15, 19; a. A. S/S-Cramer § 306 Rn. 10 ohne nähere Begründung.

D. Täterschaftliche Zurechnung des fremdhändig verwirklichten Teilaktes zum Hintermann

Soweit eine wechselseitige mittäterschaftliche Zurechnung der von den Beteiligten geleisteten Teilakte ausgeschlossen ist, könnte dennoch derjenige Beteiligte, der den zweiaktigen Tatbestand in seinen Vorsatz aufgenommen hat und für dessen Verwirklichung sorgt, als Täter des zweiaktigen Deliktes jedenfalls dann einzuordnen sein, wenn ihm auch der fremdhändig geleistete Teilakt täterschaftlich zugerechnet werden kann.

Die Täterlehre ordnet die täterschaftliche Zurechnung fremder Deliktsverwirklichung als mittelbare Täterschaft ein, die durch die Benutzung eines menschlichen Werkzeugs zur Tatbegehung charakterisiert wird. Zurechnungsgrundlage bildet nach der materiell-objektiven Theorie die von dem Hintermann als Zurechnungssubjekt ausgeübte Tatherrschaft. Diese Tatherrschaft weist entsprechend der gegenüber der Mittäterschaft und unmittelbaren Täterschaft differierenden Erscheinungsform der mittelbaren Täterschaft phänomenologische Besonderheiten auf. Während die Mittäterschaft durch eine funktionelle Tatherrschaft und die unmittelbare Täterschaft durch eine Tatherrschaft aufgrund eigenhändiger Verwirklichung des tatbestandsmäßigen Geschehens charakterisiert wird, läßt sich die seitens des mittelbaren Täters ausgeübte Tatherrschaft schlagwortartig als Herrschaft kraft überlegenen Wissens oder Wollens[1] bzw. als Willensherrschaft[2] beschreiben. Damit ist schon angedeutet, daß dem mittelbaren Täter eine im Verhältnis zur Mittelsperson übergeordnete Position zukommen muß, denn auch der unmittelbar Ausführende übt kraft eigenhändiger Verwirklichung des deliktischen Geschehens eine zumindest faktische Tatherrschaft aus. Entsprechend handelt es sich nicht um einen Fall mittelbarer Täterschaft, wenn es dem Tatmittler schon an der Handlungsfähigkeit fehlt. Wird dieser im rein mechanischen Sinne wie eine Sache benutzt, etwa indem er in eine Fensterscheibe gestoßen wird, um diese zu beschädigen, so läßt der Hintermann die Tat nicht durch eine andere Person verwirklichen, er führt sie vielmehr selbst aus.[3]

Im Folgenden sind nun die Fallkonstellationen, in denen eine Mittäterschaft ausscheidet, daraufhin zu überprüfen, ob der Beteiligte, der alle notwendigen Tätervoraussetzungen mitbringt, als mittelbarer Täter des von dem anderen Beteiligten vorgenommenen Teilaktes eingestuft werden kann.

Greift man die klassischen Fallgruppen auf, die innerhalb der mittelbaren Täterschaft diskutiert werden, so könnte derjenige Beteiligte, der in Unkenntnis des vollständigen zweiaktigen Sachverhalts seinen Teilakt leistet, als undoloser

1 Cramer, Bockelmann-Festschrift, S. 397; Blei I § 72; SK-Samson § 25 Rn. 29; Wessels AT § 13III3.

2 Roxin, Tatherrschaft, S. 142; Wessels AT § 13III3; Ebert AT S. 172.

3 Vgl. nur Blei I § 72I1; dagegen nehmen Maurach / Gössel / Zipf § 48 Rn. 49 mittelbare Täterschaft an; siehe auch Stratenwerth Rn. 763.

Tatmittler fungieren (Beispielsfälle 3 a und 3 b), während er als absichtslos doloser Tatmittler in Betracht kommt, soweit er ohne die erforderliche überschießende Innentendenz tätig wird (Beispielsfall 2).

I. Absichtslos doloser Tatmittler

Obwohl im Rahmen der verschiedenen Möglichkeiten mittelbarer Täterschaft stets erwähnt, wird die Einschaltung eines absichtslos dolos Handelnden nicht übereinstimmend der mittelbaren Täterschaft zugeordnet. Der Disput entzündet sich an dem im Falle des § 242 als unbefriedigend empfundenen Resultat einer „Straftat ohne Täter“[4], wenn der Wegnehmende wegen fehlender Zueignungsabsicht nicht Täter sein kann, gleichfalls aber auch eine Anstiftung seitens des die Zueignungsabsicht aufweisenden Veranlassers mangels Haupttat nicht vorliegt. Dieses Ergebnis wird vermieden, sofern der Hintermann sich als mittelbarer Täter einstufen läßt. Dabei erweist sich aber der für die Täterschaft erforderliche Nachweis der Tatherrschaft als problematisch.

1. Willensherrschaft

Cramer[5] nimmt in derartigen Fällen eine Tatherrschaft des Hintermannes kraft überlegener Willensmacht an. Der absichtslos Handelnde, der sich bereiterklärt, für einen anderen eine fremde Sache wegzunehmen, beuge sich stets dem Willen des veranlassenden Hintermannes, weil dieser ‚die maßgebliche Entschließung über das Ob der Ausführung‘ in der Hand halte. Die fehlende Absicht des Tatmittlers sei also ein zwingendes Indiz für seine Unterordnung unter den Willen des Täters und somit für dessen Tatherrschaft.

Diese Herleitung der Täterschaft des Hintermannes zeigt Anklänge an die subjektive Dolustheorie, nach der das maßgebende Kriterium für die Teilnahme die Willensunterordnung unter die Entschlüsse des Täters darstellt.[6] Somit muß aber die Auffassung Cramers eben denjenigen Einwänden ausgesetzt sein, die gegenüber der Dolustheorie selbst erhoben werden, soweit die Willensunterordnung als rein inneres Faktum verstanden werden soll. Erfaßt man dagegen die Willensunterordnung als auch äußerlich in Erscheinung tretende Subordination, dann umschreibt sie im Grunde die Unterwerfung unter die Tatherrschaft des steuernden Hintermannes.[7] Damit stellt sich dann aber die Frage, ob der absichtslos handelnde Vordermann sich tatsächlich allein wegen seiner fehlenden Absicht einer Beherrschung des Geschehens durch den Hintermann beugt.

---

[4] Gallas, Beiträge, S. 101.

[5] Bockelmann-Festschrift, S. 398.

[6] Vgl. zur Dolustheorie die Darstellung bei LK-Roxin § 25 Rn. 3.

[7] LK-Roxin § 25 Rn. 32.

Wenn Cramer behauptet, die fehlende Absicht des Tatmittlers sei ein zwingendes Indiz für dessen Unterordnung und damit für die Beherrschung der Tat durch den Hintermann, dann schließt er von dem Defekt der Mittelsperson auf die Ausübung der Herrschaftsmacht seitens des volldeliktisch Handelnden. Ein solcher Zusammenhang mag in der Regel bestehen, aber die Entscheidung über die Täterschaft ist dann lediglich eine formal-negative: Scheidet der Vordermann mangels Absicht als Täter aus, so muß der Hintermann, der die notwendigen Voraussetzungen mitbringt, Täter sein.

Eine positive Begründung der von dem Hintermann angeblich ausgeübten Willensherrschaft liefert Cramer darüber hinaus auch nicht, indem er dem Hintermann eine überlegene Willensmacht zuspricht, die in der bei diesem vorliegenden Absicht, an der es der Mittelsperson fehlt, gefunden werden kann. Denn er läßt offen, inwiefern allein die Absicht dem Hintermann eine überlegene Willensmacht vermitteln soll. Zwar will der Hintermann die Tat im Gegensatz zum Tatmittler als eigene, hat er doch ein persönliches Interesse daran, aber dies sind wiederum rein subjektive Faktoren, wie sie zwar von der subjektiven Täterlehre herangezogen werden, mit der Tatherrschaftslehre aber unvereinbar sind. Will A beispielsweise das Haus des X anzünden und bittet um sicher zu gehen den B, die Löschgeräte zu entfernen, wobei B dem A lediglich einen Gefallen erweisen will, so läßt sich nicht entnehmen, aufgrund welcher Umstände der A die Entfernung der Löschgeräte durch B derart steuern soll, daß ihm eine die faktische Herrschaft des B überlagernde Tatherrschaft zukommen soll. Selbst wenn B diese Handlung allein im Interesse des A vornimmt, so kennt er doch die Absicht des A, handelt also irrtumsfrei, und befindet sich auch nicht in einer seine Verantwortung ausschließenden Situation, die ihn und damit auch seine Handlung als unfrei erscheinen läßt. Er selbst beherrscht die Deliktsverwirklichung und A's „Leistung" besteht evident einzig und allein in der Hervorrufung eines Tatentschlusses auf seiten des B. Damit zeichnet sich A jedoch phänomenologisch als Anstifter, nicht aber als mittelbarer Täter aus.

Eine Willensherrschaft des Hintermannes, der einen absichtslos handelnden Tatmittler einsetzt, läßt sich daher nicht begründen. Es fehlt an einem herrschaftsbegründenden Plus bei dem Hintermann, das ihm eine die faktische Tatherrschaft des Vordermannes überlagernde Herrschaftsposition vermitteln kann.

2. Normative Tatherrschaft

Nicht auf eine Willensherrschaft, sondern auf eine normative Tatherrschaft stellen andere Vertreter der materiell-objektiven Theorie im Rahmen einaktiger Delikte ab.[8] Zur Begründung wird angeführt, der Hintermann habe es kraft seiner

[8] Jescheck AT § 62II7; Lackner § 25 Rn. 4; Hünerfeld ZStW 99, 228 (239 f.); Welzel ZStW 58, 491 (543 f.) bezog sich auf eine soziale Tatherrschaft, vertritt diesen Begriff aber in seinem Lehrbuch S. 104 nicht mehr.

überschießenden Innentendenz in der Hand, ob es überhaupt zu einem strafrechtlich relevanten Geschehen kommt,[9] nur er mache sich den typischen Unrechtsgehalt des Deliktes zugänglich.[10] Insofern beherrsche er zwar nicht den unmittelbar Handelnden, wohl aber die Tat als Ganze.[11] Der Anstiftungsakt werde so zur Ausübung der Tatherrschaft und damit der eigenhändigen Vornahme der tatbestandsmäßigen Handlung gleichwertig.[12]

Diese Argumentation ließe sich ohne weiteres auf die zweiaktigen Delikte übertragen. So hängt es in dem oben genannten Beispielsfall zu § 307 Nr. 3 zwar nicht von der Absicht des A ab, ob es überhaupt zu einem strafrechtlich relevanten Geschehen kommt, letztlich entscheidet aber die von A mitgebrachte Absicht über das tatbestandliche Vorliegen der nach § 307 Nr. 3 qualifizierten Brandstiftung.

Die Annahme einer normativen Tatherrschaft überwindet die einer Willensherrschaft — wie Cramer sie vertritt — entgegenstehende faktische Tatherrschaft des unmittelbar Handelnden, sieht sich aber dem Vorwurf einer Modifikation des Tatherrschaftsbegriffes ausgesetzt,[13] durch die die einheitliche Grundlage der Tatherrschaft verlassen wird.[14]

Ein Tatherrschaftsbegriff, der auch ein rein rechtliches Übergewicht miteinschließt, läßt sich nur insoweit annehmen, als auch subjektive Tendenzen, wie die Absichten, in den Begriff der Tatherrschaft einbezogen werden. Auf dieser Grundlage arbeitet Gallas[15], wenn er als Täter denjenigen ansieht, der den im Tatbestand vorgesehenen finalen Akt bestimmten Sinngehalts vornimmt, wobei er die besonderen Absichten als für den Sinngehalt der Handlung mitbestimmend einordnet.

Fraglich ist, ob eine derartige Berücksichtigung subjektiver Tendenzen bei der Tatherrschaft zulässig ist. Grundlage des Tatherrschaftsgedankens bildet von der finalen Handlungslehre her kommend die zweckbewußte Lenkung des Kausalgeschehens auf den tatbestandsmäßigen Erfolg hin, das vom Vorsatz umfaßte „In-den-Händen-Halten des tatbestandsmäßigen Geschehensablaufs“. Eine so beschriebene Beherrschung des Handlungsablaufs ist aber unabhängig von subjektiven, über den Vorsatz hinausgehenden Momenten, denn diese beschreiben entweder eine besondere Gesinnung des Täters oder ermöglichen die Vorverlagerung des Rechtsgüterschutzes, beeinflussen jedoch nicht die Steuerung des äußeren Geschehens. Sie bleiben rein innere Faktoren und können daher auch nicht die

9 Jescheck AT § 62II7; Gallas, Beiträge, S. 102; Lackner § 25 Rn. 4.

10 Gallas, Beiträge, S. 97.

11 Gallas, Beiträge, S. 102; Jescheck AT § 62II7.

12 Gallas, Beiträge, S. 102.

13 Stratenwerth Rn. 795; Roxin, Tatherrschaft, S. 256.

14 Schroeder, Täter hinter dem Täter, S. 67; Nowakowski JZ 56, 545 (549); Roxin, Tatherrschaft, S. 255 f.; ähnlich Stratenwerth Rn. 795.

15 Beiträge, S. 95 ff., 139, 140.

Herrschaft über den Handlungsablauf begründen. Grundsätzlich ist zwar nicht ausgeschlossen, daß die Tatherrschaft nicht nur faktisch, sondern auch normativ bestimmt wird. Normativen Aspekten darf aber nur insoweit Bedeutung zukommen, als sie ein Pendant im äußeren Geschehensablauf besitzen. Andernfalls würde die objektive Ebene der Tatherrschaft verlassen.

Bei dem absichtslos dolosen Tatmittler erkennt im Grunde auch Gallas das Fehlen einer objektiven Herrschaft des Hintermannes an, indem er feststellt, daß „der Hintermann den unmittelbar Handelnden hier nicht ‚beherrscht', ihn nicht als ‚Werkzeug' benutzt", es liege vielmehr eine Anstiftung vor.[16] Wenn er im Folgenden diesen Anstiftungsakt als Ausübung von Tatherrschaft beurteilt, dann muß er zugeben, daß es sich dabei „um eine Begehungsform eigener Art (handelt), die der Mittäterschaft näher steht als der mittelbaren Täterschaft"[17].[18] Diese eher mittäterschaftliche Konstellation wird auch gerade bei den zweiaktigen Delikten deutlich, weniger bei den einaktigen, bei denen fraglich ist, ob der lediglich Veranlassende überhaupt einen ihm Teilhabe an der Tatherrschaft vermittelnden Tatbeitrag leistet.

Damit wird offenkundig, daß es nicht, wie die Anhänger einer normativen Tatherrschaft annehmen, allein von dem Hintermann abhängt, ob es zu einem strafrechtlich relevanten Geschehen kommt, sondern daß der Vordermann vielmehr die Straftat zumindest mit in der Hand hat.[19]

Will man allein aus der fehlenden strafrechtlichen Haftung des Vordermannes dessen Werkzeugeigenschaft und damit die Tatherrschaft des Hintermannes ableiten, so geht auf diese Weise der Tatherrschaftsbegriff seiner selbständigen Bedeutung verlustig. Tatherrschaft läge schon immer dann vor, wenn beim unmittelbar Handelnden irgendein wie auch immer gearteter Defekt vorliegt, der seine täterschaftliche Bestrafung ausschließt. Damit würde eine formal-negative Theorie vertreten, nach der Täter ist, wer nicht Teilnehmer sein kann.[20] Zwar kann in der Regel der Defekt des Vordermannes als Indiz für eine Tatherrschaft des Hintermannes gewertet werden, eine entsprechende Korrespondenz zwischen strafrechtlicher Haftungsentlastung des Vordermannes und Belastung des Hintermannes ist aber nicht von vornherein zwingend.[21]

Im Ergebnis kann daher eine Tatherrschaft des Hintermannes, der einen absichtslos dolos handelnden Tatmittler einsetzt, weder als Willensherrschaft noch als normative Tatherrschaft begründet werden. Damit muß zugleich in den hier fraglichen Fällen, in denen der eine Teilakt des zweiaktigen Deliktes von einem

---

16 Beiträge, S. 101.

17 Beiträge, S. 102.

18 So auch Roxin, Tatherrschaft, S. 255 f.; Bloy, Zurechnungstypus, S. 239; Eser II 38 Rn. 18A spricht von „hinkender" Mittäterschaft.

19 Roxin, Tatherrschaft, S. 255.

20 So auch Schroeder, Täter hinter dem Täter, S. 67, 88.

21 Vgl. auch Herzberg Jura 90, 16 (22 f.); Neumann JA 87, 244 (250).

ohne die erforderliche überschießende Innentendenz handelnden Beteiligten (B) ausgeführt wird, eine mittelbare Täterschaft des Hintermannes (A) bezüglich des fremdhändig verwirklichten Teilaktes abgelehnt werden.[22]

II. Undoloser Tatmittler

Anders als bei der Benutzung eines absichtslos dolosen Beteiligten handelt es sich bei der Einschaltung eines undolosen Tatmittlers um den „handgreiflichsten Fall“[23], geradezu den „Prototyp“[24] mittelbarer Täterschaft.[25] Befindet sich der unmittelbar Ausführende in einem die Bestrafung aus der Vorsatztat ausschließenden Tatbestandsirrtum, der von dem Hintermann zur Deliktsverwirklichung ausgenutzt wird, so entspricht es nach Jescheck dem Rechtsgefühl am meisten, daß der Hintermann die Tatherrschaft ausübt und daher auch als Täter haften muß.[26]

Da die mittelbare Täterschaft bei Einschaltung eines unvorsätzlich Handelnden allgemein anerkannt ist, soll an dieser Stelle auf eine nähere Betrachtung der dem Hintermann zukommenden Tatherrschaft verzichtet werden. Darauf wird aber im weiteren Verlauf der Arbeit noch einzugehen sein.[27]

1. Tatbestandsirrtum bezüglich des verwirklichten tatbestandsmäßigen Teilaktes

Grundlage bilden die oben genannten Beispielsfälle 3 a und 3 b, in denen eine mittäterschaftliche Begehung des zweiaktigen Deliktes abgelehnt werden muß, weil der von A hinzugezogene B in Unkenntnis des vollständigen zweiaktigen Tatbestandes tätig wird. Betrachtet man den von B verwirklichten Teilakt zunächst losgelöst von dem Gesamttatbestand, wohl aber in seiner Gestalt, die ihm innerhalb des zweiaktigen Tatbestandes zukommt, so erscheint dieser Teilakt von der Struktur her als ein einaktiges Delikt. Soweit der Hintermann im Rahmen einaktiger Delikte als mittelbarer Täter angesehen wird, wenn er das tatbestandsmäßige Geschehen von einem sich im Tatbestandsirrtum befindlichen Tatmittler ausführen läßt, muß er folgerichtig auch als mittelbarer Täter eines (Teil-)Aktes eingeordnet werden, wenn der Ausführende einen objektiv tatbestandsmäßigen Teilakt verwirklicht und ohne den dafür erforderlichen Vorsatz handelt.

---

22 A. A. bei § 202II S/S-Lenckner § 202 Rn. 19; LK-Träger § 202 Rn. 21.

23 Maurach / Gössel / Zipf AT2 § 48 Rn. 60.

24 Jakobs 21/74.

25 Hünerfeld ZStW 99, 228 (236); S/S-Cramer § 25 Rn. 15; Maurach / Gössel / Zipf AT2 § 48 Rn. 60; Herzberg, Täterschaft, S. 13; dagegen nimmt Schumann, Handlungsunrecht, S. 91 in diesem Fall unmittelbare Täterschaft an.

26 Jescheck AT § 62II2.

27 Siehe unten D.II.2.a).

Diese Vorgehensweise mag auf den ersten Blick sehr formalistisch erscheinen, weil sie den undolosen Tatmittler bezüglich eines Teilaktes strikt von einem undolosen Tatmittler bezüglich des Gesamtdeliktes trennt. Ein solches Vorgehen verhindert aber, daß von vornherein der Zugang zu unter Umständen notwendigen Differenzierungen abgeschnitten wird.

Vorsätzliches Handeln ist nur gegeben, wenn der Beteiligte in Kenntnis der Merkmale des gesetzlichen Tatbestandes tätig wird, die den spezifischen Unrechtsgehalt des betreffenden Deliktes charakterisieren. Die hier zu betrachtende Vorsätzlichkeit bezüglich des Teilaktes eines zweiaktigen Deliktes setzt damit voraus, daß der Beteiligte diejenigen Umstände kennt, die den deliktstypischen Charakter des jeweiligen Teilaktes prägen.

a) Am Beispiel des § 307 Nr. 3

B setzt auf Veranlassung des A das Haus des X in Brand in Unkenntnis von der anschließenden Unbrauchbarmachung der Löschgeräte durch A (Fall 3 a).

Der von B ausgeführte Teilakt entspricht tatbestandlich vollständig dem in § 306 normierten Grundtatbestand der schweren Brandstiftung, den B vorsätzlich erfüllt hat. Allein seine Unkenntnis der Tatsache, daß die Brandstiftung zugleich ein Element des qualifizierten Deliktes darstellt, macht ihn nicht zum undolos handelnden Brandstifter, denn an der deliktischen Qualität der Brandstiftung als erster Teilakt ändert sich durch fehlende Kenntnis von der Unbrauchbarmachung von Löschgeräten nichts. Als undoloser Tatmittler im Hinblick auf den von ihm ausgeführten Teilakt kommt B damit nicht in Betracht.

Daneben ist aber auch der umgekehrte Fall denkbar: A will das Haus des X in Brand setzen und veranlaßt den B, den im Hause des X befindlichen Feuerlöscher funktionsuntauglich zu machen, ohne daß B Kenntnis von der beabsichtigten Brandstiftung hat (Fall 3 b). B weiß, daß er die Verwendbarkeit des Löschgerätes beseitigt. Verborgen bleibt ihm jedoch der konkrete tatbestandlich vorausgesetzte Sinn seiner Handlung, denn die Funktion des zweiten Teilaktes als qualifizierendes Merkmal erschöpft sich nicht in ihrer Diebstahls- bzw. Sachbeschädigungskomponente, sondern es kommt auf die damit verbundene Intensivierung der Brandgefahr an. Dies zeigt sich auch an den jeweils betroffenen Rechtsgütern: Die Straftatbestände des Diebstahls und der Sachbeschädigung schützen das Eigentum, dagegen zielt die qualifizierte Brandstiftung auf den Schutz von Menschenleben vor der intensivierten abstrakten Brandgefahr ab. Weil B in Unkenntnis der Brandstiftung tätig wird, ist ihm der spezifische deliktische Charakter seiner Handlung nicht zugänglich.

Die in § 307 Nr. 3 geforderte Absicht im engeren Sinne stellt damit zugleich als Vorsatzelement den besonderen Zusammenhang der beiden Teilakte her. Nur wer in Kenntnis der Brandstiftung Löschgeräte entfernt oder unbrauchbar macht, verwirklicht vorsätzlich den zweiten Teilakt des § 307 Nr. 3. Daher handelt B in dem umgekehrten Fallbeispiel hinsichtlich des für sich betrachteten zweiten Teilaktes unvorsätzlich und stellt insofern einen undolosen Tatmittler dar.

b) Andere zweiaktige Delikte

Nun fragt sich, inwieweit bei den anderen zweiaktigen Delikten in vergleichbaren Fallkonstellationen der Vordermann als unvorsätzlich handelnder Tatmittler hinsichtlich des von ihm ausgeführten Teilaktes in Betracht kommt, wenn er in Unkenntnis des anderen Teilaktes tätig wird. Dies soll im Folgenden anhand verschiedener Beispielsfälle untersucht werden.

aa) §§ 239aI, 2. Alt., 239bI, 2. Alt.

B möchte seiner Ex-Freundin und ihren Eltern einen ordentlichen Schrecken einjagen. Sein Freund A schlägt ihm vor, er solle die F entführen und sie ein paar Tage in einem Keller einschließen. A erwähnt nicht, daß er diese Situation zu einer Erpressung der Eltern ausnutzen möchte. B geht auf A's Vorschlag ein und entführt die F. A erpreßt die Eltern.

B kennt die Erpressungsabsicht des A nicht, dennoch ist hinsichtlich der den ersten Teilakt des zweiaktigen Tatbestandes begründenden Tatumstände die vollständige Sachverhaltskenntnis des B vorhanden. B weiß, daß er einen Menschen rechtswidrig für eine gewisse Dauer an einen anderen Ort verbringt[28], und soweit darüber hinaus eine Ortsveränderung mit dem Ziel eines Sich-Bemächtigens verlangt wird,[29] handelt B ebenfalls vorsätzlich. Der fehlende Vorsatz hinsichtlich der Erpressung macht die Entführung nicht zu einer anderen, mit dem Entführungsakt des § 239aI 2. Alt. nicht mehr übereinstimmenden Tat. Dies wird zudem durch die besondere Konstruktion des § 239aI deutlich. So setzt die 2. Alternative voraus, daß kein Erpressungsvorsatz im engeren Sinne zum Zeitpunkt der Entführung vorliegt. Es reicht aus, wenn der Täter eine zu anderen Zwecken begangene Entführung zu einer Erpressung ausnutzt. Soweit also B eine vorsätzliche Entführung begeht, kann er diesbezüglich nicht als undoloser Tatmittler fungieren. Gleiches gilt mutatis mutandis für § 239bI 2. Alt.

Im umgekehrten Fall entführt A ohne Wissen des B die F und schlägt dem B zwecks Aufbesserung seiner finanziellen Lage vor, die Eltern der F zu erpressen, da die F sich gerade auf einer viermonatigen Weltreise befinde.

Hinsichtlich der Erpressung unter Ausnutzung der Sorge um das Wohl des Opfers handelt B vorsätzlich. Der zweite Teilakt verlangt aber darüber hinaus

---

28 Zum Entführungsbegriff vgl. nur S/S-Eser § 239a Rn. 6.

29 So SK-Horn § 239a Rn. 4; S/S-Eser § 239a Rn. 6.

die Ausnutzung der durch eine Handlung im Sinne des ersten Teilaktes von ihm, sprich dem Erpresser, geschaffenen Lage.[30] Da dem B die Lage der F in keiner Weise zugerechnet werden kann — es fehlt schon an der Kausalität —, erfüllt die von B ausgeführte Tat nicht die objektiven Voraussetzungen des zweiten Teilaktes des § 239aI 2. Alt. Als objektiv tatbestandsmäßig, aber unvorsätzlich handelnder Tatmittler läßt er sich insoweit nicht einstufen. Es ließe sich an dieser Stelle aber kurz erwägen, ob es für eine Beherrschung des zweiten Aktes durch A ausreichen würde, daß dem A nur die Tatherrschaft über die Erpressung obliegt, denn er selbst hat durch eine Entführung die besondere Lage der F geschaffen. Hinsichtlich der Erpressung wird B jedoch mit vollem Tatbestandsvorsatz tätig, so daß also auch diese Möglichkeit der Benutzung eines undolosen Tatmittlers ausscheiden muß.

bb) § 237

Das oben zu § 239aI 2. Alt. genannte Beispiel läßt sich für die Entführung gegen den Willen der Entführten (§ 237) dergestalt abwandeln, daß A den B zu einer Entführung iSd. § 237 veranlaßt, d.h., die Entführung muß eine hilflose Lage der Frau zur Folge haben, wobei dies von B in seinen Vorsatz aufgenommen worden sein muß[31]. A nutzt nun selbst die hilflose Lage der F zu sexuellen Handlungen mit ihr aus.

Auch in diesem Fall handelt B bei Vornahme des ersten Teilaktes als solchem vorsätzlich, denn bei § 237 kann der zweite Akt wie beim erpresserischen Menschenraub auf einem spontanen Entschluß beruhen,[32] sofern nur die hilflose Lage ausgenutzt wird. Die Vornahme der Entführung setzt damit nicht die Kenntnis von dem nachfolgenden Teilakt voraus. B scheidet also als undoloser Tatmittler aus, soweit es den ersten Teilakt angeht.

Der umgekehrte Fall läßt sich wohl nur theoretisch konstruieren: A entführt die F und schließt sie in eine einsame Hütte im Wald ein, um ihr eins auszuwischen. Dem B erzählt er, die F habe sich selbst eingeschlossen und könne anscheinend den Schlüssel nicht wiederfinden; Fenster habe die Hütte nicht. Er schlägt dem B vor, die hilflose Lage der F auszunutzen und sexuelle Handlungen an ihr vorzunehmen. So geschieht es.

---

30 Vgl. nur S/S-Eser § 239a Rn. 19.

31 Vgl. zu diesen Voraussetzungen des § 237 BGH GA 66, 310 (311); BGHSt 24, 90 (92); 29, 233 (237); BGH MDR/H 88, 627; Schmitt, Lackner-Festschrift, S. 621 f.; S/S-Eser § 237 Rn. 7, 8, 17.

32 Str., wie hier: BGHSt 24, 90 (91 f.); 29, 233 (235 ff.); BGH MDR 71, 314 (314 f.); SK-Horn § 237 Rn. 10; Dr-Tr § 237 Rn. 7; ders. NJW 72, 1641 ff.; LK-Vogler § 237 Rn. 18; Lackner § 237 Rn. 6; Maurach / Schroeder / Maiwald BT1 § 18 Rn. 53; Wessels BT1 § 9I2; Otto BT S. 321; a.A. BGH JZ 72, 288 mit Anm. Schröder; BGH MDR/D 70, 196 (196 f.); Hruschka JZ 73, 12 ff.; S/S-Eser § 237 Rn. 6; Schmidhäuser BT 4/45; Schröder JZ 71, 435.

Angenommen, die F hat aufgrund ihrer Situation resigniert und setzt dem B keinen Widerstand entgegen: B verwirklicht objektiv tatbestandsmäßig den zweiten Teilakt des § 237. Er weiß jedoch nicht, daß er eine „durch die Entführung entstandene“ hilflose Lage der F ausnutzt. Einen solchen Vorsatz setzt die Vornahme des zweiten Teilaktes jedoch voraus. § 237 will nicht die generelle Ausnutzung hilfloser Lagen von Frauen in sexueller Absicht pönalisieren, sondern nur die zielgerichtete Ausnutzung der durch die Entführung geschaffenen Situation, der eine Gefahr für das sexuelle Selbstbestimmungsrecht der Frau immanent ist.[33] In diesem sehr theoretischen Fall stellt B demnach einen unvorsätzlich handelnden Tatmittler dar.

cc) § 249

A, der sich an O rächen will, schlägt dem B vor, den O niederzuschlagen, er selbst hat aber vor, dem k.o. geschlagenen O die Brieftasche wegzunehmen.

Hinsichtlich der Körperverletzung (§ 223), die als Gewaltanwendung und damit als Erscheinungsform der Nötigung ein Element des Raubtatbestandes darstellt, handelt B vorsätzlich, insofern erschöpft sich das Tätigwerden des A in einer Anstiftung. Nun setzt aber der Raub nicht allein die kumulative Verwirklichung der Nötigung und des Diebstahls voraus, sondern verlangt eine finale Beziehung zwischen den beiden Akten dergestalt, daß die Nötigung eingesetzt werden muß, um die Wegnahme zu ermöglichen.[34] An diesem wissentlichen Einsatz der Gewalt zum Zwecke der Wegnahme fehlt es bei dem B. Damit verfehlt er aber zugleich den spezifischen deliktischen Charakter der Nötigung als Raubelement, so daß es sich bei dem B, der die Gewalt in Unkenntnis von dem beabsichtigten Diebstahl des A ausübt, hinsichtlich der Gewaltanwendung als Raubelement um einen undolosen Tatmittler handelt.

Kehrt man die Verteilung der Teilakte um, schlägt also der A den O nieder und veranlaßt den vorbeikommenden B, der einen Unfall annimmt, dem O die Brieftasche wegzunehmen und ihm zu geben, so kommt B nicht als unvorsätzlich handelnder Tatmittler hinsichtlich des Diebstahls in Betracht. Er nimmt wissentlich eine fremde bewegliche Sache weg, seine fehlende Zueignungsabsicht schließt zwar seine Bestrafung aus § 242 aus,[35] nicht aber seinen Wegnahmevorsatz.

---

33 Blei JA 71, 590.

34 BGHSt 4, 210 (211); BGH MDR/D 71, 896; BGH NStZ 82, 380; BGH MDR/H 84, 276; Lackner § 249 Rn. 4; S/S-Eser § 249 Rn. 6; LK-Herdegen § 249 Rn. 13.

35 Anders dagegen LK-Roxin § 25 Rn. 140 f.; ders. Tatherrschaft, S. 341 ff.; Tenckhoff JuS 80, 723 (723 ff.); Rudolphi GA 65, 33 (41 f., 51 f.); Otto BT S. 145, die eine Zueignungsabsicht des Wegnehmenden bejahen.

dd) §§ 177, 178

Zum gleichen Ergebnis wie in der ersten Fallalternative zum Raub gelangt man bei den dem Raub vergleichbar strukturierten Tatbeständen der Vergewaltigung (§ 177) und der sexuellen Nötigung (§ 178). Dort muß das Nötigungsmittel final zur Ermöglichung des Beischlafs bzw. der Vornahme sexueller Handlungen eingesetzt werden,[36] und wie bei § 249 ändert sich der deliktische Charakter der Gewaltanwendung mit dem angestrebten Ziel. Die §§ 177, 178 schützen die sexuelle Selbstbestimmung der Frau, die durch Eingriffe mit sexueller Zielrichtung in ihre Willensbildungs- und -betätigungsfreiheit beeinträchtigt wird.[37] Derjenige, der „nur“ die Verletzung der körperlichen Integrität des Opfers will, verwirklicht eine deliktstypologisch andere Gewalt als derjenige, der sie um bestimmter sexueller Absichten willen einsetzt.

Bei dem umgekehrten Fall (A schlägt die F nieder und veranlaßt den B, sexuelle Handlungen an der F vorzunehmen) stellt sich die Frage nach einem undolosen Tatmittler nicht, denn A ist kraft der besonderen Tatbestandsfassung der §§ 177,178 schon als unmittelbarer Alleintäter zu bestrafen.

ee) § 252

Für den räuberischen Diebstahl lassen sich vergleichbare Fallkonstellationen bilden, auch wenn sie rein theoretische bleiben: Stiftet A den B zu einem Diebstahl an, in der Absicht, ihm bei der Flucht durch Behinderung der Verfolger zu helfen, wovon B jedoch nichts weiß, so erfüllt B den Diebstahlstatbestand als ersten Teilakt des § 252 vorsätzlich, als undoloser Tatmittler kommt er insofern nicht in Betracht. A muß jedoch von vornherein als Täter ausscheiden, da es ihm an der erforderlichen Absicht fehlt, sich im Besitz der Beute zu erhalten.[38]

Das Fallbeispiel läßt sich folgendermaßen abwandeln: B bittet den A, ihm gegen einen geringen Anteil an der Beute einen Dietrich zu besorgen. A sagt zu und beschließt, den Diebstahl des B zu beobachten und gegebenenfalls Gewalt gegen etwaige Verfolger anzuwenden, um seinen Beuteanteil zu sichern. Geht man mit der überwiegenden Meinung davon aus, daß eine mittelbare Täterschaft kraft Benutzung eines undolosen Tatmittlers auch anzunehmen ist, wenn sich der Beitrag des Hintermannes bei vorsätzlichem Handeln des Tatmittlers als Beihilfe darstellen würde,[39] so fungiert der B in diesem Beispiel nicht als undolo-

---

36 BGH NJW 84, 1632; BGH NStZ 85, 70 (71); S/S-Lenckner § 177 Rn. 3.

37 S/S-Lenckner § 177 Rn. 1; SK-Horn § 178 Rn. 1; Lackner § 177 Rn. 1; vgl. auch BT-Drs. VI/3521 S. 40.

38 Nach ganz überwiegender Ansicht handelt es sich bei der Absicht im Sinne des § 252 um eine modifizierte Zueignungsabsicht, vgl. nur BGH StrV 87, 535 (535 f.); SK-Samson § 252 Rn. 11; LK-Herdegen § 252 Rn. 17; S/S-Eser § 252 Rn. 7.

39 So die überwiegende Meinung, vgl. Jescheck AT § 62I3; S/S-Cramer § 25 Rn. 15; Stratenwerth Rn. 767; Roxin, Tatherrschaft, S. 173 ff.; Gallas, Beiträge, S. 105; Wessels

ser Tatmittler hinsichtlich des von ihm geleisteten Tatbeitrags. Er erfaßt alle für die Deliktsqualität seiner Tat relevanten Umstände, da § 252 zum Zeitpunkt des Diebstahls nicht die Kenntnis der späteren Nötigung voraussetzt.

Kehrt man die Verteilung der Teilakte um, so ergibt sich Folgendes: Hat A einen Diebstahl verübt und veranlaßt den zufällig anwesenden B zur Nötigung seiner Verfolger, so kann er dieses Ziel nur erreichen, wenn er dem B vortäuscht, er werde widerrechtlich verfolgt. B erläge in diesem Fall einem Erlaubnistatbestandsirrtum, der mit der herrschenden Meinung eine Bestrafung aus der Vorsatztat entfallen läßt,[40] so daß B zwar einen undolosen Tatmittler darstellen würde, aber nicht infolge seiner Unkenntnis von dem anderen Teilakt. Nur diese Konstellation soll aber hier betrachtet werden. Sie ließe sich allenfalls theoretisch konstruieren und in diesem Falle verhielte es sich wie in der parallelen Konstellation zum Raub. Es fehlte an dem wissentlichen Einsatz der Gewalt zum Zwecke der Besitzerhaltung, so daß B den spezifischen Deliktscharakter der Nötigung nicht erfüllte und als undoloser Tatmittler einzustufen wäre.

ff) § 202II

Bei § 202II muß die Öffnung des Behältnisses zum Zwecke der Kenntnisnahme des darin befindlichen Schriftstückes erfolgen. Fordert A den B, der damit geprahlt hat, jedes Schloß knacken zu können, dazu auf, ein bestimmtes verschlossenes Kästchen zu öffnen, um — ohne Wissen des B — den darin enthaltenen Brief lesen zu können, so verwirklicht B vorsätzlich die mit der Öffnung möglicherweise verbundene Sachbeschädigung (§ 303). Der deliktische Schwerpunkt des ersten Aktes liegt jedoch nicht in der Verletzung der Unversehrtheit von Gegenständen,[41] sondern in der darin enthaltenen Gefährdung des durch § 202II geschützten Rechtsgutes, des formellen Geheimbereichs.[42] Die eigentliche Verletzung erfolgt durch die sich anschließende Kenntnisnahme von dem Schriftstück.

Eine vorsätzliche Gefährdung des geschützten Rechtsguts bewirkt nur derjenige, der das den formellen Geheimbereich markierende verschlossene Behältnis in Kenntnis seiner Funktion öffnet. Fehlt eine solche Kenntnis, so ermangelt es eines dem Deliktstypus des § 202II entsprechenden ersten Teilaktes. Im Beispielsfall stellt B insofern einen vorsatzlosen Tatmittler dar.

Wiederum läßt sich der umgekehrte Fall bilden: A öffnet ein Kästchen, in dem sich Briefe der Ehefrau des B von ihrem Liebhaber befinden. Er gibt sie

---

AT § 13III3; Maurach / Gössel / Zipf AT2 § 48 Rn. 89; a.A. Nowakowski JZ 56, 545 (549); Schmidhäuser AT 14/22.

40 Vgl. nur S/S-Cramer § 16 Rn. 14 ff. m.w.N.

41 So aber SK-Samson § 202 Rn. 1, vgl. aber auch Rn. 2: Schutz der Privatsphäre.

42 Küper JZ 77, 464 (465); Maurach / Schroeder / Maiwald BT1 § 29 Rn. 5; S/S-Lenckner § 202 Rn. 2; dagegen stellen Lackner § 202 Rn. 1 und Dr-Tr § 202 Rn. 1 auf den Schutz des Briefgeheimnisses ab.

dem B mit der Begründung, sie seien ihm zugespielt worden. Eine mittelbare Täterschaft des A über den zweiten Teilakt muß hier von vornherein ausscheiden, da dieser eine eigenhändige Begehung erfordert.[43]

gg) § 146I Nr. 3

§ 146I Nr. 3 verlangt als ersten Teilakt eine Geldfälschung oder ein Sichverschaffen von Falschgeld in der Absicht, das Falschgeld als echt in den Verkehr zu bringen oder ein solches Inverkehrbringen zu ermöglichen. Dieser Akt beschreibt die Vorbereitungshandlung zu der nachfolgenden Inverkehrbringung, die das Rechtsgut der Sicherheit und Funktionsfähigkeit des Geldverkehrs gefährdet. Im Gegensatz zu den vorangegangenen Delikten stellt die für den ersten Teilakt erforderliche Absicht weniger den finalen Zusammenhang zwischen den beiden Teilakten her, als sie vielmehr die Verbindung zu dem nach § 146I Nr. 1, 2 strafbaren Vorbereitungsakt schafft und den Verbrechenstatbestand zu dem Vergehen nach § 147 abgrenzt.[44] Eine Ähnlichkeit besteht aber insoweit, als die überschießende Innentendenz den zweiten Akt zum Inhalt hat und damit den Vorsatz — wenn auch als dolus directus ersten Grades — bezüglich des zweiten Aktes bei Vornahme des ersten Teilaktes miteinschließt.

Angenommen, A veranlaßt den B, zu Renommierzwecken Geld herzustellen, das echtem Geld täuschend ähnlich sieht. Dabei verheimlicht er dem B, daß er selbst dieses Falschgeld als echt in Umlauf bringen will. Da B die Motive des A nicht kennt, handelt er ohne den für den ersten Teilakt des § 146I Nr. 3 erforderlichen Vorsatz hinsichtlich des zweiten Aktes. Seiner Ansicht nach bewegt sich seine „Tat" im straflosen Bereich, denn eine Herstellung von Falschgeld ohne Verbreitungs(ermöglichungs)absicht erfüllt weder den Tatbestand des § 146I Nr. 1 noch den des § 267.

Nun ließe sich einwenden, auch wenn B von dem Vorhaben des A gewußt hätte, ohne daß es ihm darauf angekommen wäre, hätte er sich nicht einer Geldfälschung iSd. § 146I Nr. 1 schuldig gemacht. Aber in diesem Falle läge eine Urkundenfälschung gem. § 267I 1. Alt. vor, denn dort reicht sicheres Wissen, daß die Urkunde im Rechtsverkehr gebraucht werden soll.[45] B irrte dann nicht über die strafrechtliche Relevanz seines Verhaltens an sich, sondern lediglich über den in concreto verwirklichten Tatbestand, der aber nicht ein gänzlich anderes Rechtsgut zum Gegenstand hat, denn § 146 ist lex specialis zu § 267. In diesem Falle ließe sich B nicht als undoloser Tatmittler einordnen.

Anders dagegen, wenn ihm die strafrechtliche Dimension seines Handelns wie in dem oben genannten Beispiel völlig verborgen bleibt. Dann handelt er bezüg-

43 Siehe oben Zweiter Teil, C. II. 1. a) aa).

44 LK- Herdegen § 146 Rn. 1.

45 S/S-Cramer § 267 Rn. 91; Lackner § 267 Rn. 25.

lich des den ersten Teilakt des § 146I Nr. 3 verwirklichenden Geschehens unvorsätzlich und stellt einen undolosen Tatmittler dar.

Nun ist aber noch zu beachten, daß A, indem er sich von B das Falschgeld verschafft, selbst unmittelbar den ersten Teilakt verwirklicht, so daß er zum unmittelbaren Täter des §146I Nr. 3 avanciert. Der Konstruktion einer mittelbaren Täterschaft bedarf es damit gar nicht.

Fälscht A das Geld und bittet er den gutgläubigen B, ihm davon ein Auto zu kaufen, dann handelt B als undoloser Tatmittler. Sein Irrtum über die Eigenschaft des Geldes beruht unmittelbar auf seiner Unkenntnis von dem Umstand, daß A das Geld gefälscht hat, mithin auf seiner Unkenntnis von dem ersten Teilakt.

hh) § 277

§ 277 setzt voraus, daß der Täter zunächst ein falsches oder unechtes Gesundheitszeugnis herstellt bzw. ein echtes Zeugnis verfälscht und anschließend dieses zur Täuschung von Behörden oder Versicherungsgesellschaften gebraucht. Schon bei Vornahme des ersten Aktes muß der Täter in Täuschungsabsicht handeln und dementsprechend den zweiten Akt in seinen Vorsatz aufgenommen haben. Veranlaßt der A den B, zum Spaß ein unechtes Gesundheitszeugnis herzustellen, so handelt B ohne den erforderlichen Vorsatz und ihm bleibt demzufolge der deliktische Charakter seines Verhaltens verborgen. B dient dem A daher als vorsatzloser Tatmittler.

Ebenso verhält es sich in dem umgekehrten Fall, in dem A das Gesundheitszeugnis von B bei einer Behörde vorlegen läßt und B nicht weiß, daß es sich um ein gefälschtes Zeugnis handelt.

c) Zusammenfassung

In den überwiegenden Fällen führt die Unkenntnis des Vordermannes von dem anderen Teilakt zu seiner Eigenschaft als undoloser Tatmittler im Hinblick auf die Tatbestandsmäßigkeit des von ihm verwirklichten Teilaktes. Dieser Zusammenhang beruht auf der spezifischen Struktur der Mehrzahl der zweiaktigen Delikte. Soweit deren Teilakte eine subjektiv-intentionale Verknüpfung aufweisen oder der zweite Akt an die durch den ersten Akt geschaffene Situation inhaltlich anknüpft, bleibt dem in Unkenntnis des anderen Teilaktes handelnden Tatmittler der spezifische deliktische Charakter des von ihm ausgeführten Teilaktes verborgen. Der Hintermann, der diesen Irrtum ausnutzt, avanciert zum mittelbaren Täter des fremdhändig vorgenommenen Aktes und damit zum Täter des Gesamtdeliktes.

Dabei ist nicht erforderlich, daß der Hintermann den undolosen Tatmittler anstiftungsförmig zur Tat bestimmt, sondern es reicht aus, wenn sich seine

Beteiligung an diesem Teilakt objektiv als Beihilfehandlung darstellt, hätte der Tatmittler dolos gehandelt.[46] Reicht also der A dem B, der den O „nur" verprügeln will, einen Knüppel mit der Absicht, dem O anschließend die Brieftasche zu stehlen, so ist A mittelbarer Täter der Gewaltanwendung zum Zwecke des Diebstahls und damit Täter eines Raubes.

2. Tatbestandsirrtum bezüglich des Gesamttatbestandes

Nicht in allen Fällen bewirkt die Unkenntnis des eingeschalteten Beteiligten von dem anderen Teilakt seine Degradierung zur undolosen Mittelsperson im Hinblick auf den von ihm verwirklichten tatbestandsmäßigen Teilakt. Insbesondere die folgenden Fallkonstellationen lassen sich auf diese Weise nicht lösen:

1) A stiftet den B zur Brandstiftung an und entfernt anschließend ohne Wissen des B die Löschgeräte. (§ 307 Nr. 3)
2) A stiftet den B zur Entführung der F an und erpreßt ohne Wissen des B die Eltern der F. (§ 239a I 2. Alt.)
3) A stiftet den B zur Entführung der F an und nutzt die hilflose Lage der F ohne Wissen des B zu sexuellen Handlungen mit der F aus. (§ 237)
4) A stiftet den B an, dem O die Brieftasche wegzunehmen und ihm zu geben, nachdem er das Opfer zuvor bewußtlos geschlagen hat, wovon B nichts weiß. (§ 249)
5) A leistet dem B Beihilfe zum Diebstahl mit Zueignungsabsicht und dem Vorsatz, gegebenenfalls Verfolger niederzuschlagen, wovon B keine Kenntnis besitzt. So geschieht es. (§ 252)

Der klassische Typus des undolosen Tatmittlers bei einaktigen Delikten basiert auf dem Irrtum über die Tatbestandsmäßigkeit eigenen Verhaltens. An einem solchen Irrtum fehlt es, wenn der zur Verwirklichung eines zweiaktigen Deliktes eingeschaltete Beteiligte einen Teilakt ausführt, ohne einer Fehlvorstellung von den jeweiligen tatbestandlichen Voraussetzungen hinsichtlich des Teilaktes an sich zu unterliegen. Die Folge seines Handelns, daß die durch den Tatbeitrag geschaffene Situation zu einem weiteren deliktischen Handeln von einem anderen ausgenutzt werden kann (Beispiel 1, 2, 3 und 5) bzw. die Tatsache, daß ein anderer ihm die Vornahme des Teilaktes ermöglicht hat (Beispiel 4), stellt als solche, wenn nicht explizit im Tatbestand erwähnt, keine gesetzlich normierte dar. Insofern bewegt sich der Irrtum nicht auf der Tatbestandsebene, es handelt sich vielmehr um einen Irrtum über die eigentliche Bedeutung der Handlung

---

[46] So die überwiegende Meinung, vgl. Jescheck AT § 62I3; S/S-Cramer § 25 Rn. 15; Stratenwerth Rn. 767; Roxin, Tatherrschaft, S. 173 ff.; Gallas, Beiträge, S. 105; Wessels AT § 13III3; Maurach / Gössel / Zipf AT2 § 48 Rn. 89; a. A. Nowakowski JZ 56, 545 (549); Schmidhäuser AT 14/22.

bzw. über ihren weitergehenden Sinn, der über die Bedeutung der Handlung an sich hinausreicht.

Andererseits läßt sich behaupten, im Hinblick auf den Gesamttatbestand befinde sich der Vordermann durchaus in einem tatbestandsrelevanten Irrtum, denn er hat nicht den zweiaktigen Gesamttatbestand in seinen Vorsatz aufgenommen. Es stellt sich daher die Frage, ob der Vordermann in diesen Fällen als undoloser Tatmittler wie in den im vorangegangenen Teil der Arbeit angeführten Beipielsfällen eingeordnet werden kann. Die Täterschaft des Hintermannes müßte dann außer Zweifel stehen. Sollte es sich aber gerade wegen dieses nur auf den weitergehenden Sinn des eigenen Handelns bezogenen Irrtums nicht um einen undolosen Tatmittler handeln, so kann es für die Täterschaft des Hintermannes allein darauf ankommen, ob auch die Benutzung eines über den gleichsam „tieferen“ Handlungssinn irrenden Tatmittlers zur mittelbaren Täterschaft führt. Die Antwort darauf läßt sich nur über die Betrachtung der inneren Struktur der mittelbaren Täterschaft bei Einsatz eines sich im Sachverhaltsirrtum befindlichen Tatmittlers im Rahmen einaktiger Delikte erschließen.

a) Grundauffassungen zum undolosen Tatmittler

Soll es sich bei den hier noch problematischen Fallkonstellationen ebenfalls um typische Fälle mittelbarer Täterschaft unter Benutzung eines undolosen Tatmittlers handeln, so müßten sich die für die Tatherrschaft des mittelbaren Täters bei Einschaltung eines undolosen Tatmittlers im Rahmen einaktiger Delikte maßgebenden Strukturen auch in den fraglichen Beispielsfällen nachweisen lassen.

Innerhalb der Tatherrschaftslehre werden verschiedene Ansätze zur Begründung der von dem Hintermann ausgeübten Tatherrschaft vertreten, so daß entsprechend die im einzelnen für charakteristisch gehaltenen Strukturen differieren.

aa) Formal-negative Begründung

Überwiegend wird die Tatherrschaft des Hintermannes aus der fehlenden Tatherrschaft des irrenden Vordermannes abgeleitet. Da die Tatherrschaft als zweckbewußte Steuerung des Kausalgeschehens den Vorsatz als finalen Verwirklichungswillen erfordert, kann der unvorsätzlich handelnde Tatmittler nicht die Tatherrschaft ausüben.[47] Dagegen weist der Hintermann einen entsprechenden Vorsatz auf, ihm kommt daher die Tatherrschaft zu. Zwar soll nicht grundsätzlich der Vorsatz des Hintermannes allein zu dessen Herrschaft über die Tat führen, wohl aber in denjenigen Fällen, in denen es anderer Personen, die den Gesche-

---

47 Welzel ZStW 58, 491 (544); Stratenwerth Rn. 751; Gallas, Beiträge, S. 97.

hensablauf lenken, ermangelt.[48] Die für die Tatherrschaft des mittelbaren Täters notwendige Steuerung des Tatgeschehens wird demnach quasi im „Subtraktionsverfahren“ gewonnen, indem von allen als Tatherren in Betracht kommenden Beteiligten diejenigen ausgeschieden werden, denen eine finale Lenkung des Geschehens mangels Vorsatzes nicht möglich ist. Verbleibt letztlich nur ein einziger vorsätzlich Handelnder, so muß dieser die finale Steuerung und damit auch die Tatherrschaft innehaben. Bei einer solchen Betrachtungsweise müßte auch in den hier problematischen Fällen bezüglich der zweiaktigen Delikte ohne weiteres die Qualität des Vordermannes als undolose Mittelsperson angenommen werden.

Dieses Verständnis der mittelbaren Täterschaft begegnet jedoch Bedenken. Die Täterbestimmung erfolgt in formal-negativer Weise, ohne die Tatherrschaft des Hintermannes positiv zu belegen. Für die Feststellung einer Tatherrschaft des Hintermannes reicht es nicht, die Werkzeugqualität des Tatmittlers mit dessen fehlenden Vorsatz zu begründen und die Tatherrschaft des Hintermannes aus dessen überlegenen Wissen abzuleiten. Denn es bleibt offen, in welcher Form dieses intellektuelle und damit rein subjektive Plus in eine auch äußerlich in Erscheinung tretende Tatherrschaft transponiert wird. Ein subjektives Übergewicht, das keine Entsprechung im äußeren Geschehensablauf findet, vermag eine Tatherrschaft nicht zu vermitteln. Dies wurde schon bei der Einschaltung eines absichtslos dolos handelnden Beteiligten deutlich.[49]

Entbehrt folglich der formal-negative Ansatz einer materiellen Begründung der Tatherrschaft seitens des Hintermannes, so kann er auch keine Einsichten über die innere Struktur der mittelbaren Täterschaft bei Benutzung eines undolosen Tatmittlers vermitteln.

bb) Willensherrschaft kraft finaler Überdetermination

Roxin[50] leitet im Rahmen einaktiger Delikte die Tatherrschaft des Hintermannes, der einen undolosen Tatmittler einsetzt, her, indem er das finale Element der Tatherrschaft für die Zuweisung der Tatherrschaft zum Hintermann fruchtbar macht. Das überlegene Wissen ermögliche es dem Hintermann, den Tatablauf zu lenken und damit das Geschehen final auf den Erfolg zu steuern, indem er die Umstände der äußeren Situation, Naturgesetzlichkeiten und menschliche Verhaltensweisen zweckbewußt miteinander verknüpft. Gerade diese Möglichkeit „finaler Überdeterminierung des Kausalverlaufs“ lasse es zu, ein äußeres Geschehen einem bestimmten Menschen als sein Werk zuzurechnen. Der das Geschehen in seiner Gesamtheit überblickende Hintermann sei dann immer der spiritus

---

48 Stratenwerth Rn. 751.

49 Siehe oben Zweiter Teil, D. I.

50 Roxin, Tatherrschaft, S. 172 f.

rector, der Inhaber der Willensherrschaft. Es sei nicht zu bezweifeln, daß auch der Gesetzgeber denjenigen, der sich eines unvorsätzlich Handelnden bedient, als Schlüsselfigur des Tatgeschehens ansehe. Die so beschriebene Willensherrschaft über das Tatgeschehen, die die mittelbare Täterschaft kennzeichne,[51] habe im Gegensatz zu den Nötigungsfällen nicht die Beherrschung des Tatmittlers zur Grundlage, denn dieser entscheidet selbst, ob er die betreffende Handlung vornimmt. Eine Beherrschung des Tatmittlers sei für die Willensherrschaft des Hintermannes aber auch nicht notwendig, denn das irrende Werkzeug trete nicht in seiner spezifischen menschlichen Qualität als final handelndes Wesen in den Geschehensablauf ein, sondern werde als blinder Kausalfaktor in den Tatplan eingeschaltet. Sein folglich außerhalb des Erfolges liegender Wille mache eine Bezwingung, die zur Herrschaft über den Tatmittler führt, nicht erforderlich.[52]

Diese von Roxin beschriebene finale Überdetermination des Kausalverlaufs ist prinzipiell auch im Rahmen zweiaktiger Delikte denkbar, wenn der Tatmittler einen tatbestandsmäßigen Teilakt dolos ausführt, jedoch über den Gesamttatbestand irrt. Die Funktion des Tatmittlers als Kausalfaktor würde nicht durch das freie Eintreten des Hintermannes in den Kausalverlauf aufgehoben, denn ein solches Eintreten unterbricht den Kausalverlauf nicht, sofern nur an die ursprünglich gesetzte Bedingung angeknüpft wird.[53]

Problematisch erscheint auf den ersten Blick eher die erforderliche „Blindheit" des Tatmittlers. Entscheidend soll nach Roxin in diesem Zusammenhang der Erfolg sein, auf den der Hintermann das Geschehen lenkt. Nun besteht bei den zweiaktigen Delikten die Besonderheit, daß zwei Erfolge eintreten, wenn es sich auch im Einzelfall um abgestufte Erfolge im Sinne eines Zwischenerfolgs und eines Haupterfolgs handeln mag. Es wäre also gegebenenfalls die Frage zu klären, auf welchen Erfolg es ankommt, hinsichtlich dessen die Kausalfunktion des Tatmittlers zu bestimmen ist. Unabhängig davon bietet jedenfalls der Ansatz Roxins die Möglichkeit zu prüfen, ob es sich in den hier problematischen Fällen bei dem Vordermann um einen undolosen Tatmittler wie bei den einaktigen Delikten handelt.

cc) Beherrschung des Tatmittlers

Im Gegensatz zu Roxin erklären andere Vertreter der Tatherrschaftslehre die Beherrschung des irrenden Tatmittlers zur Grundlage der Tatherrschaft des Hintermannes. So soll es sich bei dem undolosen Tatmittler nicht um einen freien, sondern um einen wie in den Nötigungsfällen unfreien Tatmittler handeln,[54]

---

[51] Roxin, Tatherrschaft, S. 142.

[52] Roxin, Tatherrschaft, S. 172 f.

[53] H. M.; vgl. nur BGHSt 4, 360 (361 f.); BGH NStZ 85, 24 Nr. 6; SK-Rudolphi Vor § 1 Rn. 48 f.

[54] Herzberg, Täterschaft, S. 18; Bloy, Zurechnungstypus, S. 350; Schroeder, Täter hinter dem Täter, S. 73; ebenso M. K. Meyer, Autonomie, S. 57, die aber auf der

wobei einerseits der auf den Tatmittler ausgeübte Handlungszwang, andererseits die Entscheidungsunfreiheit des Tatmittlers betont wird.

Ausgehend von der Annahme, jeder, der auf fremde Veranlassung hin ein Delikt begeht, habe sich dazu unter dem Druck bestimmter Motive entschlossen,[55] gründet Herzberg die Unfreiheit des Tatmittlers auf einen Handlungszwang, der von dem Hintermann mittels zielbewußter Aktivierung eines Handlungsbegehrens ausgeübt werde.[56] Die in den Irrtumsfällen im Vergleich zu den Nötigungsfällen geringere Antriebskraft werde durch das Vorhandensein schwächerer Hemmungsmotive oder sogar deren Fehlen kompensiert.[57] Dabei handele es sich um einen rein phänomenologischen Unterschied ohne normative Relevanz.[58]

An das Manko von Hemmungsfaktoren, das sich aus der unvollständigen Kenntnis des relevanten Sachverhalts ergibt, wird auch angeknüpft, um die Unfreiheit des Tatmittlers durch Beeinträchtigung seiner Entscheidungsfreiheit zu begründen.[59] Legt man diese Auffassung bezüglich der mittelbaren Täterschaft bei Einsatz eines undolosen Tatmittlers zugrunde, so würde sich für die hier untersuchten Problemfälle bei zweiaktigen Delikten die Frage stellen, ob der eingeschaltete Beteiligte infolge seines Irrtums einen unfreien Tatmittler darstellt.

Es bietet also auch dieser Ansatz die Möglichkeit festzustellen, inwieweit der in ein zweiaktiges Deliktsgeschehen eingeschaltete Tatmittler, der einen Teilakt in Unkenntnis des anderen ausführt, als undoloser Tatmittler wie bei den einaktigen Delikten fungiert.

Hinsichtlich der Charakteristika der Tatherrschaft bei Benutzung eines undolosen Tatmittlers zeigt sich an dieser Stelle erneut, daß innerhalb der Tatherrschaftslehre zum Teil erhebliche Unterschiede bestehen. Soweit es hier zu ermitteln gilt, ob als typischer undoloser Tatmittler auch fungiert, wer einen tatbestandsmäßigen Teilakt zwar als solchen dolos, aber in Unkenntnis des zweiaktigen Gesamttatbestandes, an dessen Verwirklichung dieser Akt teilhat, ausführt, bedarf es einer Entscheidung, wie sich die Tatherrschaft des Hintermannes in diesen Fällen erscheinungsbildlich gestaltet.

Grundlage der Übergewichtstheorie Heglers und der Ganzheitstheorie Schmidhäusers arbeitet.

55 Herzberg, Täterschaft, S. 13.

56 Herzberg, Täterschaft, S. 18; ebenso M. K. Meyer a. a. O., die desweiteren annimmt, der so beim Tatmittler entstandene Handlungsentschluß widerspreche den wahren Zielen des Tatmittlers, so daß er fremdbestimmt und daher unfrei sei.

57 Herzberg, Täterschaft, S. 18.

58 Herzberg, Täterschaft, S. 19; Bloy, Zurechnungstypus, S. 350; Küper JZ 89, 935 (947).

59 Küper JZ 89, 935 (947); Schroeder, Täter hinter dem Täter, S. 73; Bloy, Zurechnungstypus, S. 350 spricht von Handlungsfreiheit.

b) Bezugspunkt der Tatherrschaft

aa) Deliktserfolg

Wenn Roxin die Qualität des Tatmittlers als blinder Kausalfaktor betont, dann steht für ihn der konkrete Erfolg, hinsichtlich dessen die Mittelsperson als kausales Element eingesetzt wird, im Vordergrund. Dem Irrtum des Tatmittlers kommt dabei die Funktion zu, seine „Blindheit" zu begründen, die wiederum dem Hintermann die überlegene Steuerung des Geschehens ermöglicht. Entsprechend nimmt Roxin an, der undolose Tatmittler werde nicht in seiner spezifischen menschlichen Qualität als final-handelndes Wesen benutzt,[60] denn dessen Wille liege außerhalb des — von dem Hintermann angestrebten — Erfolges.

Diese einseitige Orientierung am Erfolg zur Begründung der Tatherrschaft eines Täters, der einen irrenden Tatmittler benutzt, wird auch in der von Roxin vertretenen Lösung des „Dohna-Falles"[61] deutlich, in dem der unmittelbar handelnde Vordermann einem error in persona unterliegt:

Schütz will den Fuchs erschießen und lauert ihm an einer einsam gelegenen Stelle seines gewohnten Spaziergangs auf. Jedoch hat Fuchs von den Plänen des Schütz erfahren und schickt unter einem Vorwand seinen Feind Luchs zu der betreffenden Stelle. Schütz erschießt den Luchs.

Roxin beurteilt den Fuchs hinter dem unmittelbaren Täter Schütz als mittelbaren Täter eines Totschlags. Die Hervorrufung oder Ausnutzung eines error in persona stellt seiner Ansicht nach einen Unterfall der Benutzung eines über den konkreten Handlungssinn Irrenden dar.[62] Innerhalb dieser von ihm entwickelten Fallgruppe des Täters hinter dem Täter, die noch die Täuschung über quantifizierbare Unrechts- und Schuldmaße[63] und die Täuschung über qualifizierende Tatumstände[64] als wichtige Erscheinungsformen umfaßt, soll dem Hintermann eine Irrtumsherrschaft auf vierter Stufe zukommen,[65] die „in der sehenden und willentlichen Realisierung des ‚konkreten Handlungssinns' besteht, während der Vordermann lediglich eine drittstufige Tatherrschaft innehat.[66] Der Hintermann verschleiere in diesen Fällen dem volldeliktisch handelnden Vordermann für die Beurteilung der Tat relevante Sachverhaltsumstände, so daß dem Vordermann der veränderte Tatcharakter verborgen bleibt.[67] Dieser fungiere lediglich als

60 Tatherrschaft, S. 173.

61 Dohna, Übungen im Strafrecht und Strafprozeß, 3. Aufl. 1929, Fall Nr. 36.

62 Roxin, Tatherrschaft, S. 214; zu demselben Ergebnis mit übereinstimmender Begründung gelangt unabhängig von Roxin Blei I § 72II c.

63 Roxin, Lange-Festschrift, S. 184 ff.; ders. LK § 25 Rn. 97 ff.

64 Roxin, Lange-Festschrift, S. 186 ff.; ders. LK § 25 Rn. 101 ff.

65 Roxin unterteilt die Willensherrschaft kraft Irrtums in vier Stufen, wobei die jeweils höhere die Tatherrschaft verleiht, LK § 25 Rn. 72.

66 Tatherrschaft, S. 214 ff.; ders. ZStW 78, 222 (228).

67 LK § 25 Rn. 96.

blindes Werkzeug des Hintermannes.[68] Das überlegene Wissen ermögliche dem Hintermann die Beherrschung des Geschehens kraft finaler Überdeterminierung des Geschehensablaufes und rechtfertige es, die Deliktsverwirklichung auch als sein Werk anzusehen,[69] denn allein aufgrund der Manipulation des Hintermannes sei das Opfer zu Tode gekommen[70].[71]

Die Begründung der von dem Hintermann ausgeübten Tatherrschaft zeigt eine deutliche Parallele zu der Tatherrschaft, die dem Hintermann bei Einschaltung eines undolosen Tatmittlers zukommen soll. Denn es bildet ebenfalls der konkrete Erfolg den Bezugspunkt der Tatherrschaft und Roxin stellt diesen Umstand explizit heraus, wenn er eine Herrschaft über die Willenshandlung des Vordermannes ablehnt, aber im Hinblick auf den von dem Vordermann nicht gewollten Erfolg eine herrschaftsbegründende Überdetermination annimmt.[72] Die Priorität des Erfolges für die Feststellung der Tatherrschaft wirkt sich damit auf die Art des Irrtums beim Tatmittler insofern aus, als für die mittelbare Täterschaft nicht zwingend ein Tatbestandsirrtum des Tatmittlers erforderlich ist, sondern auch tatbestandsirrelevante Irrtümer über den konkreten Handlungssinn ausreichen, soweit sie den Vordermann nur zum blinden Kausalfaktor bezüglich des von dem Hintermann angestrebten Zieles machen.

Wenn Roxin in seinen weiteren Ausführungen den sich im error in persona befindlichen Tatmittler einem mechanischen Werkzeug gleichsetzt,[73] da es keinen Unterschied machen könne, ob das Opfer in eine von einem Dritten drohende todbringende Situation hineinmanövriert wird oder ob es zum Berühren einer angeblich ungefährlichen Starkstromleitung veranlaßt wird,[74] dann erscheint dies nur konsequent, denn im Hinblick auf den herbeigeführten Erfolg mag es lediglich als formale Differenzierung erscheinen, ob ein menschliches oder ein mechanisches Werkzeug eingesetzt wird. Gleiches muß dann aber auch für den undolosen Tatmittler gelten, dessen Funktion sich auf die Verursachung des von dem Hintermann angestrebten Erfolges beschränken soll.

(1) Äquivalenz von menschlichen und mechanischen Werkzeugen

Roxin greift mit dieser Argumentation einen Gedanken auf, der auch von anderen Autoren herangezogen wird, um die Täterschaft eines Hintermannes zu

68 Tatherrschaft, S. 214.

69 LK § 25 Rn. 96.

70 ZStW 78, 222 (227 f.).

71 Vgl. auch die übereinstimmende, aber von Roxin unabhängige Argumentation bei Blei I § 72II c.

72 Tatherrschaft, S. 213 f.

73 Tatherrschaft, S. 173, 216.

74 Tatherrschaft, S. 216.

rechtfertigen, der die verbrecherischen Pläne eines Dritten für eigene Zwecke ausnutzt.

Nun handelt es sich zwar in den hier problematischen Fallbeispielen nicht um die Ausnutzung eines schon von einem anderen geplanten Teilaktes, vielmehr wird der Vordermann erst zu dessen Vornahme veranlaßt. Die angesprochene Fallgruppe ist jedoch insofern von Interesse, als sie Aufschluß darüber geben kann, ob eine Gleichsetzung von menschlichen und mechanischen Werkzeugen, wie sie auch der von Roxin angeführten Begründung der Tatherrschaft bei der mittelbaren Täterschaft zugrundeliegt, wenn er den Tatmittler als bloßen Kausalfaktor bewertet, überhaupt zulässig ist und dem Wesen der mittelbaren Täterschaft gerecht wird. Daher soll ein kurzer Blick auf die im Rahmen der Benutzung verbrecherischer Pläne eines Dritten angeführten Überlegungen, aufgrund derer eine Gleichstellung von menschlichen und mechanischen Werkzeugen zulässig und angebracht sein soll, geworfen werden.

(a) Hineinführen des Opfers in eine von Menschen drohende Gefahr

Bei Herzberg bildet zunächst ein von dem error in persona bereinigter Parallelfall zum Dohna-Fall den Ausgangspunkt[75]:

F hat die Frau seines Landsmannes M vergewaltigt. M will F deshalb töten. F erfährt, daß M ihm an einer einsamen Stelle seines Heimweges auflauert. Er bittet deshalb seinen Arbeitskollegen T, ihn im Auto nach Hause zu bringen. T hat zwar nicht mit M gesprochen, billigt aber dessen Plan. Er erklärt sich zum Schein bereit und läßt F einsteigen. Am Versteck des M angekommen, stößt er ihn aus dem Wagen und fährt weiter. M bemerkt sein Opfer und erschießt F.

Herzberg lehnt eine Mittäterschaft wegen fehlenden gemeinsamen Tatentschlusses ab. Auch eine mittelbare Täterschaft liege nicht vor, da der M aufgrund seiner Freiheit und vollen Eigenverantwortlichkeit nicht als Werkzeug benutzt werden könne, seine Beherrschung sei ausgeschlossen.[76] Unter konsequenter Anwendung des Tatherrschaftsgrundsatzes komme nur eine Beihilfe in Betracht,[77] die aber der Strafwürdigkeit des Tatbeitrags des Hintermannes nicht gerecht werde.[78]

Um zur Täterschaft des T zu gelangen, will Herzberg nun die Geltung des Tatherrschaftsprinzips beschneiden und rechtfertigt sein Vorgehen mit der phänomenologischen Parallele, bei der der T den F tötet, indem er ihn von hohen Klippen ins Meer stößt. Auch hier werde das Meer nicht beherrscht, an der

---

75 Herzberg, Täterschaft, S. 47.

76 Herzberg, Täterschaft, S. 50; vgl. auch Welzel Lb S. 111.

77 Vgl. auch Stratenwerth Rn. 832.

78 Herzberg, Täterschaft, S. 50 f.

Täterschaft des T bestünden aber keine Zweifel.[79] Daraus leitet Herzberg für die Begründung der Täterschaft den Verzicht auf eine werkzeuggleiche Beherrschung des Tatmittlers ab, soweit das Verderben, in das das Opfer hineingeführt wird, von einem Menschen droht. Es müsse ein „tatbeherrschendes Hineinführen" genügen.[80]

Die phänomenologische Vergleichbarkeit des menschlichen und des mechanischen Werkzeugs soll also deren normativ-juristische Gleichwertigkeit rechtfertigen und dient Herzberg dazu, die fehlende Tatherrschaft des Hintermannes, die seiner Ansicht nach bei Einsatz eines irrenden Tatmittlers allein in der Beherrschung des Tatmittlers liegen kann,[81] zu überwinden und dennoch zur Täterschaft zu gelangen. Das Ergebnis dieses Kunstgriffes nennt er Nebentäterschaft.[82] Ebenso löst er den Dohna-Fall, wobei jedoch lediglich Anstiftung vorliegen soll, wenn der Hintermann durch Einwirkung auf den unmittelbaren Täter anstelle des Opfers den error in persona hervorruft.[83]

Herzberg offenbart mit seiner Herleitung der Nebentäterschaft ganz deutlich den praktischen Wert einer Gleichsetzung von menschlichen und mechanischen Werkzeugen. Das Rekurrieren auf die Eigenschaft des Tatmittlers als blinder Kausalfaktor — eben wie ein mechanisches Werkzeug — soll noch in denjenigen Fällen die Möglichkeit einer Tatherrschaft und damit einer Täterschaft eröffnen, in denen sie andernfalls ausgeschlossen wäre, verlangte man die Herrschaft über den Tatmittler.[84] Auf diese Weise lassen sich als unbillig empfundene Täterschaftslücken bei der Mittäterschaft schließen, wenn es an einem gemeinsamen Tatentschluß fehlt. Die Nebentäterschaft, die in diesen Fällen ebenso als mittelbare Täterschaft bezeichnet werden könnte, was schon durch die z. B. von Sax[85] verwandte Titulierung als „mittelbare Nebentäterschaft" signalisiert wird, dient gleichsam als Auffanginstitut.[86]

Der damit entstehende Eindruck einer Ausdehnung der Täterschaft auf Beteiligungen ohne Tatherrschaft wird zudem durch die Feststellung Herzbergs verstärkt, nach der das „tatbeherrschende Hineinführen" zur Tathandlung avanciert.

Die täuschende Aufforderung, sich in eine zum Tode führende Gefahrenlage zu begeben, die von einem Dritten begründet wird, wertet auch Spendel als

---

79 Herzberg, Täterschaft, S. 51.

80 Herzberg, Täterschaft, S. 51.

81 Herzberg, Täterschaft, S. 18.

82 Herzberg, Täterschaft, S. 51, der in Anm. 16 auf der angegebenen Seite feststellt, die Nebentäterschaft könne unmittelbare, mittelbare oder Mittäterschaft sein, je nachdem, in welcher Weise der Nebentäter seinen ursächlichen Beitrag leistet.

83 Herzberg, Täterschaft, S. 52, 54; ebenso Jescheck AT § 62II2; Hünerfeld ZStW 99, 228 (243); auch Spendel, Lange-Festschrift, S. 169 f., nimmt in diesem Fall Anstiftung an.

84 Vgl. auch Fincke GA 75, 161 (167).

85 Sax ZStW 69, 412 (434).

86 Vgl. auch Stratenwerth Rn. 830.

Tötungshandlung und damit als eigentliche Tathandlung, da die Sachlage nicht anders sei, „als wenn Fuchs seine Freundin, die er loswerden will, zu einem Rendezvous auf ein noch aus dem letzten Kriege vermintes Waldstück bestellt oder zum Schwimmen in einer haifischverseuchten Bucht animiert“.[87] Damit bezieht sich Spendel ebenfalls auf die Äquivalenz von menschlichen und mechanischen Werkzeugen.

Gerade die Einstufung einer Vorbereitungs- bzw. Versuchshandlung, denn nichts anderes stellt das Hineinführen des Opfers in diese Gefahr im Verhältnis zu der Tötungshandlung des Dritten dar, als eigentliche Tathandlung verdeutlicht aber, daß die Gleichstellung menschlicher und mechanischer Werkzeuge auf der Ebene reiner Kausalfaktoren allenfalls bei Erfolgsdelikten funktionieren kann. Jedoch wird dabei übersehen, daß das Erfolgsdelikt nicht jede Handlung als Tathandlung im Tatbestandssinne erfaßt. Das tatbestandsmäßige Verhalten erschöpft sich nämlich nicht in einer Verursachung des Erfolges, sondern muß als Handlung mit einem spezifischen Sinnzusammenhang verstanden werden.[88] Unter dem abstrakten „töten“ werden verschiedene typische Handlungen mit Tötungssinn zusammengefaßt, wie beispielsweise erstechen, erwürgen, erschießen. Diese typische Tötungshandlung nimmt in dem Beispiel Herzbergs der Vordermann eigenhändig vor, und es fällt schwer, das dieser Handlung vorgelagerte Verhalten als die typische eigenhändige Tötungshandlung anzusehen, trotz dessen immenser Bedeutung für den konkreten eingetretenen Erfolg.[89] Gänzlich unmöglich wird es jedoch bei den Tätigkeitsdelikten, deren Tathandlungen bestimmte Handlungsmodalitäten voraussetzen.

(b) Vergleichbare Erfolgsunsicherheit bzw. Berechenbarkeit

Außer der phänomenologischen Vergleichbarkeit und dem Empfinden gleichwertiger Strafbedürftigkeit wird zugunsten einer Äquivalenz menschlicher und mechanischer Werkzeuge in den hier erörterten Fällen die vergleichbare Berechenbarkeit auf der einen Seite, die vergleichbare Erfolgsunsicherheit auf der anderen Seite angeführt. Aufgrund des vorhandenen Tatentschlusses soll das menschliche Werkzeug wie ein mechanisches Werkzeug, wie ein Naturkausalismus einplanbar sein,[90] und seine Erfolgsunsicherheit unterscheide sich nicht von derjenigen mechanischer Werkzeuge, da auch diese aus unvorhersehbaren Gründen versagen könnten.[91] Entsprechend sieht Schroeder[92] im Dohna-Fall den Hin-

---

87 Lange-Festschrift, S. 168 f.

88 Gallas, Beiträge, S. 88 f.

89 Vgl. auch Jakobs 21/37, nach dessen Ansicht die Eigenhändigkeit dasjenige Verhalten umfaßt, das die Tatbestandsverwirklichung unmittelbar, d.h. ohne nachfolgendes Zutun eines anderen Menschen bewirkt.

90 Herzberg, Täterschaft, S. 55.

91 Roxin, Tatherrschaft, S. 173; Bockelmann, Untersuchungen, S. 121.

termann als mittelbaren Täter an, weil es bei der Benutzung eines Tatentschlossenen an der für den Teilnehmer typischen Erfolgsunsicherheit fehle.

Bei dieser Argumentation wird jedoch einseitig das „Ob“ des Versagens, nicht aber das „Wie“ betrachtet. Bei dem mechanischen Werkzeug kann allein ein technischer Defekt zu dessen Nichtfunktionieren führen. Dem stünde beim menschlichen Tatmittler beispielsweise das Verfehlen des Zieles durch den Schützen gleich. Das Versagen eines menschlichen Werkzeugs kann aber neben dieser quasi-technischen auch eine moralische Dimension besitzen, wenn nämlich die Hemmungsfaktoren gegenüber den zur Tat drängenden Motiven die Oberhand gewinnen und den Tatmittler zur Aufgabe des Tatentschlusses zwingen. Eine so geartete Erfolgsunsicherheit ist ganz anderer Natur als die des mechanischen Werkzeugs.[93] Wäre dem nicht so, warum soll dann nicht der „typische Anstifter“ Täter sein? Er kann doch auch den Angestifteten als Kausalfaktor benutzen, um eigene Zwecke zu verfolgen. Die Erfolgsunsicherheit würde gleichermaßen durch den Umstand begründet, daß die Motive zu rechtskonformem Verhalten obsiegen. Daß bei einem Tatentschlossenen die Zunahme der Hemmungen die Aufgabe des schon gefaßten Tatentschlusses, bei einem noch nicht Tatentschlossenen dagegen der Tatentschluß dadurch von vornherein unterbunden wird, kann in diesem Zusammenhang eine differenzierte Behandlung nicht rechtfertigen, denn die Motivation stimmt in beiden Fällen überein.[94] Die Identität der Konstellationen übersieht auch Schroeder, wenn er zur Begründung der mittelbaren Täterschaft bei Benutzung eines Tatentschlossenen anführt, es entfalle die typische Erfolgsunsicherheit des Teilnehmers, da sich dem Hintermann ein Werkzeug anbiete, von dem bereits feststeht, daß bei ihm keinerlei psychische Gegenkräfte vorhanden sind.[95] Denn dabei bedenkt Schroeder nicht, daß im Einzelfall die Steuerung auf den konkreten Erfolg hin durch einen voll verantwortlich und bewußt Handelnden sogar viel effektiver und sicherer sein kann, da der Vordermann sein Verhalten final an dem angestrebten Erfolg ausrichtet. Eine derart beschaffene Täterbestimmung würde aber letztlich das Tatherrschaftsprinzip sprengen, zum Abgrenzungskriterium würde die Erfolgsunsicherheit erhoben, und damit verbunden wäre eine Rückkehr zu den Gefährlichkeitstheorien,[96] die jedoch keine überzeugende Abgrenzung leisten können.[97]

Soweit also versucht wird, die Täterschaft eines Hintermannes zu begründen, der die verbrecherischen Pläne eines Dritten für eigene Zwecke benutzt und in diesem Zusammenhang die Gleichwertigkeit von menschlichen und mechani-

---

92 Täter hinter dem Täter, S. 150, 196 f.

93 Vgl. auch Bloy, Zurechnungstypus, S. 363; Schroeder, Täter hinter dem Täter, S. 149, 105.

94 Vgl. auch M. K. Meyer, Autonomie, S. 107.

95 Schroeder, Täter hinter dem Täter, S. 153, 197.

96 Siehe zu den Gefährlichkeitstheorien Roxin, Tatherrschaft, S. 31 f.

97 Vgl. auch Bloy, Zurechnungstypus, S. 363.

schen Werkzeugen ins Feld geführt wird, kann diese nicht plausibel dargelegt werden. Vielmehr zeigt sich, daß die rein erscheinungsbildliche Vergleichbarkeit des Tatmittlers mit einem mechanischen Werkzeug in diesen Fällen dazu herhalten muß, als unbefriedigend empfundene Strafbarkeitslücken im Bereich der Täterschaft zu schließen, was nicht ohne Friktionen mit dem Tatherrschaftsgedanken möglich ist.

Um nun auf die hier in Frage stehenden Konstellationen zurückzukommen: Wenn Roxin die Funktion des undolosen Tatmittlers in seiner Eigenschaft als Kausalfaktor erkennt, dann muß eine solche Einstufung des Tatmittlers als quasi mechanisches Werkzeug den gleichen Einwänden ausgesetzt sein, wie sie auch gegen die Begründung der Täterschaft bei Benutzung eines Tatentschlossenen angeführt werden. Allein der Umstand, daß der Hintermann den Vordermann als Bedingungsfaktor benutzt, vermag die für die mittelbare Täterschaft notwendige Tatherrschaft nicht ausreichend zu begründen. Das Spezifikum der mittelbaren Täterschaft liegt doch gerade in der Benutzung eines *menschlichen* Werkzeugs zur Deliktsverwirklichung und eben dieses Charakteristikum muß auch seinen Niederschlag in dem Verhältnis zwischen Tatmittler und Hintermann finden.

(2) Finalität als wesentlicher Unterschied zwischen menschlichen und mechanischen Werkzeugen

Würden menschliche und mechanische Werkzeuge wegen ihrer in bezug auf den Deliktserfolg gegebenen Kausalität als gleichartig behandelt, so wäre damit letztendlich eine Einebnung von mittelbarer und unmittelbarer Täterschaft verbunden. Sogar Roxin selbst weist darauf hin, es liege bei Benutzung eines undolosen Tatmittlers im Grunde ein Fall ‚direkter' Tatherrschaft des Hintermannes vor, man könne geradezu eine ‚eigenhändige' Tatbestandsverwirklichung und eine Handlungsherrschaft annehmen.[98] Daß er dennoch nicht entsprechend verfährt, hängt von seiner Bestimmung der Handlungsherrschaft als ungenötigte eigenhändige Verwirklichung aller Tatbestandsmerkmale ab.[99] Wird die unmittelbare Täterschaft durch die Handlungsherrschaft gekennzeichnet, so kann der nichtausführende Hintermann nicht unmittelbarer Täter sein, er kommt allein als mittelbarer Täter in Betracht. Damit reduziert Roxin in den Irrtumsfällen die Abgrenzung von unmittelbarer und mittelbarer Täterschaft, wie er selbst zugibt,[100] auf eine rein terminologische, weil sich die mittelbare Täterschaft lediglich durch die Zwischenschaltung eines auf menschlichem Verhalten beruhenden Bedingungsfaktors auszeichnen soll. Die damit verbundene rein quantitative Bestimmung der mittelbaren Täterschaft nach der Anzahl der in „Deszendenzmitwirksamkeit" beteiligten Subjekte stellt auch Spendel[101] explizit heraus.

---

98 Tatherrschaft, S. 173.

99 Tatherrschaft, S. 127.

100 Tatherrschaft, S. 173; vgl. auch Lange-Festschrift, S. 192.

Eine so verstandene mittelbare Täterschaft ignoriert aber ihr materielles Spezifikum, das auch bei der Benutzung eines irrenden Tatmittlers in dem Einsatz des Tatmittlers in seiner spezifischen menschlichen Qualität als final handelndes Wesen besteht. So soll nämlich keine mittelbare Täterschaft, sondern unmittelbare Täterschaft vorliegen, wenn ein Mensch tatsächlich als mechanisches Werkzeug benutzt wird, er beispielsweise in eine Schaufensterscheibe gestoßen wird, um diese zu zerstören.[102]

Bei Vornahme der Ausführungshandlung durch den undolosen Tatmittler wird dieser durchaus final tätig, jedoch bezogen auf einen anderen Erfolg.[103] So spricht Roxin von einem irrenden, aber hinsichtlich des angestrebten außertatbestandlichen Erfolges von einem frei handelnden Werkzeug.[104] Damit erkennt er eine zweckbewußte Lenkung dieses Geschehens durch den Vordermann an. Die Finalität seines Handelns entfällt nun aber nicht mit der Lenkung des Kausalgeschehens durch einen anderen auf einen darüber hinausgehenden Erfolg. Wie es Welzel formuliert, gibt es „keine finalen Handlungen ‚an sich' oder ‚absolut', sondern nur auf die vom Verwirklichungswillen gesetzten Folgen".[105] Soweit das Werkzeug den nicht von seinem Vorsatz umfaßten Erfolg verwirklicht, handelt es nicht final und fungiert als blinder Kausalfaktor. Dabei kann der Hintermann den Vordermann aber nur lenkend in das von ihm gedanklich antizipierte Kausalgeschehen einbauen, weil er ihn — entgegen der Prämisse Roxins — gerade in seiner spezifischen menschlichen Qualität als final handelndes Wesen in seinen Plan einschaltet. Ein von Roxin[106] selbst angeführtes Beispiel kann zur Verdeutlichung herangezogen werden: Koppelt der Hintermann an die Betätigung des Lichtschalters die Auslösung einer Explosion, die zum Tode eines Menschen führt, so rekurriert er auf die zielgerichtete Betätigung des Lichtschalters und nicht auf eine rein zufällige Berührung, indem jemand stolpert und gegen den Lichtschalter fällt. Ein solcher Ablauf muß dem Plan des Hintermannes nicht entgegenstehen, den tragenden Pfeiler bildet er aber nicht. Der Umstand, daß das Werkzeug final handelt, macht es eigentlich erst so attraktiv. Es wird seine Handlung zweckgerichtet auf den von ihm vorgestellten Erfolg hin erbringen, worauf es dem Hintermann gerade ankommt, unabhängig davon, ob für ihn die Handlung als solche oder der damit bewirkte Zwischenerfolg im Vordergrund steht. Der Wert des Tatmittlers erschöpft sich demnach nicht in seiner Funktion als bloßer Bedingungsfaktor, er folgt vielmehr aus dem für den mittelbaren Täter im Vordergrund stehenden finalen Verhalten des Tatmittlers. Diese Besonderheiten bleiben unbeachtet, wird die Tatherrschaft des mittelbaren Täters rein erfolgsorientiert, also bezüglich des von ihm angestrebten Erfolges bestimmt, zumal

101 JuS 74, 749 (752, Anm. 34).

102 Vgl. Blei I § 72I1.

103 Im Beispiel Roxins, Tatherrschaft, S. 170 bzgl. des Einschaltens des Lichtes.

104 Tatherrschaft, S. 173.

105 Welzel Lb S. 36.

106 Tatherrschaft, S. 170.

dieser Betonung des Deliktserfolges bei der Ermittlung der Tatherrschaft die abzulehnende Gleichsetzung menschlicher und mechanischer Werkzeuge immanent ist.

Wenn nun die mittelbare Täterschaft durch den Einsatz final handelnder Tatmittler auch bei der Benutzung eines undolosen Tatmittlers geprägt wird, so muß sich eben dieses Moment auch in dem Erscheinungsbild der Tatherrschaft niederschlagen.

bb) Handlung des Tatmittlers

Die mittelbare Täterschaft kann nur dann eine der unmittelbaren Täterschaft gleichwertige Form der Täterschaft darstellen, wenn ihr ein entsprechender Unrechtsgehalt innewohnt, der gleichermaßen durch das Erfolgs- und das Handlungsunrecht geprägt wird. Die Vermittlerrolle des Werkzeugs darf sich damit nicht allein auf den Erfolg beziehen, sondern es ist darüber hinaus eine Zurechnung auch des Handlungsunwertes, der durch die besondere Art und Weise der Erfolgsherbeiführung bestimmt wird, erforderlich, was insbesondere im Hinblick auf die Tätigkeitsdelikte von Bedeutung ist. Dies wird über eine Verhaltenszurechnung möglich.

Nun ließe sich sofort einwenden, da der undolose Tatmittler im Hinblick auf den vom Hintermann angestrebten Erfolg nicht final tätig werde, komme seiner Handlung auch nicht der spezifische Handlungsunwert zu. Jedoch ist er derjenige, der die im Tatbestand objektiv vertypte Handlung vornimmt. In den personalen Sinnzusammenhang wird sie von dem Hintermann gesetzt, dem die Handlung des Tatmittlers zugerechnet wird.

Diese Tätigkeitsanrechnung darf nicht mittelbar über den Erfolg erfolgen, denn dann stünde wiederum die Eigenschaft des Tatmittlers als blinder Kausalfaktor im Vordergrund, sondern sie setzt voraus, daß der Hintermann den Tatmittler in der Hand hat,[107] ihn also beherrscht. Der von Roxin bezüglich der mittelbaren Täterschaft in den Nötigungsfällen geäußerte Gedanke, daß in diesen Fällen die mittelbare Herrschaft des Hintermannes über die Tat durch Beherrschung des Handelnden gerade wesentlich darauf beruhe, daß der Tatmittler den Handlungsablauf beherrscht,[108] läßt sich hier umkehren: Wenn der Tatmittler den Handlungsablauf in bezug auf den von ihm angestrebten — außerdeliktischen oder anderen deliktischen — Erfolg beherrscht, muß sich die mittelbare Täterschaft des Hintermannes zumindest auch auf eine Beherrschung des Tatmittlers stützen.

Von einer solchen Beherrschung des Tatmittlers kann nur gesprochen werden, soweit der Tatmittler unfrei ist.[109] Wird der Tatmittler als undoloses Werkzeug im Rahmen einaktiger Delikte eingesetzt, so ergibt sich seine Unfreiheit aus der

---

107 Gallas, Beiträge, S. 97; Jescheck AT § 62I1.

108 Tatherrschaft, S. 134.

109 Vgl. Otto Jura 87, 246 (254).

unvollständigen Sachverhaltskenntnis. Eine Handlungsentscheidung kann nur als frei angesehen werden, soweit sie unter Berücksichtigung aller entscheidungsrelevanten Umstände gefällt wird, zu denen die sich aus dem strafbewehrten Verbot ergebenden Hemmungsfaktoren zählen. Nur wenn sich der Entschließende bewußt über diese der Tat entgegenstehenden Hemmungsmotive hinwegsetzt, entscheidet er sich frei gegen das Recht, so daß seine Handlung als eine von einem verständigen Willen getragene erscheint.[110] Der undolose Tatmittler irrt über die Tatbestandsmäßigkeit seiner Handlung, er ist damit den entsprechenden Hemmungsfaktoren, die sich aus dem Achtungsanspruch des jeweiligen geschützten Rechtsgutes ergeben, nicht zugänglich. Entschließt er sich in dieser Situation zur Ausführung der Handlung, so handelt es sich bei dem Entschluß um einen unfreien, demzufolge er bei der Umsetzung als unfreier Tatmittler zu klassifizieren ist.[111] Diese Unfreiheit ermöglicht nun dem Hintermann die Beherrschung des Tatmittlers, so daß ihm dessen Verhalten als eigenes zugerechnet werden kann.

Im Hinblick auf das Ausgangsproblem, ob der Vordermann bei den hier zu prüfenden zweiaktigen Delikten wie bei den einaktigen Delikten als undoloser Tatmittler bezüglich des Gesamttatbestandes fungiert, stellt sich damit die Frage, inwieweit der Vordermann in einer seine Beherrschung durch den Hintermann ermöglichenden Weise in seiner Entscheidungsfreiheit beeinträchtigt ist, wenn er sich in Unkenntnis der zweiten Teilaktes zur Vornahme eines tatbestandsmäßigen Teilaktes entschließt.

c) Entscheidungsunfreiheit des Tatmittlers

Ohne nähere Betrachtung lassen sich jedenfalls unter Bezugnahme auf die einaktigen Delikte die äußeren Grenzen der Freiheit bestimmen: Der Tatmittler unterliegt keiner Beeinträchtigung seiner Entscheidungsfreiheit, wenn er in vollständiger Kenntnis aller tatsächlich gegebenen Umstände voll verantwortlich tätig wird. Insofern beansprucht die Aussage, ein frei und vorsätzlich Handelnder könne nicht Werkzeug eines anderen sein,[112] volle Geltung. Wird der Tatmittler dagegen infolge seines Irrtums von der strafrechtlichen Verantwortung für sein Handeln befreit, so muß er im Sinne der gesetzgeberischen Wertung stets als unfrei angesehen werden. Nun besteht die Möglichkeit, daß durch die Entlastung von der strafrechtlichen Haftung die einzige und alleinige Grenze normiert wird, an der die Freiheit des irrenden Tatmittlers in Unfreiheit umschlägt. Daneben ist aber auch denkbar, daß schon andere, die strafrechtliche Verantwortung noch nicht berührende Irrtümer die Unfreiheit des Tatmittlers zur Folge haben. Dann

---

110 Vgl. auch M. K. Meyer, Autonomie, S. 83.

111 Vgl. auch Herzberg Jura 90, 16 (22).

112 Gallas, Beiträge, S. 99.

bedürfte es eines Kriteriums zur Klassifizierung der verschiedenen Irrtümer als freiheitsbeeinträchtigende oder freiheitsirrelevante.

aa) Verantwortungsprinzip

Ein an den Normen des StGB ausgerichtetes Verantwortungsprinzip kann jedenfalls die Entscheidungsfreiheit konkretisieren und bietet damit zunächst einen Leitfaden, mit dessen Hilfe die Freiheit eines in ein zweiaktiges Geschehen eingeschalteten Beteiligten, der einen Teilakt objektiv tatbestandsmäßig und vorsätzlich ausführt, aber in Unkenntnis des anderen, zweiten Teilaktes tätig wird, festgestellt werden kann.

(1) Haftungsentlastung infolge des Irrtums

Fragt man danach, inwieweit der eingeschaltete Beteiligte infolge seines Irrtums von einer strafrechtlichen Verantwortung befreit wird, so bieten sich verschiedene Bezugspunkte an:

— Täter des zweiaktigen Deliktes:

Zunächst haftet der eingeschaltete Beteiligte nicht als Täter des Gesamtdeliktes. Der Ausschluß ist jedoch nicht allein infolge des fehlenden Vorsatzes hinsichtlich des zweiaktigen Deliktes begründet, sondern zudem durch die Unmöglichkeit der täterschaftlichen Zurechnung des restlichen Teilgeschehens. Diese würde zumindest im Rahmen einer Mittäterschaft einen gemeinsamen Tatentschluß erfordern, der nicht einseitig durch die vollständige Sachverhaltskenntnis des Vordermannes hergestellt werden kann.

— Gehilfe des zweiaktigen Deliktes:

Ob die Unkenntnis von dem anderen Teilakt den Beteiligten zumindest von der Haftung als Gehilfe des zweiaktigen Deliktes befreit, läßt sich an dieser Stelle nicht ermitteln. Voraussetzung ist eine entsprechende Haupttat, d.h. der von dem Beteiligten geleistete Teilakt müßte dem Hintermann täterschaftlich zugerechnet werden können, dies soll jedoch erst geprüft werden, eine entsprechende Annahme liefe auf eine petitio principii hinaus und muß insofern unberücksichtigt bleiben.

— Gehilfe zur einaktigen Tat des Hintermannes:

Es bleibt nur die Entlastung von der Verantwortung als Gehilfe zu der mit dem Teilakt des Hintermannes übereinstimmenden selbständigen Tat. Hätte beispielsweise der Vordermann zufällig von den Erpressungsabsichten des Hintermannes erfahren, und hätte er dennoch das Opfer entführt, so wäre er abgesehen von der täterschaftlichen Freiheitsberaubung als Gehilfe der Erpressung strafbar.

(2) Gleichwertigkeit einer Haftungsentlastung als Täter und einer Befreiung von rechtlicher Verantwortung als Gehilfe

Vergleicht man diese durch den Irrtum bedingte Reduzierung der rechtlichen Verantwortung mit der Haftungsentlastung des undolosen Tatmittlers bei den einaktigen Delikten, so bezieht sie sich in letzterem Falle stets auf die täterschaftliche Haftung. Überträgt man die Konstellation einer Haftungsentlastung bezüglich der Teilnahme, wie sie in den hier problematischen Fallkonstellationen in Betracht kommt, auf einaktige Delikte, so läßt sich etwa folgendes Fallbeispiel bilden:

A will O erschießen. Da er ein schlechter Schütze ist, plant er, den O mit Hilfe einer Mageninfektion an das Bett zu fesseln. Von dem B weiß A, daß dieser mit O verfeindet ist. Er schlägt dem B daher vor, den O zu vergiften, so daß dieser eine Art Mageninfektion, aber auf keinen Fall weitergehende Schäden erleidet. B nimmt den Vorschlag an und führt die Tat aus. Daraufhin erschießt A den hilflos im Bett liegenden O.

B ist Täter einer Körperverletzung und gegebenenfalls einer Vergiftung. A ist, neben einer Anstiftung dazu, eines täterschaftlichen Mordes schuldig. Hätte B von dem Vorhaben des A gewußt, so wäre er zumindest Gehilfe des Mordes. Die durch den Irrtum bedingte „Haftungserleichterung" des B in diesem Beispielsfall hebt sich deutlich von der des klassischen undolosen Tatmittlers ab.

Damit wird nun die Frage aufgeworfen, ob die Befreiung von der rechtlichen Verantwortung als Teilnehmer gleichermaßen wie bei dem typischen undolosen Tatmittler mit seiner Unfreiheit einhergeht.

Es läßt sich nicht einwenden, bezogen auf ein und dieselbe Handlung könne der B in seiner Entscheidung nicht frei und zugleich unfrei sein. Hier wird wie beim klassischen undolosen Tatmittler eine Differenzierung zwischen dem intendierten und dem tatsächlich verursachten Erfolg notwendig. Insofern spielt der Erfolg auch bei der mittelbaren Täterschaft kraft Benutzung eines irrenden Tatmittlers eine Rolle, denn nur er ermöglicht die Feststellung, ob und inwieweit der Tatmittler in Unkenntnis relevanter Hemmungsfaktoren handelt. Veranlaßt der Hintermann den Vordermann, dem Opfer ein angeblich die Gesundheit des Opfers nur minimal beeinträchtigendes Gift zu geben, und verstirbt das Opfer wie vom Hintermann angenommen, so trifft der Vordermann im Hinblick auf die Körperverletzung eine freie Handlungsentscheidung. Jedoch ist sein Entschluß unfrei hinsichtlich des weitergehenden Tötungserfolges, denn die der Tötung entgegenstehenden Hemmungen können sich bei dem Vordermann infolge seiner Unkenntnis nicht entfalten. Die Tatsache, daß der Vordermann den Handlungsentschluß nicht unter Ausschluß jeglicher Hemmungsfaktoren faßt, kann die Entscheidungsfreiheit nicht begründen.[113]

---

113 So aber Sippel NJW 83, 2226 (2228) zu BGHSt 30, 363; dagegen v. Spiegel NJW 84, 110 (111).

Obwohl also objektiv betrachtet nur eine einzige Entscheidung des Tatmittlers vorliegt, wird sie in bezug auf den vom finalen Verwirklichungswillen umfaßten Erfolg als eine freie, hinsichtlich des nicht vom Vorsatz umfaßten Erfolges als eine unfreie angesehen. Dies will beispielsweise Bloy deutlich machen, indem er die mittelbare Täterschaft des Hintermannes nur soweit reichen läßt, wie der Vordermann ein unvorsätzlich handelndes Werkzeug darstellt. Die mittelbare Täterschaft soll die Anstiftung nicht umfassen, sondern mit ihr in Idealkonkurrenz stehen.[114]

Bezüglich des oben genannten Beispielsfalls ist es also durchaus denkbar, daß der Vordermann einerseits frei handelt, andererseits als unfreier Tatmittler fungiert.

Wird die Entscheidungsfreiheit anhand des mit der Handlung verursachten Erfolges beurteilt, so stellt sich jedoch die Frage, welches denn der in diesem Sinne maßgebende Erfolg in dem Fallbeispiel sein soll. Hinsichtlich des Körperverletzungserfolges als solchem unterliegt der B keinem Irrtum, er handelt völlig frei. Unwissend ist er insoweit, als er dem A die Tötung des O ermöglicht und daher für den Tod des O mit kausal wird. Der Irrtum bezieht sich auf die objektive Hilfsqualität des Beitrages im Hinblick auf die nachfolgende Tat des A, und dies kann nicht verwundern, geht es hier doch um die Entlastung von der rechtlichen Verantwortung als Teilnehmer.

Der durch die Handlung unwissentlich verursachte Erfolg kann die Freiheit der Handlungsentscheidung in negativem Sinne nur beeinflussen, wenn sich aus der Kenntnis dieses Erfolges Hemmungsfaktoren ergeben, deren Berücksichtigung die Grundlage einer freien Entscheidung bildet. Sieht man den Unrechtsgehalt der Teilnahme durch den eigenen akzessorischen Rechtsgutsangriff begründet,[115] so könnten sich aus dieser mittelbaren Rechtsgutsbeeinträchtigung Hemmungsmotive ergeben, deren Berücksichtigung notwendige Voraussetzung einer freien Entscheidung sein könnte. Die unterschiedliche Intensität der Hemmungsmotive mag, je nachdem, ob sie sich aus einem unmittelbaren oder mittelbaren Rechtsgutsangriff ableiten, zu verschiedenen Graden der Unfreiheit führen. Eine solche „relative" Unfreiheit ermöglicht aber ebenfalls eine Beherrschung der Person und allein darauf kommt es hier an.

Verwirrend erscheint in diesem Zusammenhang vielmehr, daß eine voll verantwortlich ausgeführte Tat, nämlich die für den mittelbaren Rechtsgutsangriff erforderliche Haupttat, die Grundlage der Unfreiheit des Ersthandelnden bilden soll. Denn erst durch die weitere Tat des Hintermannes — also in dem Beispiel der Mord — könnte die Entscheidung des Vordermannes nachträglich zu einer unfreien werden. Es erscheint jedoch fragwürdig, eine ursprünglich freie Entscheidung erst nachträglich zu einer unfreien werden zu lassen.

---

114 Zurechnungstypus, S. 356.

115 LK-Roxin Vor § 26 Rn. 1; Otto AT S. 287.

Es liegt daher die Anwendung des Verantwortungsprinzips dergestalt nahe, daß die eigene Freiheit (des Vordermannes) nicht durch ein voll verantwortliches Handeln anderer (des Hintermannes) beeinträchtigt werden kann, weil diese selbst für die verursachten Erfolge haften und damit auch die Zurechnung zum Vordermann abschneiden. So werden prinzipiell die von Dritten verursachten Erfolge dem Ersthandelnden objektiv nicht zugerechnet, wenn der Dritte frei in den von dem Ersthandelnden in Gang gesetzten Kausalverlauf eintritt, es sei denn, es kommt eine Fahrlässigkeitshaftung in Betracht.[116] Die Verantwortlichkeit besteht grundsätzlich nur für eigenes Verhalten, nicht aber für das Verhalten Dritter, da der Einzelne auf das normgemäße Verhalten anderer vertrauen darf.[117] Ausnahmsweise wird eine täterschaftliche Haftung für durch eigenverantwortliches Handeln Dritter verursachte Erfolge begründet bei Fahrlässigkeit oder bei Vorliegen einer Garantenstellung, die die Verhinderung vorsätzlicher Deliktsverwirklichung durch Dritte zum Inhalt hat. Darüber hinaus besteht nur die Möglichkeit einer Haftung als Teilnehmer.

Übernimmt quasi der Dritte, dessen deliktisches Handeln an die durch den Ersthandelnden geschaffene Situation anknüpft, die Herrschaft und damit die Verantwortung für das weitere Geschehen,[118] so besteht für den Ersthandelnden gar keine Veranlassung, die Möglichkeit einer solchen Entwicklung in seine Handlungsentscheidung miteinzubeziehen. Für den Ersthandelnden ist nur von Bedeutung, welchen Erfolg er selbst durch sein Verhalten unmittelbar herbeiführt. Diese Einschätzung macht auch der Gesetzgeber deutlich, indem er den in Unkenntnis eines Tatbestandsmerkmals Handelnden zwar von der Verantwortung wegen vorsätzlicher Begehung befreit, aber die Fahrlässigkeitshaftung — soweit ein entsprechender Tatbestand besteht — offen hält, so daß gegen den Handelnden prinzipiell der Vorwurf erhoben wird, er hätte sich die nötige Kenntnis verschaffen können. Im Gegensatz dazu existiert keine strafbare fahrlässige Beihilfe. Dem unwissentlich Hilfeleistenden wird nicht vorgehalten, er hätte sein Wissen erweitern können. Es wird eben nicht verlangt, daß jeder sich grundsätzlich auch über die mittelbaren Folgen seines Handelns, d.h. über ein anknüpfendes frei verantwortliches Verhalten Dritter, Gedanken macht, es sei denn, es liegen konkrete Anhaltspunkte vor. In diesem Falle kommt dann eine Fahrlässigkeitstäterschaft in Betracht.

Nun kann erwogen werden, ob aus dem Vorhandensein eines zweiaktigen Deliktstatbestandes die Notwendigkeit folgt, bei Vornahme eines Teilaktes die Möglichkeit einer Ausnutzung zum Zwecke der Verwirklichung des anderen Teilaktes zu bedenken. Dann würde aber die Aussage der einzelnen Tatbestände überdehnt. Das durch den Tatbestand normierte Verbot richtet sich gegen den unmittelbaren Alleintäter, verlangt also, daß beispielsweise derjenige, der ein

---

116 SK-Rudolphi Vor § 1 Rn. 72; Ebert Jura 79, 561 (569 f.).

117 SK-Rudolphi Vor § 1 Rn. 72 m.w.N.

118 Otto NJW 80, 417 (422).

Opfer entführt, nicht zusätzlich noch die Situation zu einer Erpressung ausnutzt (§ 239a). Daher kann in die zweiaktigen Tatbestände nicht das Erfordernis hineininterpretiert werden, der einen objektiv tatbestandsmäßigen Teilakt Verwirklichende müsse sich über die Möglichkeit einer Komplettierung des zweiaktigen Tatbestandes Gedanken machen. Folglich sind diesbezüglich vorhandene Fehlvorstellungen nicht in der Lage, die Entscheidungsfreiheit auszuschließen.

Damit läßt sich für einaktige wie für zweiaktige Delikte festhalten: Irrt der Vordermann über die objektive Hilfsqualität des von ihm ausgeführten Aktes in bezug auf einen weiteren volldeliktischen Akt, so wird dadurch seine Unfreiheit nicht begründet. Obwohl der Vordermann infolge seiner Unkenntnis als Gehilfe zu der Tat des Hintermannes nicht haftet, ist er nicht gleichzeitig als unfreier Tatmittler einzuordnen. Die irrtumsbedingte Entlastung von der Teilnehmerhaftung korrespondiert also nicht in vergleichbarer Weise mit der Entscheidungsunfreiheit wie die irrtumsbedingte Entlastung von täterschaftlicher Haftung. Das bei dem klassischen undolosen Tatmittler praktikable Verantwortungsprinzip schlägt hier in umgekehrter Weise zu Buche und befreit den Entschließenden davon, mittelbare Folgen, die durch eigenverantwortliches Handeln Dritter verursacht werden, in seine Entscheidung einzubeziehen.

Der Verantwortungsentlastung im Hinblick auf die objektiv gegebene Teilnahme kommt also unter dem Aspekt der Unfreiheit des eingeschalteten Beteiligten keine Bedeutung zu. Unabhängig davon bleibt aber der abstrakt betrachtete Irrtum über den konkreten Sinn der Handlung, dem der Beteiligte unterliegt, bestehen.

bb) Irrtum über den konkreten Handlungssinn

Wenn der Vordermann auch nicht infolge seiner fehlenden Haftung als Gehilfe bei dem von dem Hintermann ausgeführten Akt als unfreier Tatmittler eingeordnet werden kann, so stellt er dennoch einen Vordermann dar, der über den konkreten Sinn seiner Handlung irrt. Bei diesem Irrtum handelt es sich um einen irrelevanten Motivirrtum, soweit es um die vorsätzliche Verwirklichung eines Deliktstatbestandes geht. Gerade wegen der so begründeten Bedeutungslosigkeit und der Unmöglichkeit, zwischen erheblichen und unerheblichen Motivirrtümern in sinnvoller Weise zu differenzieren, wird dem reinen Motivirrtum eines eingeschalteten Tatmittlers im Hinblick auf eine Täterschaft des Hintermannes überwiegend kein Wert beigelegt,[119] da andernfalls die Tatbestandsbezogenheit des Tatherrschaftsbegriffes aufgegeben werde.[120] Im Gegensatz dazu halten Roxin[121] und

[119] SK-Samson § 25 Rn. 30; Stratenwerth Rn. 785; Jakobs 21/101; Bockelmann / Volk AT S. 182; Schroeder, Täter hinter dem Täter, S. 163.

[120] Herzberg, Täterschaft, S. 24 f.; Otto Jura 87, 246 (255); Schroeder, Täter hinter dem Täter, S. 148; Bloy, Zurechnungstypus, S. 360.

[121] Tatherrschaft, S. 212 ff.; ders. LK § 25 Rn. 96 ff.; ders. Lange-Festschrift, S. 184 ff.

ihm folgend einige andere Autoren[122], den Irrtum über den konkreten Handlungssinn anhand einzelner von Roxin entwickelten Fallgruppen von den unerheblichen Motivirrtümern für abgrenzbar.

(1) Roxin

Zu diesen Fallgruppen zählt Roxin die Hervorrufung oder Ausnutzung eines error in persona,[123] die Täuschung über quantifizierbare Unrechts- und Schuldmaße[124] und die Täuschung über qualifizierende Tatumstände[125]. In all diesen Fällen soll der Hintermann kraft finaler Überdetermination des Geschehensablaufes und Benutzung des Vordermannes als blinden Kausalfaktor als mittelbarer Täter hinter dem unmittelbaren Täter erscheinen. Zwar wird diese der mittelbaren Täterschaft zugrundeliegende Konzeption ihrem Wesen nicht gerecht,[126] aber möglicherweise können die von Roxin herausgearbeiteten Irrtümer Anhaltspunkte liefern für die Herausarbeitung solcher Motivirrtümer, die die Freiheit des handelnden Vordermannes beeinträchtigen.

(a) Error in persona

Bei dem error in persona irrt der Vordermann nicht über die Qualität, sondern über die Identität des Tatobjekts. Da beispielsweise die Straftatbestände der Körperverletzung oder des Totschlags die Verletzung oder Tötung eines Menschen, nicht aber die Verletzung oder Tötung eines individuell konkretisierten Menschen voraussetzen, handelt der Vordermann in Kenntnis aller Tatumstände. Er verfehlt lediglich den Zweck seines Tuns. Fragt man danach, ob die Handlungsentscheidung eine freie ist, so muß dies bejaht werden, denn der Vordermann wird in Kenntnis aller für die Straftat vom Gesetzgeber als relevant erachteten Umstände tätig, so daß ihn der Achtungsanspruch des betroffenen Rechtsgutes vollständig erreicht und er sich mit seiner Entscheidung für die Tat bewußt über die daraus folgenden Hemmungsmotive hinwegsetzt.

M. K. Meyer will dagegen die Handlungsunfreiheit des Vordermannes damit begründen, daß die Handlungsfreiheit die Tauglichkeit der Handlung zur Realisierung des von dem Täter gesetzten Zieles voraussetzt. Daher handele nur frei, wer nicht über die konkrete Eignung seiner Handlung irrt.[127]

---

122 S/S-Cramer § 25 Rn. 21 ff.; Lackner § 25 Rn. 4; Neumann JA 87, 244 (250).
123 Lange-Festschrift, S. 189 ff.; ders. LK § 25 Rn. 104.
124 Lange-Festschrift, S. 184 ff.; ders. LK § 25 Rn. 97 f.
125 Lange-Festschrift, S. 186 ff.; ders. LK § 25 Rn. 101 f.
126 Siehe oben Zweiter Teil, D. II. 2. b) aa).
127 M. K. Meyer, Autonomie, S. 100 f.

Eine solche Wertung beruht auf der Betrachtung des konkreten, von dem *Hintermann* anvisierten und auch tatsächlich eingetretenen Erfolges. Insofern zeigt sich eine deutliche Parallele zu Roxin. Beiden Begründungen ist gemeinsam, daß die tatbestandliche Ebene verlassen wird, weil auf einen für das Unrecht bedeutungslosen Umstand abgestellt wird. Kommt es allein auf den tatbestandlichen Erfolg an, dann fehlt der Handlung des Vordermannes nicht die Tauglichkeit, diesen Erfolg herbeizuführen.

Das Strafrecht dient dem Rechtsgüterschutz, der durch die einzelnen Straftatbestände konkretisiert wird. Unter normativ-juristischen Aspekten kann eine Entscheidung daher nur dann als unfrei bezeichnet werden, wenn sie in Unkenntnis solcher Faktoren gefällt wird, die für das betroffene Rechtsgut von Bedeutung sind. Daran fehlt es aber bei einem error in persona, denn jedes Menschenleben ist unabhängig von der Individualität der Person gleichwertig. Daher wird die Freiheit der Entscheidung bezüglich der Tötung allein schon durch die Kenntnis von der Vernichtung eines Menschenlebens begründet.

(b) Täuschung über qualifizierende Tatumstände

Bezüglich dieser Gruppe führt Roxin den Fall an, daß der Hintermann den Vordermann zu einer Körperverletzung im Sinne des § 223 veranlaßt, wobei er den Vordermann über den Eintritt eines beabsichtigten schweren Erfolges täuscht. Der Hintermann soll als mittelbarer Täter einer schweren Körperverletzung (§ 225) zu bestrafen sein.

Dem ist zuzustimmen, denn hier irrt der Vordermann über die in § 225 normierten qualifizierenden Tatbestandsmerkmale, es handelt sich also um nichts anderes als um einen typischen undolosen Tatmittler. Roxin versteht dagegen unter undolosen Tatmittlern wohl nur solche, die überhaupt keinen deliktischen Vorsatz aufweisen.[128]

Angenommen, der qualifizierte Tatbestand des § 225 existierte nicht, dann würde sich der Fall folgendermaßen darstellen: Der Vordermann fungiert mangels eines tatbestandsrelevanten Irrtums nicht als undoloser Tatmittler. Der Irrtum der Vordermannes betrifft lediglich die Schwere der Körperverletzung und damit den Grad der Beeinträchtigung des geschützten Rechtsgutes. Insofern unterliegt der Vordermann aber einem rechtsgutsbezogenen (Motiv-)Irrtum. Grundsätzlich wird der Vordermann von dem Achtungsanspruch des betroffenen Rechtsgutes erreicht, jedoch beschränkt sich dieser Achtungsanspruch nicht allein darauf, eine Beeinträchtigung per se abzuwehren, sondern er gewinnt an Stärke proportional zur Intensität der Beeinträchtigung. Je intensiver die beabsichtigte Verletzung, desto mehr Hemmungsmotive stehen der Tat entgegen, die der Täter überwinden muß. Können sich solche Hemmungsmotive nicht entwickeln, weil dem Täter

---

128 Vgl. die in diesem Zusammenhang von Roxin aufgeführten Beispielsfälle, Tatherrschaft, S. 170.

die Intensität der Beeinträchtigung verborgen bleibt, so ist seine Entscheidung, die in Unkenntnis dieser relevanten Hemmungsfaktoren gefällt wird, eine unfreie. Daher wäre der Vordermann auch unabhängig von dem existierenden qualifizierten Tatbestand des § 225 als unfreier Tatmittler einzustufen.

Als weiteres Beispiel nennt Roxin den vom BGH[129] entschiedenen Fall, in dem der Angeklagte A 1945 beim Einmarsch der alliierten Truppen eine amerikanische Heeresstreife zur Erschießung des L mit der wahrheitswidrigen Begründung aufgefordert hatte, dieser habe „Fremdarbeiter" erschossen. Er wollte unter Ausnutzung der damaligen Verhältnisse erreichen, daß L ohne Durchführung eines Verfahrens getötet wird. L wurde allein aufgrund der Angaben des A erschossen und fiel so unschuldig der Rachsucht des A zum Opfer.

Roxin stuft den A als mittelbaren Täter eines Mordes hinter den „Totschlägern" ein, da den Soldaten infolge des von A verursachten Irrtums verborgen blieb, daß es sich objektiv um eine andere Tat, und zwar einen Mord handelte, der allein dem A zur Last fiel.

Roxin übersieht den personenbezogenen Charakter des Mordmerkmals „niedrige Beweggründe". Es handelt sich bei diesem Mordmerkmal nicht um ein Tatbestandsmerkmal im herkömmlichen Sinn, bezüglich dessen allein der Vorsatz gegeben sein muß, sondern es ist diese spezielle Motivation neben dem Vorsatz festzustellen.[130] Damit ist das Mordmerkmal personengebunden. Nur wer die spezielle Motivation aufweist, in dessen Person qualifiziert sich die Tötung als Mord. Der objektive Unwert der Tat verändert sich infolge der niedrigen Beweggründe des A nicht, so daß auch die Unkenntnis der Soldaten diesen nicht den spezifischen objektiven Tatcharakter verschleiert. Sie verletzen bewußt das geschützte Rechtsgut, wenn vielleicht auch aus einer verständlichen Empörung heraus, aber die der Tat entgegenstehenden Hemmungsfaktoren bleiben unbeeinflußt. Denn wie Herzberg feststellt, ist „einen Mörder zu lynchen (...) nach unserer Werteordnung nicht einen Deut ‚weniger schlimm' als einen Unschuldigen umzubringen"[131]. Insofern handeln die Vordermänner völlig frei. Für eine Beherrschung durch den A bleibt kein Raum. Dieser ist daher wegen Anstiftung zum Mord gem. §§ 212, 26, 28II zu bestrafen.[132]

(c) Täuschung über quantifizierbare Unrechts- und Schuldmaße

Bei dieser Fallgruppe bezieht sich Roxin auf einen von Herzberg[133] gebildeten Beispielsfall:

---

129 BGHSt 1, 368 ff.

130 Vgl. allg. dazu S/S-Cramer § 16 Rn. 7 ff.; § 15 Rn. 15 ff.

131 Herzberg, Täterschaft, S. 26.

132 Ebenso Herzberg, Täterschaft, S. 26 f.

133 Herzberg, Täterschaft, S. 27.

B wird von dem A zur Vernichtung eines sehr wertvollen Kandinsky-Bildes veranlaßt, indem der A ihm vorspiegelt, es handele sich um einen wertlosen Nachdruck.

Der A soll mittelbarer Täter einer Sachbeschädigung sein, weil er die eigentliche Schadensherbeiführung über den B hinweg dirigiert.[134]

Der B irrt nicht über die Vernichtung fremden Eigentums, seine Fehlvorstellung bezieht sich auf den verursachten Wertverlust. § 303 schützt jedoch nicht das Vermögen, sondern allein das Eigentum, so daß B vom Rechtsgut her betrachtet in Kenntnis aller entscheidungsrelevanten Umstände handelt. Seine Entscheidung ist demzufolge auch als frei zu bewerten.[135] Mangels Beherrschung des B ist A nur einer Anstiftung zur Sachbeschädigung schuldig.[136]

(d) Zusammenfassung

Es überrascht nicht, daß Roxin die mittelbare Täterschaft auch in den Fällen bejaht, in denen sie abgelehnt werden muß, verlangt man die Beherrschung des Tatmittlers durch den Hintermann. Durch die Überbetonung des von dem Hintermann erstrebten konkreten Erfolges, hinsichtlich dessen er den Vordermann als blinden Kausalfaktor benutzen soll, eröffnet Roxin die Möglichkeit, die mittelbare Täterschaft des Hintermannes auch in den Fällen anzunehmen, in denen von einer Unfreiheit des Tatmittlers nicht gesprochen werden kann. Damit besteht aber die Gefahr einer zunehmenden Ausdehnung der mittelbaren Täterschaft zu Lasten der Anstiftung und Roxin nährt diese Befürchtung, wenn er die von ihm erarbeiteten Fallgruppen für nicht abschließend erklärt.[137]

Auch durch Motivirrtümer kann die Unfreiheit des Tatmittlers begründet werden, aber es bedarf eines Abgrenzungskriteriums, das die einheitliche Entscheidung auch im Einzelfall gewährleistet. Als ein solches normatives Abgrenzungskriterium bietet sich die Rechtsgutsbezogenheit des Irrtums an,[138] denn durch sie wird die Verbindung zum geschützten Rechtsgut hergestellt, aus dessen Beeinträchtigung sich Hemmungsfaktoren ergeben. Die Stärke der Hemmungsmotive ist dabei nicht nur von dem Bewußtsein einer Rechtsgutsverletzung an sich abhängig, sondern sie wird auch durch die Kenntnis von dem Grad der Beeinträchtigung beeinflußt. Ein solcher Irrtum über die Intensität der Beeinträchtigung mag sich mangels entsprechenden Tatbestandsmerkmals als reiner Motivirrtum

---

134 Im Ergebnis ebenso Herzberg, Täterschaft, S. 27 ff.; Bloy, Zurechnungstypus, S. 353 ff.; S/S-Cramer § 25 Rn. 22; Neumann JA 87, 244 (250); Ebert AT S. 175.

135 Ebenso M. K. Meyer, Autonomie, S. 184 f.

136 So auch Jescheck AT § 62II2; Schumann, Handlungsunrecht, S. 77 auf der Grundlage des Verantwortungsprinzips; Hünerfeld ZStW 99, 228 (242).

137 Lange-Festschrift, S. 184; vgl. ders. auch ZStW 84, 1008.

138 So auch M. K. Meyer, Autonomie, S. 189 ff.

darstellen, dennoch begründet er die Unfreiheit des Handelnden, weil dieser seine Entscheidung in Unkenntnis der relevanten Hemmungsfaktoren fällt.

(2) Rechtsgutsbezogener Irrtum

(a) Am Beispiel des einaktigen Deliktes

Betrachtet man zunächst einmal das oben genannte Fallbeispiel zu den einaktigen Delikten[139], so kann sich ein rechtsgutsbezogener Irrtum des B aus dem Umstand ergeben, daß er über die Verletzung der körperlichen Integrität des Opfers hinaus ein weiteres Rechtsgut beeinträchtigt. Eine solche Beeinträchtigung ist im Hinblick auf das Leben des Opfers denkbar. Es müßte also die Vergiftung des O zugleich eine Gefährdung seines Lebens beinhalten.

Abgesehen davon, daß es sich allenfalls um eine mittelbare Gefährdung — entsprechend dem objektiven Beihilfecharakter der Tat des B bezüglich der Ermordung — handeln könnte, besteht eine strafrechtlich anerkannte Gefahr für das Leben des Opfers doch erst, wenn der Hintermann A unmittelbar zur Verwirklichung der von ihm geplanten Tötungshandlung ansetzt. Auch aus der Sicht des A, der die „Gesamttat" geplant hat, handelt es sich bei dem Beitrag des B um eine Vorbereitungshandlung, so daß erst mit Eröffnung des Versuchsstadiums bezüglich des Mordes eine Gefahr für das Leben des O begründet wird. Der Rechtsgutsangriff des B beschränkt sich daher objektiv auf die Verletzung der körperlichen Integrität des O, einem rechtsgutsbezogenen Irrtum erliegt er folglich nicht.

(b) Zweiaktige Delikte

Die Besonderheit der hier problematisierten zweiaktigen Delikte, bei denen die Unkenntnis des eingeschalteten Beteiligten von dem gesamten zweiaktigen Tatbestand nicht per se zu seiner Eigenschaft als undoloser Tatmittler in bezug auf den von ihm ausgeführten objektiv tatbestandsmäßigen Teilakt führt,[140] besteht darin, daß durch die beiden Teilakte für sich betrachtet jeweils verschiedene Rechtsgüter geschützt werden. Der besondere Unwertgehalt des zweiaktigen Deliktes ergibt sich aus der spezifischen Verknüpfung der Teilakte. Von der Struktur her unterscheidet sich daher beispielsweise die Konstellation, in der A den B zu einer Entführung der F anstiftet, um ohne Wissen des B die Eltern der F zu erpressen, nicht von der in dem oben genannten Fallbeispiel der Vergiftung mit anschließender Ermordung. Damit wird deutlich, daß es auch dem einen objektiv tatbestandsmäßigen Teilakt ausführenden Beteiligten an einem rechtsgutsbezogenen Irrtum fehlt, wenn er in Unkenntnis des vollständigen zweiaktigen

139 Siehe oben Zweiter Teil, D. II. 2. c) aa) (2).

140 Siehe dazu oben Zweiter Teil, D. II. 1.

Tatbestandes handelt. Unter Zugrundelegung des Kriteriums der Rechtsgutsbezogenheit läßt sich der eingeschaltete Beteiligte daher nicht als unfrei klassifizieren.

In Ermangelung anderer normativer Kriterien, die zur Ausfilterung erheblicher Motivirrtümer dienen könnten, ist damit in den hier betrachteten sehr speziellen Fallgestaltungen bei zweiaktigen Delikten die Freiheit des eingeschalteten Beteiligten festzustellen. Daraus folgt zugleich, daß es sich nicht um einen undolosen Tatmittler wie bei den einaktigen Delikten handelt, trotzdem es dem Beteiligten an einem auf den Gesamttatbestand bezogenen Vorsatz fehlt.

III. Zusammenfassung

Grundlage der in Abschnitt D. angestellten Betrachtungen bildeten diejenigen Fallkonstellationen bei zweiaktigen Delikten, in denen hinsichtlich der beiden an der Deliktsverwirklichung Beteiligten eine wechselseitige mittäterschaftliche Zurechnung der Teilakte ausscheiden muß. Es wurde geprüft, ob derjenige Beteiligte, der alle notwendigen Tätervoraussetzungen mitbringt, als mittelbarer Täter des von dem anderen Mitwirkenden ausgeführten Teilaktes erscheint. In diesem Falle muß er sich beide Teilakte täterschaftlich zurechnen lassen, so daß er ohne weiteres als Täter des zweiaktigen Deliktes eingeordnet werden kann.

Da die mittelbare Täterschaft stets einen „Defekt" bei dem unmittelbar Ausführenden voraussetzt, andernfalls ist eine die Handlungsherrschaft des Vordermannes überlagernde Tatherrschaft des Hintermannes nicht denkbar, wurden von vornherein nur diejenigen Fallgestaltungen herangezogen, in denen einer der Beteiligten (B) entweder nicht die erforderliche Absicht aufweist oder in Unkenntnis des zweiaktigen Gesamtgeschehens tätig wird. Dabei zeigte sich, daß der Hintermann (A) als mittelbarer Täter nicht in Frage kommt, soweit er einen ohne die notwendige Absicht handelnden Vordermann in die Tatausführung einschaltet. Es läßt sich in diesen Fällen eine überlegene Tatherrschaft des Hintermannes nicht nachweisen, da das allein im subjektiven Bereich wurzelnde Plus des Veranlassers nicht in eine objektive Herrschaft transponiert wird.

Anders dagegen, soweit der unmittelbar ausführende Vordermann infolge seiner Unkenntnis von dem zweiaktigen Gesamtgeschehen die Tatbestandsmäßigkeit des von ihm verwirklichten Teilaktes verkennt. Er fungiert in diesem Falle als undoloser Tatmittler, der von dem Hintermann beherrscht wird. Verkennt der handelnde Vordermann jedoch unabhängig von seiner Unkenntnis von dem zweiaktigen Gesamtgeschehen die Tatbestandsmäßigkeit seines Aktes nicht, so kann er trotz seiner bezüglich des Gesamtdeliktes formal gegebenen Unvorsätzlichkeit nicht als undoloser Tatmittler eingestuft werden. Es lassen sich die für die Tatherrschaft in diesen Fällen typischen Strukturen nicht nachweisen, da es an einer Entscheidungsunfreiheit des Vordermannes fehlt, wie sie den undolosen Tatmittler kennzeichnet.

E. Unmittelbare Alleintäterschaft aufgrund eigenhändiger Verwirklichung nur eines Teilaktes

Anknüpfend an die anfangs vorgestellten Fallkonstellationen am Beispiel des § 307 Nr. 3[1] wurde bisher der Versuch unternommen, den Täter des zweiaktigen Deliktes auf der Grundlage täterschaftlicher Verwirklichung beider Teilakte zu ermitteln, wobei die Täterschaft hinsichtlich der einzelnen Teilakte nach Maßgabe des Tatherrschaftsprinzips festgestellt wurde. Ausgangspunkt bildete die Überlegung, daß entsprechend den einaktigen Delikten Täter eines zweiaktigen Deliktes jedenfalls derjenige sein muß, dem beide Akte als solche täterschaftlich zuzurechnen sind.

Aber nicht in allen Fallvarianten läßt sich anhand dieses Maßstabs wenigstens einer der Beteiligten als Täter des zweiaktigen Deliktes herausfiltern. Die auf den ersten Blick naheliegende wechselseitige mittäterschaftliche Zurechnung der jeweils geleisteten Teilakte scheidet aus, soweit einer der Beteiligten nicht die erforderliche Täterqualifikation aufweist, ein gemeinsamer Tatentschluß nicht vorliegt oder es an der Mitherrschaft eines Beteiligten fehlt. Nur in einigen dieser Fälle besteht die Möglichkeit, demjenigen Beteiligten, der die für die Täterschaft notwendigen Voraussetzungen mitbringt, den anderen, fremdhändig geleisteten Teilakt im Wege mittelbarer Täterschaft zuzurechnen, weil er auch dieses Teilgeschehen beherrscht. In allen anderen Fallgestaltungen beherrschen die Beteiligten jeweils nur den von ihnen eigenhändig verwirklichten Teilakt und sind damit jedenfalls als (unmittelbare) Täter des damit korrespondierenden selbständigen Deliktes einzuordnen.

Bei einer Anwendung des Tatherrschaftsgedankens im Sinne einer Täterschaft nur aufgrund Beherrschung der Einzelakte müßte demzufolge eine Täterschaft in bezug auf das zweiaktige Delikt ausscheiden. Ein solches Ergebnis kann jedoch nicht recht überzeugen, ist es doch in den Fallbeispielen stets einer der Beteiligten (A), der das Gesamtgeschehen zielbewußt auf die Verwirklichung des zweiaktigen Tatbestandes hinlenkt, indem er neben seiner eigenen Tätigkeit einen anderen Beteiligten (B) in den Handlungsablauf einschaltet. Das Vorliegen eines den Tatbestand des zweiaktigen Deliktes erfüllenden Sachverhalts erscheint als sein Werk. Soll es dem A nun zugutekommen, daß der B mangels Vorhandenseins bestimmter Absichten oder eines gemeinsamen Tatentschlusses bzw. wegen zu späten Hinzutretens nicht Mittäter sein kann? Die Umstände, die den B von der mittäterschaftlichen Haftung entlasten, würden quasi mit gleicher Wirkung auf A durchschlagen. Immerhin leistet A selbst einen wesentlichen Teilakt, er würde als Mit*täter* haften, fehlte es dem B nicht an mittäterschaftlichen Voraussetzungen.

[1] Siehe oben Zweiter Teil, A.

Es stellt sich damit die Frage, ob bei den zweiaktigen Delikten unter Zugrundelegung der Tatherrschaftslehre tatsächlich nur Täter sein kann, wer Täter beider Teilakte ist und auf diese Weise das gesamte Geschehen beherrscht, oder ob daneben, ohne das Tatherrschaftsprinzip preisgeben zu müssen, bei zweiaktigen Delikten eine Täterschaft denkbar ist, die auf der täterschaftlichen Verwirklichung nur eines Teilaktes basiert. Dabei müßte es sich um eine unmittelbare Täterschaft handeln, soweit dieser Teilakt wie in den hier zugrunde gelegten Beispielsfällen eigenhändig ausgeführt wird.

Eine von dem Grundsatz der täterschaftlichen Verwirklichung beider Teilakte abweichende und insoweit auch gegenüber den einaktigen Delikten differenzierte Täterbestimmung setzt voraus, daß sie durch die besondere Struktur der zweiaktigen Delikte bedingt ist. Schon die Betrachtung der Fälle, in denen der B seinen Teilakt in Unkenntnis des anderen Teilaktes ausführt, hat gezeigt, daß eine uneingeschränkte Übertragung der für die einaktigen Delikte geltenden „Täterschafts-Regeln" auf die zweiaktigen Delikte nicht möglich ist. So läßt sich der B zwar teilweise als undoloser Tatmittler bezüglich des von ihm verwirklichten tatbestandsmäßigen Teilaktes einordnen, nicht aber, wenn er trotz seiner Unkenntnis vom zweiaktigen Gesamttatbestand die Tatbestandsmäßigkeit „seines" Teilaktes nicht verkennt. Fehlender Vorsatz führt also nicht per se zur Einstufung als undoloser Tatmittler. Anders dagegen bei den einaktigen Delikten: Fehlt es dem Ausführenden an dem erforderlichen Tatbestandsvorsatz, so fungiert er zugunsten des Hintermannes stets als undoloser Tatmittler.

Der damit angedeutete, über den rein formalen Aspekt der Zweiaktigkeit hinausgehende materielle Unterschied zwischen ein- und zweiaktigen Delikten könnte auch im Hinblick auf die Täterbestimmung von Relevanz sein. Denn der Täterbegriff ist dem Recht nicht sachlogisch vorgegeben, sondern aus ihm in Anlehnung an die besonderen Tatbestände zu entwickeln.[2] Je nach Art des jeweiligen Tatbestandes können sich daher unterschiedliche Kriterien ergeben, die den Täter charakterisieren. Jedenfalls erscheint es nicht von vornherein ausgeschlossen, den Täter des zweiaktigen Deliktes anhand modifizierter Kriterien auf der Grundlage der Tatherrschaftslehre zu ermitteln.

I. Täterbestimmung hinsichtlich der einzelnen Delikte in Literatur und Rechtsprechung

Wenn es also für die Täterbestimmung bei den zweiaktigen Delikten auch auf die Besonderheiten der jeweiligen Tatbestände ankommt, so bietet sich zunächst eine Betrachtung der in Literatur und Rechtsprechung geäußerten Beurteilungen

---

[2] Vgl. auch Geerds Jura 90, 173 (173 f.); Cramer, Bockelmann-Festschrift, S. 394 f., 396.

hinsichtlich der Täterschaft bei den einzelnen hier untersuchten zweiaktigen Delikten an.

1. Beurteilung der Täterschaft hinsichtlich der zweiaktigen Delikte in der Literatur

a) § 307 Nr. 3

Der Täter der nach § 307 Nr. 3 qualifizierten Brandstiftung muß nach ganz überwiegender Ansicht die Löschgerätschaften nicht in eigener Person entfernen oder unbrauchbar machen, sondern er kann diesen qualifizierenden Akt von einem dolosen Gehilfen vornehmen lassen.[3] Voraussetzung soll aber sein, daß der Täter des § 307 Nr. 3 auch Täter des Grunddeliktes nach § 306 ist. Der Täter des § 307 Nr. 3 muß demnach die Inbrandsetzung täterschaftlich verwirklichen, nicht aber das Unbrauchbarmachen bzw. das Entfernen der Löschgeräte. A ist entsprechend als Alleintäter des § 307 Nr. 3 einzustufen in den Fällen, in denen B ohne die erforderliche Absicht handelt[4] oder erst nach vollendeter Brandstiftung in das Geschehen eintritt[5]. Jedoch muß A als Täter ausscheiden, wenn er den B zur Brandstiftung veranlaßt, um selbst Löschgeräte unbrauchbar zu machen.[6]

Horn und Cramer verlangen dagegen die täterschaftliche Verwirklichung beider Akte und damit auch die Beherrschung jedes einzelnen Aktes. So spricht Cramer[7] von dem „Brandstifter", der Löschgeräte entfernt oder unbrauchbar macht. Horn[8] will den Teilnehmer, der sich auf die Vornahme des zweiten Aktes beschränkt, nur aus dem Tatbestand des § 306 bestrafen. Der Tatbestand des § 307 Nr. 3 gelangt demzufolge nicht zur Anwendung. A könnte danach in den oben genannten Fallkonstellationen nicht als Täter des § 307 Nr. 3 eingeordnet werden.

b) § 277

Hinsichtlich der Täterschaft bei § 277 soll es „entgegen dem Wortlaut"[9] nicht erforderlich sein, daß der Fälscher das Zeugnis selbst gebraucht oder für sich gebrauchen lassen will. Es genüge die Herstellung für einen anderen, auch wenn

---

[3] Dr-Tr § 307 Rn. 5; LK-Wolff § 307 Rn. 7; Maurach / Schroeder / Maiwald BT2 § 51 Rn. 18; Bruch S. 52; Frank § 307 Anm. I3; Beling, Lehre vom Verbrechen S. 439.

[4] Siehe oben Zweiter Teil, C. II. 2.

[5] Siehe oben Zweiter Teil, C. II. 4.

[6] Siehe oben Zweiter Teil, C. II. 3.

[7] S/S § 307 Rn. 10.

[8] SK § 307 Rn. 19.

[9] S/S-Cramer § 277 Rn. 10.

dieser sich durch den Gebrauch nicht nach § 279 [10] strafbar macht. [11] Der Vergleich mit der Auslegung des Gebrauchmachens in § 267 bestätigt, daß die Einschaltung einer bösgläubigen Mittelsperson für möglich gehalten wird. [12]

Auch bei § 277 soll also für die Täterschaft allein die täterschaftliche Verwirklichung des Fälschungsaktes ausreichen, d.h. die Herrschaft über diesen Teil des tatbestandsmäßigen Geschehens. A wäre demnach in dem Fall, in dem eine sukzessive Mittäterschaft des B ausgeschlossen ist, Täter des § 277, wenn er zunächst das Gesundheitszeugnis fälscht und anschließend den dolosen B veranlaßt, das Zeugnis bei einer Behörde vorzulegen.

Im Zusammenhang mit § 277 bietet sich auch ein Blick auf die als zweiaktiges Delikt konzipierte Urkundenfälschung gem. § 267 a.F. [13] an. Teilweise wurde eine täterschaftliche Verwirklichung beider Teilakte verlangt. [14] Wirkten Hersteller und Gebrauchender nicht als Mittäter zusammen, so sollte der Gebrauchende Täter des § 270 a.F. [15], der Hersteller Teilnehmer daran sein. [16] Andererseits sollte der Täter die Urkunde aber auch durch Einschaltung einer bösgläubigen Mittelsperson gebrauchen können. [17]

c) § 202II

Als Täter des § 202II soll nicht in Betracht kommen, wer nur das Behältnis öffnet, sich jedoch keine Kenntnis von dem Inhalt des Schriftstücks verschafft. [18] Ebenso scheide als Täter aus, wer selbst Kenntnis nimmt, aber das Behältnis von einem Dritten öffnen läßt, der sich selbst nicht Kenntnis verschaffen will, es sei denn, der Kenntnisnehmende werde wegen Benutzung eines absichtslos dolosen Werkzeugs als mittelbarer Täter eingestuft. [19] Nach allgemeiner Ansicht

---

10 Im Gegensatz zu § 277 setzt § 279 stets ein inhaltlich unrichtiges Zeugnis voraus, vgl. nur S/S-Cramer § 279 Rn. 2.

11 S/S-Cramer § 277 Rn. 10; LK-Tröndle § 277 Rn. 12; SK-Samson § 277 Rn. 14.

12 Vgl. S/S-Cramer § 267 Rn. 78; SK-Samson § 267 Rn. 81; Maurach / Schroeder / Maiwald BT2 § 65 Rn. 71; Blei II § 80III3; Dr-Tr § 267 Rn. 25.

13 § 267 a.F.: Wer in rechtswidriger Absicht eine inländische oder ausländische öffentliche Urkunde oder eine solche Privaturkunde, welche zum Beweise von Rechten oder Rechtsverhältnissen von Erheblichkeit ist, verfälscht oder fälschlich anfertigt und von derselben zum Zwecke der Täuschung Gebrauch macht, wird wegen Urkundenfälschung mit Gefängnis bestraft.

14 v. Liszt / Schmidt S. 746; Oppenhoff-Delius § 267 Anm. 22,30.

15 § 270 a.F.: Der Urkundenfälschung wird es gleich geachtet, wenn jemand von einer falschen oder verfälschten Urkunde, wissend, daß sie falsch oder verfälscht ist, zum Zwecke der Täuschung Gebrauch macht.

16 Olshausen § 267 Anm. 49; Oppenhoff-Delius § 267 Anm. 30; Merkel HH III S. 798; Binding II1 S. 261.

17 Olshausen § 267 Anm. 36; Ebermayer, Frank-Festgabe II, S. 427; Binding II1 S. 261; a.A. Oppenhoff-Delius § 267 Anm. 30.

18 SK-Samson § 202 Rn. 13; Gössel BT1 § 37 Rn. 83.

setzt mithin die Täterschaft nach § 202II die täterschaftliche Verwirklichung beider Teilakte voraus. Läßt also der A das Behältnis von B öffnen, um sich selbst Kenntnis zu verschaffen, so wäre nach der hier vertretenen Ansicht zur Täterschaft bei Benutzung eines absichtslos dolos Handelnden eine (mittelbare) Täterschaft des A abzulehnen.[20] Daß A nicht Täter des § 202II sein kann, wenn er selbst öffnet und den B zur Kenntnisnahme veranlaßt, ergibt sich schon aus der vom Tatbestand geforderten Eigenhändigkeit des zweiten Aktes.[21]

Nach Ansicht von Preisendanz[22] wird von § 202II der Fall nicht erfaßt, daß jemand sich vom Inhalt eines Schriftstücks Kenntnis verschafft, nachdem das Behältnis von einem nicht in seinem Auftrage handelnden Dritten geöffnet worden ist. Im Umkehrschluß müßte folglich die Einschaltung eines dolosen Gehilfen zur Öffnung des Behältnisses für die Täterschaft nach § 202II ausreichen. A könnte als Täter des § 202II eingeordnet werden, wenn er den absichtslos dolos handelnden B zur Öffnung des Behältnisses veranlaßt.

d) § 146I Nr. 3

Täter des § 146I Nr. 3 kann nach einhelliger Ansicht nur derjenige sein, der die (Mit-)Verfügungsgewalt über das Falschgeld besitzt,[23] da das Inverkehrbringen als zweiter Teilakt das Entlassen des Falschgeldes aus dem eigenen Gewahrsam oder der sonstigen Verfügungsgewalt voraussetzt, so daß ein anderer tatsächlich in die Lage versetzt wird, sich des Falschgeldes zu bemächtigen und mit ihm nach eigenem Belieben umzugehen, es insbesondere weiterzuleiten.[24] Die Verfügungsgewalt werde durch täterschaftliche Verwirklichung des ersten Teilaktes erlangt.[25] Um Täter des § 146I Nr. 3 zu werden, müsse derjenige aber nicht selbst das Falschgeld in Verkehr bringen, sondern er könne einen Absatzgehilfen ohne Verfügungsgewalt einschalten.[26] Es kommt demnach für die Täterschaft nach § 146I Nr. 3 nicht auf ein tatherrschaftliches Inverkehrbringen an.

Fälscht A das Geld und läßt er es von dem dolosen B in Umlauf bringen, so wäre er demzufolge als Täter des § 146I Nr. 3 einzuordnen, unabhängig von dem Umstand, daß B nicht als sukzessiver Mittäter haftet.

---

19 SK-Samson § 202 Rn. 13; Gössel BT1 § 37 Rn. 83; mittelbare Täterschaft bei Benutzung eines absichtlos dolosen Werkzeugs nehmen an: S/S-Lenckner § 202 Rn. 19; LK-Träger § 202 Rn. 21; vgl. allgemein dazu auch oben Zweiter Teil, D.I.

20 Siehe oben Zweiter Teil, D. I.

21 Siehe oben Zweiter Teil, C. II. 1. a) aa).

22 § 202 Anm. 4.

23 Vgl. nur LK-Herdegen § 146 Rn. 26, 29; S/S-Stree § 146 Rn. 27.

24 RGSt 67, 167 (168); BGH NJW 52, 311 (312); BGHSt 27, 255 (259); S/S-Stree § 146 Rn. 21; Lackner § 146 Rn. 7; vgl. auch BT-Drs. 7/550 S. 227.

25 LK-Herdegen § 146 Rn. 29.

26 LK-Herdegen § 146 Rn. 29; Dr-Tr § 146 Rn. 10; S/S-Stree § 146 Rn. 27.

Rudolphi dagegen will die Inverkehrbringung durch einen Absatzgehilfen nicht ausreichen lassen, da es an der für die Täterschaft notwendigen Tatherrschaft über diesen Teilakt fehlt.[27] In dem oben genannten Beispiel beurteilt er den Verteiler B, der das Inverkehrbringen beherrscht, sich selbst aber keine Verfügungsgewalt verschafft hat, nicht als Täter nach § 146I Nr. 2 und damit auch nicht als Täter nach § 146I Nr. 3, sondern als Täter des § 147. Den Fälscher A hält er wegen einer Teilnahme daran für strafbar. Da A aber zuvor das Geld im Sinne des § 146I Nr. 1 nachgemacht habe, sei er gem. § 28II aus § 146I Nr. 3, 26 bzw. 27 zu bestrafen.[28]

e) §§ 239aI, 2.Alt.; 239bI, 2.Alt.

Hier soll nach überwiegender Ansicht Täter nur sein, wer selbst entführt und danach eine Erpressung bzw. eine Nötigung unternommen hat.[29] Damit scheint keine vollständige eigenhändige Ausführung beider Teilakte gemeint zu sein, sondern es wird auf eine täterschaftliche Verwirklichung beider Teilakte abgehoben.[30] Stiftet also der A den B zur Entführung der F an, um selbst ohne Wissen des B die Eltern der F zu erpressen, so könnte der A nicht als Täter des § 239aI 2.Alt. eingestuft werden.

Tröndle dagegen läßt das Ausnützen der von einem Tatbeteiligten geschaffenen Lage genügen.[31] Demzufolge könnte Täter sein, wer einen anderen zur Entführung anstiftet und anschließend selbst die Erpressung unternimmt.

f) §§ 177, 178

Der täterschaftlich Nötigende soll stets Täter des § 177 bzw. des § 178 sein,[32] wie sich auch schon aus dem Wortlaut ergibt. Derjenige, der den Beischlaf vollzieht oder sexuelle Handlungen mit dem Opfer vornimmt, soll nur als Täter des § 177 bzw. § 178 eingestuft werden können, wenn ihm die Nötigung täterschaftlich zugerechnet werden kann.[33] Abgesehen von dem speziellen Struktur der §§ 177 und 178 kommt demnach als Täter nur in Betracht, wer beide Akte täterschaftlich verwirklicht.

---

27 SK-Rudolphi § 146 Rn. 13.

28 SK-Rudolphi § 146 Rn. 13.

29 LK-Schäfer § 239a Rn. 16; Blei II § 20II4; SK-Horn § 239a Rn. 16; hinsichtlich des zweiten Aktes reicht ein Versuch, vgl. nur SK-Horn § 239a Rn. 15.

30 So ausdrücklich S/S-Eser § 239a Rn. 21.

31 So Dr-Tr § 239a Rn. 7.

32 S/S-Lenckner § 177 Rn. 10; LK-Laufhütte § 177 Rn. 13; SK-Horn § 178 Rn. 17.

33 S/S-Lenckner § 177 Rn. 11; Dr-Tr § 177 Rn. 1d; LK-Laufhütte § 177 Rn. 17; ders. § 178 Rn. 7; SK-Horn § 178 Rn. 17.

In den hinsichtlich der §§ 177, 178 angeführten Beispielsfällen konnte A schon wegen der von ihm eigenhändig ausgeübten Nötigung bzw. wegen der täterschaftlichen Verwirklichung beider Teilakte als Täter eingeordnet werden, so daß bei diesen Tatbeständen keine problematischen Konstellationen auftreten.

g) § 249

Bezüglich des Raubes wird nicht verlangt, daß der Täter selbst die Gewalt anwendet bzw. selbst, d.h. eigenhändig, wegnimmt. Es sei nach den Regeln der Mittäterschaft möglich, ihm den jeweiligen Tatbeitrag zuzurechnen.[34] Auch hier soll also die täterschaftliche Verwirklichung beider Teilakte die Grundlage der Täterschaft nach § 249 bilden.[35] Demzufolge könnte A sowohl in dem Beispiel, in dem er den ohne Zueignungsabsicht handelnden B in die Deliktsverwirklichung einschaltet, als auch im Falle ausgeschlossener sukzessiver Mittäterschaft, sowie in dem Fallbeispiel, in dem A mit Zueignungsabsicht den unwissenden B zu einer Wegnahme anstiftet, nachdem er selbst das Opfer bewußtlos geschlagen hat, nicht als Raubtäter eingestuft werden.

h) § 252

Täter des räuberischen Diebstahls soll nach ganz überwiegender Ansicht nur derjenige sein, der an dem vorangegangenen Diebstahl täterschaftlich beteiligt war.[36] Darüber hinaus wird aber auch die täterschaftliche Verwirklichung des Nötigungsaktes verlangt.[37] Für die Täterschaft nach § 252 soll andererseits aber ausreichen, daß der Diebstahlstäter einen anderen, z. B. einen an dem Diebstahl Unbeteiligten, anstiftungsförmig bestimmt, Gewalt gegen Verfolger anzuwenden. Maßgebend sei dabei, ob die Nötigungsmittel im Einvernehmen mit dem Diebstahlstäter eingesetzt werden, der Täter also von dem Einsatz der Nötigungsmittel zur Sicherung seines Gewahrsams weiß und ihn billigt, weil er ihn als eigene Handlung will.[38]

Wird die täterschaftliche Verwirklichung beider Akte verlangt, so kann A — wie bei § 249 — nicht Täter sein, wenn er entweder nach Ausführung des Diebstahls den dolosen, mit oder ohne Zueignungsabsicht handelnden B zur

---

34 SK-Samson § 249 Rn. 29, vgl. auch LK-Herdegen § 249 Rn. 20.

35 So explizit Herzberg, Täterschaft, S. 149; S/S-Eser § 252 Rn. 10; Seier NJW 81, 2152 (2152 f.).

36 S/S-Eser § 252 Rn. 10; SK-Samson § 252 Rn. 13; LK-Herdegen § 252 Rn. 18; Dr-Tr § 252 Rn. 11; Lackner § 252 Rn. 6; Blei II § 58IV2 f; Arzt / Weber LH3 Rn. 334; Schünemann JA 80, 393 (399); Wessels BT2 §9I5.

37 S/S-Eser § 252 Rn. 10; Wessels BT2 § 9I5.

38 Blei BT § 58IV2b,e; LK-Herdegen § 252 Rn. 18 f.; Lackner § 252 Rn. 6; S/S-Eser § 252 Rn. 11; Preisendanz § 252 Anm. 5.

Nötigung der Verfolger veranlaßt oder B von vornherein ohne Zueignungsabsicht mitwirkt. Andererseits müßte A als Täter des § 252 eingeordnet werden, wenn es allein auf den Einsatz eines Nötigungsmittels im Einvernehmen mit dem Diebstahlstäter ankommt. Dagegen müßte eine Täterschaft des A ausscheiden, soweit er mit Zueignungsabsicht nur als Gehilfe am Diebstahl beteiligt war.

Nach anderer Ansicht kann auch der Diebstahlsgehilfe Täter des § 252 sein, sofern er sich im Besitz der Beute befindet und täterschaftlich nötigt.[39] Dementsprechend müßte in dem letzten Beispiel die Täterschaft des A nach § 252 angenommen werden, sofern er im Besitz der Beute ist.

i) § 237

Hinsichtlich des Entführungsaktes wird nicht verlangt, daß der Täter selbst die Frau an den anderen Ort verbringt. Vielmehr genüge es, wenn ein Dritter in seinem Auftrage oder mit seinem Einverständnis die Entführung vornimmt, sofern sich der Aufenthaltswechsel unter der geistigen Herrschaft des Täters als dem betreibenden und bestimmenden Teil vollzieht,[40] der dem Opfer das Verlassen des bisherigen Aufenthaltsortes und das Aufsuchen einer anderen Stätte ermöglicht, es bewirkt und dazu tätige Hilfe leistet.[41] Eine eigenhändige Entführung ist demnach nicht erforderlich. Jedoch wird nicht deutlich, ob die geistige Herrschaft im Sinne einer Tatherrschaft zu verstehen ist und damit eine täterschaftliche Entführung gefordert wird,[42] denn auch der Anstifter kann als der betreibende und bestimmende Teil erscheinen, ohne daß der unmittelbar Handelnde schon zum Tatmittler degradiert wird. Auch durch das Erfordernis der Herrschaftsgewalt über das Entführungsopfer seitens des Täters wird kein Hinweis darauf gegeben, daß der Täter auch den Entführungsvorgang beherrschen muß, denn das zugunsten des Täters bestehende Gewaltverhältnis schließt sich der Entführung erst an, stellt also den Entführungserfolg dar. Die Äußerung von Horn[43], der zumindest ein *(Mit-)*bewirken des Entführungserfolges verlangt, kann in diesem Zusammenhang ebenfalls nicht weiterhelfen, denn ein Mitbewirken ist auch bei kausaler Teilnahme gegeben.

Hinsichtlich des zweiten Aktes wird zum Teil vertreten, entsprechend der Vergewaltigung und der sexuellen Nötigung müßten bei § 237 ebenfalls sexuelle Handlungen mit einem Dritten genügen.[44] Nach anderer Ansicht reichen sexuelle

---

[39] Schmidhäuser BT 8/59; Maurach / Schroeder / Maiwald BT1 § 35 Rn. 40; Otto BT S. 179 f.; Arndt GA 54, 269 (270); Preisendanz § 252 Anm. 5.

[40] Dr-Tr § 237 Rn. 2; S/S-Eser § 237 Rn. 11; LK-Vogler § 237 Rn. 9.

[41] LK-Vogler § 237 Rn. 9.

[42] Maurach / Schroeder / Maiwald BT1 § 18 Rn. 54 verweisen auf die bei §§ 177, 178 geltenden Grundsätze; danach müßte eine täterschaftliche Entführung erforderlich sein.

[43] SK § 237 Rn. 12.

[44] Maurach / Schroeder / Maiwald BT1 § 18 Rn. 51; S/S-Eser § 237 Rn. 13.

Handlungen mit einem Dritten nicht, vielmehr müsse der Täter an der sexuellen Handlung mindestens teilnehmen.[45] Der die sexuelle Handlung vornehmende Dritte könne ebenfalls nur Täter des § 237 sein, wenn er an der Entführungshandlung wenigstens beteiligt gewesen ist.[46]

Unklar bleibt also zunächst, ob für die Täterschaft nach § 237 eine täterschaftliche Verwirklichung beider Akte gefordert wird. Sollte dies nicht der Fall sein, so fragt sich, ob nicht — wie bei einigen anderen zweiaktigen Delikten gefordert — wenigstens ein Teilakt täterschaftlich verwirklicht werden muß. Wenn Täter sein kann, wer in seinem Auftrage eine Frau entführen läßt und an sexuellen Handlungen mit ihr beteiligt ist, so müßte die Veranlassung zur Entführung plus eine Anstiftung eines Dritten zu sexuellen Handlungen mit dem Opfer als Beteiligung im rechtlichen Sinne ausreichen. Soweit sexuelle Handlungen mit einem Dritten genügen sollen, könnte A, wenn er selbst die F entführt und anschließend den B zu sexuellen Handlungen mit der F gegen ihren Willen veranlaßt, Täter des § 237 sein. Stiftet A, der sich an der F vergehen will, den B an, die F zu entführen, so bewirkt A durchaus den Entführungserfolg mit. Fraglich ist aber, ob sich der Aufenthaltswechsel auch unter der geistigen Herrschaft des A vollzieht. Je nachdem, ob es entweder ausreichen soll, daß A dem B detaillierte Direktiven erteilt, oder verlangt wird, daß A auch das Entführungsgeschehen im Sinne der Tatherrschaftslehre beherrscht, könnte die Täterschaft des A nach § 237 bejaht oder abgelehnt werden.

k) Ergebnis

Der Überblick über die bei den einzelnen zweiaktigen Delikten an die Täterschaft gestellten Anforderungen zeigt, daß die Täterbestimmung bei diesen Straftatbeständen keine einheitliche Linie aufweist. Während bei einigen Delikten die Täterschaft an die täterschaftliche Verwirklichung beider Teilakte gekoppelt wird, soll bei anderen die täterschaftliche Ausführung nur eines Teilaktes genügen, so daß zwar nicht expressis verbis, aber doch offensichtlich Abstriche von einer Täterschaft aufgrund der Beherrschung der Einzelakte gemacht werden. Bei § 237 erweckt es gar den Anschein, als ob als Täter auch in Betracht kommt, wer keinen der Teil-Handlungsabläufe beherrscht.

Die unterschiedlichen Anforderungen an die Täterschaft, wenn sie auch bei einzelnen Tatbeständen wie § 252 und § 237 geradezu widersprüchlich und willkürlich anmuten, zeigen damit dennoch, daß auf der Grundlage der Tatherrschaftslehre zumindest partiell eine Täterschaft auch ohne täterschaftliche Verwirklichung beider Teilakte zugelassen wird.

---

45 Dr-Tr § 237 Rn. 6.

46 SK-Horn § 237 Rn. 12; LK-Vogler § 237 Rn. 19.

Nun könnte jedoch eingewandt werden, daß unter Umständen die unterschiedlichen Anforderungen an die Täterschaft weniger auf einem bewußten Verzicht auf die täterschaftliche Ausführung beider Teilakte als vielmehr auf einer unreflektierten Übernahme der Rechtsprechung basieren. Nach Maßgabe der von der Rechtsprechung vertretenen subjektiven bzw. subjektiv-objektiven Täterlehre kann nämlich auch als Täter eines Teilaktes eingeordnet werden, wer ihn von einem dolosen Gehilfen ausführen läßt, sofern er ihn nur als eigenen will. Ein derartiger Einwand entschärft jedoch nicht die Aussagekraft der dargestellten Äußerungen in der Literatur. Denn sollten sich tatsächlich Übereinstimmungen zwischen Rechtsprechung und Lehre hinsichtlich der Täterbestimmung bei den einzelnen zweiaktigen Delikten zeigen, so zieht dieser Umstand nicht zwangsläufig die Entwertung der in der Lehre existierenden Täterbeurteilungen nach sich. Wenn auch die Rechtsprechung von einem in der Lehre kritisierten subjektiven Ansatz ausgeht, so muß sie dennoch nicht stets zu „falschen" Lösungen gelangen. Vielmehr spricht doch gerade eine identische Bewertung der Täterschaft bei einzelnen Delikten innerhalb der Rechtsprechung und der Lehre für die Plausibilität des erzielten Ergebnisses. Für die Tatherrschaftslehre stellt sich dann aber im Gegensatz zur Rechtsprechung die Frage nach der Herleitung der Lösung auf der Basis des Tatherrschaftsprinzips.

Im Folgenden soll daher zunächst überprüft werden, inwieweit überhaupt Parallelen hinsichtlich der Täterbestimmung bei den einzelnen zweiaktigen Delikten zwischen Rechtsprechung und Lehre bestehen.

2. Beurteilung der Täterschaft bei den einzelnen Delikten in der Rechtsprechung

In bezug auf § 307 Nr. 3 und § 277 sind keine höchstrichterlichen Urteile veröffentlicht, die Aufschluß über die Beurteilung der Täterfrage geben könnten. Da aber § 277 strukturell mit der zweiaktigen Urkundenfälschung nach § 267 a.F. übereinstimmt, kann die Rechtsprechung zu § 267 a.F. herangezogen werden.

a) § 267 a.F.

In einem Urteil vom 28. Februar 1880[47] verlangte das Reichsgericht für eine vollendete Urkundenfälschung nach § 267 a.F., daß bei Einschaltung einer bösgläubigen Mittelsperson diese die Urkunde der zu täuschenden Person überbracht hat und dabei den wahren Sachverhalt verschwiegen hat.[48] Folglich sollte auch Täter sein, wer den Akt des Gebrauchens durch einen dolosen Gehilfen ausführen

[47] RGSt 1, 230 f.
[48] RGSt 1, 230 (231).

ließ. Auch nach R.I, 400[49] liegt eine vollendete Urkundenfälschung vor bei Ausführung des Auftrags durch eine unterrichtete Mittelsperson.

In einer Entscheidung vom 8. April 1889[50] äußerte sich das Reichsgericht zu den Anforderungen an das Gebrauchmachen. Danach sollte jede Handlung des Täters ausreichen, durch die die falsche Urkunde dem zu Täuschenden zugänglich gemacht wird.[51] Ein Zugänglichmachen durch eine dolose Mittelsperson wurde demnach sogar schon in Wege einer entsprechenden Definition des Begriffes „Gebrauchmachen" erfaßt.

Überträgt man die Rechtsprechung zu § 267 a.F. auf den identisch konstruierten § 277, so zeigt sich eine deutliche Übereinstimmung der von Rechtsprechung und Lehre an die Täterschaft geknüpften Voraussetzungen.

Vor dem Hintergrund, daß das Reichsgericht für die Täterschaft bei zweiaktigen Delikten ausdrücklich die täterschaftliche Verwirklichung beider Teilakte verlangte,[52] ist im Rahmen des § 267 a.F. ebenfalls anzunehmen, daß eine täterschaftliche Zurechnung beider Akte als erforderlich angesehen worden ist. Das Reichsgericht konnte aber ohne weiteres — unabhängig von der Definition des Gebrauchmachens — den Fälscher als Täter des zweiten Aktes einordnen, auch wenn er einen dolosen Gehilfen einschaltete, denn soweit es dem Fälscher selbst auf die Täuschung ankam, wollte er den Gebrauch der Urkunde als eigene Tat und wies damit den nach der subjektiven Theorie für die Täterschaft erforderlichen Täterwillen auf.

Würde man eine täterschaftliche Verwirklichung beider Akte im Sinne der Tatherrschaftslehre verlangen, so dürfte die Einschaltung einer dolosen Mittelsperson nicht genügen. Denn den Akt des Zugänglichmachens, durch den die Urkunde in den Machtbereich des zu Täuschenden gelangt,[53] beherrscht allein der dolose Gehilfe. Andererseits läßt sich auch von dem Veranlassenden noch sagen, er selbst habe die Urkunde zugänglich gemacht, indem er eben den Gehilfen einschaltete. Daher liegt durchaus die Annahme nahe, im Rahmen des § 277 habe die Lehre bewußt auf ein täterschaftliches — weil beherrschtes — Gebrauchmachen verzichtet. Abgesehen davon drohen ernsthafte Friktionen mit der Auslegung des Tatbestandes des § 267I 3. Alt., sollte für ein Gebrauchmachen die Beherrschung des tatbestandsmäßigen Geschehens gefordert werden. Gerade der Umstand, daß für das einaktige Delikt des Gebrauchens einer unechten Urkunde die Einschaltung einer bösgläubigen Mittelsperson möglich sein soll, spricht doch für eine entsprechende Handhabung im Rahmen des § 277.

---

49 Zitiert bei Oppenhoff-Delius § 267 Anm. 30.

50 RGSt 19, 215 f.

51 RGSt 19, 215 (216).

52 RGSt 59, 79 (80 ff.).

53 Vgl. zum Begriff des Gebrauchens nur LK-Tröndle § 267 Rn. 171.

b) § 252

Verlangt die Lehre im Rahmen des § 252 eine täterschaftliche Verwirklichung der einzelnen Teilakte, soll andererseits aber eine Nötigung mittels eines dolosen Gehilfen täterschaftsbegründend wirken, so ist der Einfluß der Rechtsprechung hier unverkennbar: Nach einer Entscheidung des 4. Senats vom 8. Juli 1954[54] liegt ein räuberischer Diebstahl vor, wenn der Dieb die Gewaltanwendung durch den Gehilfen kannte „und als eigene Handlung wollte".[55] Auf eben diesen Aspekt stellt nun auch die Lehre ab, wenn sie den Täter des § 252 bestimmt, auf eine Beherrschung des Nötigungsaktes kommt es demnach nicht an.

In dem o.g. Urteil sowie in einer anderen Entscheidung des 1. Senats vom 18. April 1967[56] konstatiert der BGH zudem, daß auch der Diebstahlsgehilfe Täter des § 252 sein könne, denn auch er könne „bei einem Diebstahl" betroffen sein. Er müsse sich aber im Besitz der Beute befinden.[57] Dieser Auffassung folgt nur ein Teil des Schrifttums, während überwiegend eine täterschaftliche Beteiligung an der Vortat verlangt wird.[58] Zur Begründung wird angeführt, die strukturelle Ähnlichkeit von § 252 und § 249 sowie der vergleichbare Unrechtsgehalt und die Strafkoppelung forderten die Angleichung auch hinsichtlich der Tätervoraussetzungen.[59] Bei § 252 werde nur die Reihenfolge der Teilakte gegenüber § 249 umgekehrt, denn die Teilakte stimmten tatbestandlich überein und auch bei § 252 sei eine (modifizierte) Zueignungsabsicht erforderlich, die aber beim Diebstahlsgehilfen nicht vorliege.[60] Von dieser Prämisse ausgehend, muß es verwundern, daß im Gegensatz zu § 249 eine täterschaftliche Nötigung im Rahmen des § 252 zum Teil nicht für erforderlich gehalten wird. Dies wäre aber die zwingende Konsequenz einer Gleichbehandlung von Raub und räuberischem Diebstahl. Gerade wegen dieses Widerspruchs wird an dieser Stelle nun doch der Eindruck erweckt, die Lehre habe zumindest partiell die Rechtsprechung ohne die erforderlichen Modifikationen im Hinblick auf die verschiedenen Täterlehren rezipiert. Andererseits läßt sich auch hier nicht völlig ausschließen, daß bewußt von einer täterschaftlichen Nötigung bei § 252 abgesehen wird. In diesem Falle muß dann aber folgerichtig erwogen werden, ob eine Gleichschaltung der Tätervoraussetzungen bei § 249 und § 252 nicht erfordert, auch bei § 249 die

---

[54] BGHSt 6, 248 ff.

[55] BGHSt 6, 248 (251); siehe auch BGH MDR/H 91, 105.

[56] MDR 67, 726 (727).

[57] BGHSt 6, 248 (250).

[58] S/S-Eser § 252 Rn. 10; SK-Samson § 252 Rn. 13; LK-Herdegen § 252 Rn. 18; Dr-Tr § 252 Rn. 11; Lackner § 252 Rn. 6; Blei II § 58IV2 f; Arzt / Weber LH3 Rn. 334; Schünemann JA 80, 393 (399); Wessels BT2 §9I5.

[59] SK-Samson § 252 Rn. 13; S/S-Eser § 252 Rn. 10; Seier NJW 81, 2152 (2152); Krey BT2 Rn. 222; Schünemann JA 80, 393 (399).

[60] LK-Herdegen § 252 Rn. 18; Schünemann JA 80, 393 (399); Wessels BT2 § 9I5; Geilen Jura 80, 43 (46); Seier NJW 81, 2152 (2152 f.).

Nötigung seitens eines dolosen (absichtslosen) Gehilfen für täterschaftsbegründend anzusehen.

c) § 237

Hinsichtlich der Anforderungen, die an den Täter des § 237 zu stellen sind, zeigt sich ebenfalls eine starke Parallele zwischen dem Schrifttum und der Rechtsprechung zur einaktigen Entführung mit Willen gem. § 237 a.F.[61], wobei jedoch der heutige § 237 durch das 1. StrÄG vom 25.6.1969 iVm. dem 4. StrÄG dem § 236 a.F.[62] folgte.

Der vom Schrifttum zugrunde gelegte Entführungsbegriff findet sich in der Reichsgerichtsentscheidung vom 19. Oktober 1906[63] zu § 237 a.F. Das Reichsgericht hält eine Entführung tatbestandlich nicht für ausgeschlossen, wenn „die Entführte selbst körperlich bei dem Gelangen an den anderen Ort mittätig wird", sie muß aber „stets Gegenstand der Handlung des Entführers bleiben, und dieser muß — worauf auch schon der Sprachgebrauch hindeutet — der betreibende und bestimmende Teil sein, der dem anderen Teile das Verlassen des bisher von ihm eingenommenen Ortes ermöglicht, dies bewirkt und ihm dazu tätige Hilfe leistet".[64]

Diese Interpretation des Entführungsbegriffes knüpft an den Sinn und Zweck des § 237 a.F. an, der die örtliche Aufhebung des über die Minderjährige bestehenden Schutz- und Herrschaftsverhältnisses des Erziehungsberechtigten wider dessen Willen zugunsten der überwiegenden Macht und des ungehemmten Einflusses des Täters zum Inhalt hatte.[65] Maßgebend war also in erster Linie der Entführungserfolg, nämlich die Begründung einer Herrschaftsgewalt des Entführers, die ihm die willkürliche Behandlung der Minderjährigen zum Zwecke der Unzucht oder der Ehe ermöglichte. Entsprechend wurde gefordert, daß die Frau dem überwiegenden Einfluß des Täters ausgeliefert war.[66] Schon die Unzuchts- bzw. Ehelichungsabsicht machte aber den Veranlasser des Ortswechsels nach der subjektiven Theorie zum Täter, weil er die Tat als eigene wollte, unabhängig davon, ob er selbst die Ortsveränderung des Opfers bewirkte oder sie von einem dolosen Gehilfen ausführen ließ. Dies zeigt sich auch in einem Urteil des Reichsgerichts

---

[61] § 237 a.F. (Entführung mit Willen): (I) Wer eine minderjährige, unverehelichte Frau mit ihrem Willen, jedoch ohne Einwilligung der Eltern, ihres Vormundes oder ihres Pflegers, entführt, um sie zur Unzucht oder zur Ehe zu bringen, wird mit Gefängnis bestraft.

[62] § 236 a.F. (Entführung wider Willen): (I) Wer eine Frau wider ihren Willen durch List, Drohung oder Gewalt entführt, um sie zur Unzucht zu bringen, wird mit Zuchthaus bis zu zehn Jahren und, wenn die Entführung begangen wurde, um die Entführte zur Ehe zu bringen, mit Gefängnis bestraft.

[63] RGSt 39, 214 ff.

[64] RGSt 39, 214 (215); vgl. auch BGHSt 22, 178 (179) zu § 236 a.F.

[65] Vgl. RGSt 6, 292 (293); RGSt 39, 214 (215).

[66] RGSt 6, 292 (293); 39, 214 (215).

vom 6. Mai 1889[67], in dem der Mitangeklagte M als Täter nach § 237 a.F. verurteilt wurde. M hatte den Angeklagten W dazu veranlaßt, die E, welche der M ehelichen wollte, mitzunehmen und ihr eine Unterkunft zu verschaffen. In der Urteilsbegründung stellte das Gericht fest, daß die Verbringung der E von K nach R ohne Einwilligung der Mutter durch den Angeklagten W auf Drängen des Mitangeklagten M geschehen sei, welcher erklärt habe, „daß er dafür sorgen wolle, daß sie fortkomme, da sie alles thue, was er wolle, und welcher auch das Reisegeld für sie hergegeben; und er hat die Ausführung des in ihr hervorgerufenen Entschlusses zur heimlichen Entfernung aus der Gewalt der Mutter ihr ermöglicht und bewirkt, und zwar im eigenen Interesse zum Zweck der von ihm erstrebten Heirat“.[68]

In der Rechtsprechung zu § 236 a.F. und § 237 n.F. steht ebenfalls der Entführungserfolg im Vordergrund.[69] Ziel der Entführung muß die Begründung einer hilflosen Lage der Frau darstellen, sie muß durch die Veränderung ihres Aufenthaltsortes der Gewalt des Täters ausgeliefert werden, so daß sie seinem ungehemmten Einfluß preisgegeben ist.[70]

Wenn die Lehre nun ebenso wie die Rechtsprechung den Entführungserfolg betont und gleichermaßen für täterschaftsbegründend hält, daß ein beauftragter Dritter den Ortswechsel bewirkt, so soll es für die Täterschaft nach § 237 wohl weniger darauf ankommen, daß der Entführungsakt als solcher beherrscht wird, als vielmehr darauf, daß dem Täter in irgendeiner Weise der Entführungserfolg zugerechnet werden kann, welcher ihn in die Lage versetzt, sich an dem Opfer zu vergehen. Eine derartige Zurechnung könnte schon auf der Grundlage der Kausalität erfolgen, eine Beherrschung des Entführungsgeschehens wäre dazu nicht erforderlich, so daß durchaus auf eine täterschaftliche Entführung verzichtet werden könnte.

d) § 146I Nr. 3

Hinsichtlich der hier interessierenden Täterfrage bei § 146I Nr. 3 sind keine höchstrichterlichen Entscheidungen veröffentlicht. Die im Rahmen der Geldfälschung ergangenen Urteile befassen sich vorrangig mit der Frage, ob die Weitergabe des Falschgeldes an einen Eingeweihten das Tatbestandsmerkmal des Inverkehrbringens als echt erfüllt.[71]

---

[67] RGSt 19, 159 ff.

[68] RGSt 19, 159 (159 f.).

[69] Vgl. zur Kritik an der Übernahme des bezüglich der Entführung mit Willen entwickelten Entführungsbegriffes im Rahmen der Entführung wider Willen, Grein, Entführung, S. 101 ff.

[70] BGH GA 65, 183; BGH GA 66, 310 (311); BGHSt 22, 178 (179); 29, 233 (237); BGH MDR/H 88, 627; BGH NJW 89, 917.

[71] Vgl. zum Streitstand nur Wessels, Bockelmann-Festschrift, S. 676 ff.; Stein / Onusseit JuS 80, 104 (104 ff.).

Allein das Reichsgericht äußerte sich in einer Entscheidung vom 23. November 1928[72] zu § 8I Nr. 1 OpiumG hinsichtlich des Inverkehrbringens in der Weise, daß der Wechsel der Verfügungsgewalt über einen Gegenstand durch eine Person bewirkt werden kann, die selbst keinen Gewahrsam innehat, sondern nur dem Gewahrsamsinhaber als Werkzeug zur Verfügung steht. Als Werkzeug in diesem Sinne komme auch eine bösgläubige Mittelsperson in Betracht, die ohne eigenen Tätervorsatz, sondern nur mit Gehilfenvorsatz tätig wird.[73] Da es sich bei § 8I Nr. 1 OpiumG um ein einaktiges Delikt handelte, ließ das Reichsgericht demnach für das täterschaftliche Inverkehrbringen die Einschaltung einer dolosen Mittelsperson genügen. In seiner Entscheidung sah das Reichsgericht als Voraussetzung für ein Inverkehrbringen — ebenso wie die heutige allgemeine Ansicht —[74] die Innehabung der Verfügungsgewalt an. Nur wer diese ausübt, kann den Übergang der Verfügungsgewalt bewirken und damit das Inverkehrbringen tatbestandlich verwirklichen. Für die subjektive Theorie läßt sich dann die Täterschaft bezüglich des Inverkehrbringens wiederum unproblematisch begründen, weil nur der die Verfügungsgewalt Ausübende das Inverkehrbringen als eigene Tat wollen kann.

Wenn nun die Vertreter der Tatherrschaftslehre ebenfalls für die Täterschaft nach § 146I Nr. 3 ausreichen lassen wollen, daß der Täter das Falschgeld durch einen dolosen Absatzgehilfen verteilen läßt, so könnte diese Auffassung entweder mit der Auslegung des Tatbestandsmerkmals des „Inverkehrbringens" zusammenhängen, das vom Sprachgebrauch ebenso wie das Gebrauchmachen bei § 277 noch die Einschaltung eines Gehilfen erfaßt, oder es könnte sogar ein Sonderdelikt vorliegen, bei dem teilweise auf die Ausübung der Tatherrschaft verzichtet wird. Darauf soll aber noch in einem späteren Abschnitt eingegangen werden.[75]

e) §§ 177, 178

Abschließend noch ein Vergleich der Äußerungen im Schrifttum mit der Rechtsprechung zu §§ 177, 178: Die Lehre verlangt für die Täterschaft des beischlafenden Dritten ausdrücklich, daß diesem die Nötigung (mit-)täterschaftlich zugerechnet werden kann. Eine solche Zurechnung könne erfolgen, wenn das Nötigungsmittel im Interesse des Beischlafenden angewandt wurde und dieser es bewußt ausnutzt.[76] Hier klingt die subjektive Täterlehre durch, da maßgebend das eigene Interesse des Beischlafenden sein soll. Ein Blick auf die Entscheidungen des BGH zeigt denn auch die Nähe zur Rechtsprechung. In einem Urteil vom 21.

---

72 RGSt 62, 369 ff.

73 RGSt 62, 369 (370).

74 Vgl. nur LK-Herdegen § 146 Rn. 26, 29; S/S-Stree § 146 Rn. 27.

75 Siehe unten E. III. 1.

76 LK-Laufhütte § 177 Rn. 17; ders. § 178 Rn. 7.

Oktober 1976[77] wird eine täterschaftliche Zurechnung der Nötigung für möglich gehalten, wenn der Beischlafende die „Gewaltanwendung als eigene gewollt und als Nötigungsmittel angesehen hat, das auch die von ihm beabsichtigte Ausführung des Beischlafs ermöglichen sollte“.[78]

Unter Zugrundelegung des Tatherrschaftsprinzips erbringt der Beischlafende ohne Zweifel einen für die Mittäterschaft erforderlichen wesentlichen Tatbeitrag. Es kommt für eine mittäterschaftliche Haftung also nur darauf an, ob die Nötigung auch aufgrund eines gemeinsamen Tatplanes erfolgt. Ein solcher gemeinsamer Tatentschluß wird in der Regel vorliegen, wenn das Nötigungsmittel im Interesse des Beischlafenden angewandt wird und dieser es bewußt ausnutzt. Insofern liegt eine Mitherrschaft beider Beteiligten vor, wie sie für die funktionelle Mittäterschaft verlangt wird. Ein Verzicht auf die Beherrschung des Nötigungsaktes ist daher trotz der Übernahme der Terminologie der Rechtsprechung nicht gegeben.

3. Ergebnis

Bei denjenigen zweiaktigen Delikten, bei denen die Vertreter der Tatherrschaftslehre für die Täterschaft genügen lassen, daß zur Verwirklichung eines Teilaktes ein doloser Gehilfe eingeschaltet wird, der diesen Teilakt beherrscht, zeigen sich klare Parallelen zur Rechtsprechung. Der damit einhergehende Konsens bezüglich der Täterbestimmung legt nahe, die Täterschaft bei zweiaktigen Delikten nach der Tatherrschaftslehre nicht stets davon abhängig zu machen, ob der Beteiligte auch als Täter der Einzelakte erscheint. Während die Rechtsprechung ohne weiteres ein solches Erfordernis aufstellen kann, da sie nach Maßgabe der (modifizierten) subjektiven Theorie als Täter auch denjenigen einstufen kann, der zur Ausführung eines Teilaktes einen dolosen und voll verantwortlichen Gehilfen benutzt, muß die Lehre in einen Begründungsnotstand geraten, würde sie bei sämtlichen zweiaktigen Delikten bezüglich der Täterschaft an eine solche Voraussetzung anknüpfen. Sie könnte in diesem Falle zu einer Täterschaft trotz täterschaftlicher Verwirklichung nur eines Teilaktes nur noch unter Preisgabe des Tatherrschaftsprinzips gelangen.

Obwohl also bei bestimmten zweiaktigen Delikten die Sachnähe eines Täterbegriffes, der nicht die Täterschaft bezüglich jedes Einzelaktes voraussetzt, erkannt wird, wird nicht versucht, dieses Ergebnis auf der Basis des Tatherrschaftsprinzips zu begründen, um auf diese Weise eine einheitliche Handhabung der Täterbestimmung auch bei anderen zweiaktigen Delikten zu ermöglichen. Vielmehr wird an Einzelfallbeschreibungen festgehalten, um auf diese Weise die Widersprüche, die sich zwischen dem Festhalten an einer Täterschaft kraft täterschaftlicher

---

[77] GA 77, 144 f.

[78] GA 77, 144 (145); ebenso auch BGH StrV 85, 12 f. und BGH MDR 55, 244 zu § 176 I Nr. 1 a.F.

Verwirklichung der Einzelakte und einer Täterschaft kraft Benutzung eines dolosen Gehilfen zur Ausführung eines Teilaktes zwangsläufig ergeben, zu verdecken. Kann aber als gesichert gelten, daß nach der Tatherrschaftslehre, wenn auch vielleicht nur bei einzelnen Delikten, Täter eines zweiaktigen Deliktes auch sein soll, wer bei separater Betrachtung der Einzelakte nur als Täter eines Aktes erscheint, während er hinsichtlich des anderen Aktes eine Teilnehmerrolle ausfüllt, so stellt sich die Frage, wie sich eine solche Lösung in Einklang mit dem Tatherrschaftsgedanken bringen läßt.

II. Der „Giftfall" — ein Parallelfall bezüglich eines einaktigen Deliktes?

Maurach hat ein Fallbeispiel gebildet, das einer der hier herausgearbeiteten Fallkonstellationen sehr ähnelt:

A plant, den B mittels Gift zu töten. Durch Zufall erfährt er, daß auch C diese Absicht hegt, jedoch will dieser unwissentlich eine unzureichende Dosis verwenden. A bemißt daraufhin die eigene Giftmenge so, daß der Tod des B infolge des Zusammenwirkens beider Dosen eintritt.[79]

Vergleicht man diese Konstellation mit dem Fallbeispiel, in dem der A den B zur Vornahme eines Teilaktes veranlaßt, ohne ihn davon zu unterrichten, daß er selbst einen weiteren für ein zweiaktiges Delikt konstitutiven Teilakt ausführen will bzw. ausgeführt hat, so tritt die Parallelität deutlich hervor. Die Tatbeiträge sind jeweils derart verteilt, daß keiner der Beteiligten den Deliktserfolg ohne Tätigwerden des anderen herbeiführen kann, jeder beherrscht einen Teil des den Deliktstatbestand verwirklichenden Geschehens und nur einer der Beteiligten weiß, daß der von ihm angestrebte Deliktserfolg infolge des Zusammenwirkens erreicht wird.

Soweit Äußerungen zur Lösung des Giftfalles vorliegen, wird einstimmig eine Täterschaft des A bejaht, dagegen herrscht über die konkrete Täterschaftsform kein Konsens. Maurach beurteilt den A als unmittelbaren Alleintäter des vollendeten Mordes, da eine Mittäterschaft wegen des fehlenden gemeinsamen Tatentschlusses entfalle und eine mittelbare Täterschaft wegen mangelnder Tatherrschaft des A hinsichtlich der Handlung des C nicht in Betracht komme.[80] Auch Roxin lehnt eine Mittäterschaft aus demselben Grunde ab, stuft jedoch den A als mittelbaren Täter ein. Der A habe die Willensherrschaft auf vierter Stufe kraft singestaltender Überdetermination des Kausalverlaufs inne.[81] Jakobs dagegen müßte eine Mittäterschaft (!) des A zumindest annehmen, wenn A dem B

[79] Maurach / Gössel / Zipf AT2 § 49 Rn. 57.

[80] Maurach / Gössel / Zipf AT2 § 49 Rn. 57.

[81] Roxin, Tatherrschaft, S. 285 f.

seinen Giftanteil verabreicht, bevor C die Restmenge hinzufügt, da seiner Meinung nach ein einseitiger „Einpassungsentschluß“, mit dem der nicht unmittelbar Ausführende, aber gestaltend mitwirkende Beteiligte seinen Beitrag mit dem Tun des Ausführenden verbindet, für die Mittäterschaft genügt.[82] Zu dem Ergebnis einer Mittäterschaft des A gelangt ausdrücklich auch Beling, der ebenfalls einen einseitigen Mittätervorsatz für ausreichend hält.[83]

Die phänomenologische Bandbreite der Täterschaft wird damit vollständig abgedeckt. Wenn nun A auf jeden Fall Täter sein soll, müßte nicht Gleiches — quasi erst recht — im parallelen Fall beim zweiaktigen Delikt gelten, wenn der Beteiligte einen wesentlichen tatbestandsmäßigen Teilakt verwirklicht? Eine derartige Schlußfolgerung setzt aber voraus, daß in dem von Maurach angeführten Beispiel die Täterschaft des A gerade auf der täterschaftlichen Ausführung eines Teilgeschehens beruht, es mithin nicht auf die Herrschaft über das Gesamtgeschehen durch Beherrschung sämtlicher notwendiger Einzelakte ankommt.

Betrachtet man den Giftfall unter Zugrundelegung des bisher bei der Mittäterschaft und der mittelbaren Täterschaft angewandten Maßstabs, so muß zunächst eine einseitige Mittäterschaft des A — abgesehen von dem Widerspruch in sich — wegen des fehlenden gemeinsamen Tatentschlusses abgelehnt werden. Aber auch eine mittelbare Täterschaft des A erscheint auf den ersten Blick fraglich. Um der Lösung näher zu kommen, bietet es sich an, zwischen den möglichen chronologischen Varianten zu differenzieren:

Einerseits könnte zunächst C seine Tat ausführen, während A erst im Anschluß daran die Restdosis verabreicht. In diesem Fall führt A unmittelbar den Tod des B herbei. Er ist derjenige, der die im Tatbestand der §§ 212, 211 beschriebene deliktstypische Tötungshandlung vornimmt. Der Umstand, daß seine Handlung zur Tötung überhaupt nur tauglich war, weil C zuvor dem B die andere Hälfte der erforderlichen Giftmenge verabreicht hatte, kann an dieser Wertung nichts ändern. Denn auch von demjenigen, der einem Bluter eine nur geringfügige Stichwunde zufügt, wird man nicht behaupten, er habe nicht getötet, wenn das Opfer verblutet.[84] Nun ließe sich einwenden, es mache — wie auch im Abschnitt über die mittelbare Täterschaft bei undolosen Tatmittlern festgestellt — einen wesentlichen Unterschied, ob ein menschliches Verhalten oder eine Naturkausalität in die Deliktsverwirklichung mit eingeplant wird. Diese Beurteilung soll hier selbstverständlich aufrechterhalten werden, und dies ist auch ohne Friktionen möglich. Der A nimmt seinen Tatbeitrag zu einem Zeitpunkt vor, zu dem die von ihm eingeplante Handlung des C schon abgeschlossen ist. Sie ist also seiner Planung zugänglich, weil sie wie eine Naturkausalität unverrückbar feststeht.

---

[82] Jakobs 21/43.

[83] Beling, Die Lehre vom Verbrechen, S. 410.

[84] Problematisch könnte aber die objektive Zurechnung des Tötungserfolges sein, vgl. nur Ebert Jura 79, 561 (569).

Die Disposition des B ist definitiv gegeben, und A muß lediglich daran anknüpfen, um die von ihm erstrebte Tötung zu verwirklichen. Ist es also der A, der die unmittelbare Tötungshandlung selbst ausführt, so ist er entsprechend als unmittelbarer Täter zu klassifizieren.

Im umgekehrten Falle, d.h. erst wird der A tätig, dann der C, läßt sich von dem A nicht schon aufgrund seines Tataktes sagen, er habe den B getötet. Sein Tatbeitrag ist objektiv gar nicht geeignet, den Tötungserfolg zu bewirken. Erst im Zusammenspiel mit der Tätigkeit des C kann A den erstrebten Erfolg realisieren. Der C führt durch seine Handlung den Erfolg unmittelbar herbei, dieser kann ihm jedoch objektiv nicht zugerechnet werden,[85] so daß es schon an der objektiven Tatbestandsmäßigkeit seines Verhaltens fehlt. Damit stellt er aber einen klassischen Tatmittler dar,[86] der einer Beherrschung durch den Hintermann zugänglich ist und diesen zum mittelbaren Täter macht. Insofern kann die Handlung des C dem A unproblematisch zugerechnet werden und zwar aufgrund ausgeübter Tatherrschaft.

Im Giftfall läßt sich demnach die Täterschaft des A ohne weiteres begründen, weil er stets die Tatherrschaft über das den Mordtatbestand verwirklichende Geschehen ausübt. Auch in der ersten Variante wird er nicht schon zum Täter, weil er nur einen Teil des tatbestandsmäßigen Handlungsablaufs beherrscht, sondern weil sein Verhalten den Tatbestand vollständig erfüllt. Insofern besteht entgegen dem ersten Anschein ein erheblicher Unterschied zwischen dem Giftfall und der parallelen Konstruktion bei zweiaktigen Delikten, und es kann der Lösung des von Maurach gebildeten Beispiels nicht entnommen werden, daß sich als Täter schon derjenige einstufen läßt, der nur einen maßgeblichen Teil des tatbestandsmäßigen Geschehens beherrscht.

Andererseits ist deutlich geworden, daß als unmittelbarer Täter auch derjenige eingeordnet werden kann, der zwar nur einen Teil des für den Deliktserfolg ursächlichen Geschehens beherrscht, dessen Verhalten sich aber per se unter den Straftatbestand subsumieren läßt, unabhängig davon, ob noch das Tun einer anderen Person für die Herbeiführung des Deliktserfolges notwendig ist und als solches auch von dem Täter eingeplant und benutzt wird.

Greift man letztere Überlegung auf, so läßt sich auch von demjenigen, der einen dolosen Gehilfen zur Gewaltanwendung gegenüber dem Opfer veranlaßt, um anschließend die Brieftasche des Opfers wegzunehmen, behaupten, er habe mit Gewalt weggenommen.[87] Warum soll er nicht (unmittelbarer Allein-)Täter eines Raubes sein? Oder nutzt die hilflose Lage einer Frau zu sexuellen Handlungen nicht auch derjenige Entführer aus, der einen hinzukommenden dolosen

---

85 Vgl. zur objektiven Zurechnung S/S-Lenckner Vorbem. §§ 13 ff. Rn. 84 ff., insbesondere 91 ff.

86 Siehe nur Dr-Tr § 25 Rn. 3.

87 So Gimbernat Ordeig ZStW 80, 915 (915 f.).

Dritten dazu veranlaßt, sich der Frau sexuell zu nähern? Auch von dem Diebstahlsgehilfen, der einen geringen Teil der Beute bekommen soll und der einen Verfolger niederschlägt, läßt sich sagen, er habe bei einem Diebstahl auf frischer Tat betroffen Gewalt gegen einen Verfolger angewandt.

Wenn gerade diese Beteiligungsformen von der Lehre nicht als Täterschaft bezüglich des Raubes, der Entführung gegen den Willen der Entführten oder des räuberischen Diebstahls gewertet werden, dann mit der Begründung, der Beteiligte habe nicht beide Teilakte täterschaftlich verwirklicht. Aber signalisiert die Subsumierbarkeit des Verhaltens — wenn auch nur bei einzelnen ausgewählten Delikten — nicht die Möglichkeit einer Täterschaft aufgrund täterschaftlicher Verwirklichung nur eines Teilaktes plus die Teilnahme am anderen? Und wie schon unter E. I. 1. festgestellt, erkennt die Lehre eine so beschaffene Täterschaft im Rahmen anderer Fallkonstellationen bei zweiaktigen Delikten durchaus an. Will man nun allgemein eine solche Mischform der Beteiligungsformen der Täterschaft zuordnen, so muß an den der Tatherrschaftslehre zugrundeliegenden Leitgedanken des Täters als der Zentralgestalt des tatbestandsmäßigen Handlungsablaufs angeknüpft werden.

III. Der Täter als die Zentralgestalt des tatbestandsmäßigen Geschehens

Dieses Leitprinzip hat Roxin seinen Überlegungen zum Tatherrschaftsprinzip zugrunde gelegt, und Hardwig hält es für einen „glückliche(r)n Griff“[88]. Roxin sieht den Wert eines so beschriebenen Grundgedankens in dem Umstand, daß er eine ontologische und eine teleologische Betrachtungsweise in sich vereint. So knüpfe er einerseits an vorrechtlich gegebene Differenzierungen an, die sich in der im Gemeinbewußtsein vorhandenen plastischen Vorstellung vom Täter, Mittäter oder mittelbaren Täter als Hauptpersonen des Geschehens und dem Teilnehmer als einem nur peripher Beteiligten finden. Daneben stelle er den vom Gesetzgeber für maßgeblich erachteten Wertungsgesichtspunkt heraus, denn es könnten keine Zweifel darüber bestehen, daß sich der Gesetzgeber bei Normierung der §§ 47-49 a.F. (= §§ 25-27 n.F.), deren Verhaltensweisen sich auf eine konkrete Tat beziehen, „den Ausführenden als die Schlüsselfigur und Mittelpunkt des Deliktsvorganges“ gedacht hat.[89]

Als Täter kommt also stets nur in Betracht, wer als Schlüsselfigur des tatbestandsmäßigen Geschehens erscheint. Dabei soll die Zentralstellung nicht bei jeder Deliktsart einzig und allein durch die Tatherrschaft konkretisiert werden, sondern es können in speziellen Deliktskategorien außerhalb der Herrschaftsde-

---

[88] JZ 65, 668; vgl. zu dem damit angesprochenen „Bild“ auch Otto, Lange-Festschrift, S. 205.

[89] Tatherrschaft, S. 25 f.

likte andere Faktoren die Zentralgestalt herausstellen, wie beispielsweise bei den Sonderdelikten die besondere Pflichtenstellung.[90]

Eine Klärung der Täterfrage bei den zweiaktigen Delikten auf der Grundlage der herrschenden Täterlehre muß an diese Vorgaben anknüpfen, und sie darf nur zu einem Täter führen, der als Schlüsselfigur des zweiaktigen Geschehens erscheint. Nun wurde schon zu Beginn dieses Abschnittes betont, es sei in den hier herausgearbeiteten Fällen stets der A, der das Gesamtgeschehen zielbewußt auf die Verwirklichung des zweiaktigen Tatbestandes hinlenkt, die Deliktsrealisierung erscheine als sein Werk. Stellt dies nicht die Umschreibung der Zentralgestalt dar? Kann überhaupt noch von dem A behauptet werden, er sei nur peripher beteiligt?

Auf der anderen Seite ist nicht zu übersehen, daß A nicht die Tatherrschaft über beide Einzelakte ausübt. Wenn aber die Tatherrschaft bei den Herrschaftsdelikten das Leitbild des Täters ausfüllt, so müßte entsprechend die Täterschaft des A ausgeschlossen sein. Eine solche Argumentation bewegt sich jedoch im Kreis. Die Frage ist doch gerade, ob auch Täter sein kann, wer nicht beide Akte täterschaftlich verwirklicht. Ist ein Beteiligter als Täter beider Teilakte einzustufen, so beherrscht er das Gesamtgeschehen, denn seine jeweilige „Einzeltäterschaft" basiert auf der von ihm ausgeübten Tatherrschaft. Soll nun die Täterschaft bei zweiaktigen Delikten aufgrund täterschaftlicher Verwirklichung nur eines Teilaktes möglich sein, ohne das Tatherrschaftsprinzip partiell preisgeben zu müssen, so bieten sich zwei verschiedene Ausgangspunkte für einen Begründungsversuch an:

— Entweder bilden die zweiaktigen Delikte eine eigene Deliktskategorie, bei der nicht die Gesamttatherrschaft in Form der Beherrschung beider Einzelakte, sondern die Teilherrschaft, d.h. die Tatherrschaft über einen Teilakt ausreichend sein kann, den Handelnden in das Zentrum des Geschehens zu rücken,

— oder die Tatherrschaft über das Gesamtgeschehen, die die Zentralgestalt charakterisiert, fällt auch demjenigen zu, der nur einen Teilakt täterschaftlich verwirklicht und hinsichtlich des anderen Aktes eine Teilnehmerrolle einnimmt.

Beide Varianten laufen auf das gleiche Ergebnis hinaus, nur der dogmatische Ansatz differiert: Im ersten Fall würde innerhalb der drei Kategorien Herrschaftsdelikte, eigenhändige Delikte und Sonderdelikte die Gruppe der Herrschaftsdelikte in einaktige und zweiaktige Delikte unterteilt, wobei innerhalb dieser Untergruppen die Schlüsselfigur durch die unterschiedliche Reichweite der Tatherrschaft ausgezeichnet würde. Im zweiten Fall würden die verschiedenen Erscheinungsformen der Tatherrschaft — Handlungsherrschaft, Willensherrschaft und funktionelle Tatherrschaft — um jeweils eine „Unter-Ausprägung" ergänzt, die allein bei zweiaktigen Delikten in Betracht kommt.

---

[90] Roxin, Tatherrschaft, S. 337 ff.

1. Teiltatherrschaft als das die Zentralgestalt charakterisierende Kriterium

Vorab sei bemerkt, daß eine Teiltatherrschaft als maßgebliches Täterkriterium nur im Hinblick auf die zweiaktigen Delikte denkbar ist und auch nur für den Fall täterschaftlicher Verwirklichung eines Teilaktes. Andernfalls würde die Täterlehre gesprengt, müßte doch auch jeder Mittäter eines einaktigen Deliktes wegen seiner „Teiltatherrschaft", ja sogar der Teilnehmer, der ebenfalls nur seinen Tatbeitrag beherrscht, zum Alleintäter avancieren.

Soll bei den zweiaktigen Delikten im Gegensatz zu den einaktigen Delikten der Beherrschung eines tatbestandsmäßigen Teilgeschehens täterschaftsbegründender Charakter zukommen, so stellt sich die Frage, welcher Umstand eine derartige Wertung rechtfertigen kann. Die Überlegung, daß durch die Herbeiführung eines tatbestandlichen Teilerfolges im Wege der Ausführung eines Teilaktes auch der Gesamterfolg, in den der Teilerfolg mit einfließt, in der Hand gehalten werde, führt zu einem Zirkelschluß. Denn das Endresultat des deliktischen Geschehensablaufs wird nur mitbeherrscht, und zwar gemeinsam mit dem anderen Beteiligten, der den notwendigen zweiten Teilerfolg bewirkt. Diese Mitbeherrschung kennzeichnet aber gerade die mittäterschaftliche Qualität des Tatbeitrags, die hier außer Frage steht und nicht per se den Umschlag in eine Alleintäterschaft auslösen kann. Die Grundlage für die Möglichkeit einer täterschaftsbegründenden Teiltatherrschaft muß allein in der spezifischen Struktur zweiaktiger Delikte gesucht werden, die die Abweichung von der ansonsten maßgebenden Gesamttatherrschaft nach sich ziehen könnte.

Wie schon angedeutet, wird die Zentralgestalt nicht bei allen Deliktsarten durch die Tatherrschaft bestimmt, sondern die Tatherrschaftslehre erkennt auch einen Deliktsbereich an, in dem eine Täterschaft ohne Tatherrschaft möglich ist: die Sonderdelikte. Die Sonderdelikte zeichnen sich durch Normierung einer speziellen Täterqualifikation aus, so daß als Täter nur bestraft werden kann, wer die besondere Täterqualifikation aufweist. Umgekehrt wird der Qualifizierte zum Teil stets, teilweise aber auch nur in bestimmten Fällen als Täter eingestuft, unabhängig davon, ob er die Tatherrschaft innehat oder nicht. Der Extraneus scheidet von vornherein als Täter aus, er kann nur Teilnehmer sein, auch wenn er die Tat beherrscht.

Zu den hier problematisierten Fallkonstellationen lassen sich gewisse Parallelen ziehen, da der Hintermann mangels Haupttat, die an die täterschaftliche Verwirklichung des zweiaktigen Deliktes seitens des anderen Beteiligten gebunden ist, nicht Teilnehmer daran sein kann, andererseits sich auch nicht ohne weiteres als Täter des zweiaktigen Deliktes einordnen läßt. Er stellt aber gewissermaßen den „Intraneus" dar, der die notwendigen Tätervoraussetzungen mitbringt, während der (mit-)ausführende Beteiligte diesbezüglich Mängel aufweist.

Wenn es hier um die Einordnung der zweiaktigen Delikte als selbständige Delikts(unter)kategorie mit spezifischen Täteranforderungen geht, so ließe sich erwägen, ob nicht die zweiaktigen Delikte ebenfalls eine sonderdeliktsähnliche Struktur aufweisen, quasi Sonderdelikte sui generis darstellen, bei denen es für die Täterschaft allein auf die Täterqualifikation, nicht aber unbedingt auf die vollständige Tatherrschaft ankommt.

a) Zweiaktige Delikte als Sonderdelikte sui generis

Einen entsprechenden Hinweis scheint die Beurteilung der Täterschaft bei § 146I Nr. 3 zu liefern. Soweit Täter des Inverkehrbringens nur derjenige sein kann, der die Verfügungsgewalt über das Falschgeld ausübt, wird eine besondere Täterqualifikation verlangt, die zum Täter des Inverkehrbringens nach ganz überwiegender Ansicht[91] auch werden läßt, wer einen dolosen Absatzgehilfen einschaltet, wer also nicht das unmittelbare Inumlaufbringen beherrscht. Der Absatzgehilfe scheidet mangels Täterqualifikation trotz seiner Tatherrschaft als Täter aus, und als Täter des § 146I Nr. 3 kommt nur der Hintermann in Betracht, der die Verfügungsgewalt über das Falschgeld ausübt. Eine so beschaffene Sonderdeliktsqualität des § 146I Nr. 3[92] kann denn auch ohne weiteres den Verzicht auf ein tatherrschaftliches Inverkehrbringen erklären.

Ausgehend von dem § 146I Nr. 3 als Sonderdelikt stellt sich dann aber die Frage, inwieweit er einen sonderdeliktsähnlichen Charakter auch für die anderen zweiaktigen Delikte indizieren könnte und worin die besondere Täterqualifikation bestehen soll.

Im Rahmen des § 146I Nr. 3 wird die Verfügungsgewalt über das Falschgeld durch die täterschaftliche Verwirklichung des ersten Teilaktes erlangt. Entsprechend ließe sich auch bei den anderen zweiaktigen Delikten die besondere Täterqualifikation durch die täterschaftliche Begehung des ersten Teilaktes beschreiben.

So ordnet beispielsweise der Tatbestand der nach § 307 Nr. 3 qualifizierten Brandstiftung die gegenüber dem Grunddelikt nach § 306 erhöhte Strafe an, „wenn der Täter, um das Löschen des Feuers zu verhindern oder zu erschweren, Löschgerätschaften entfernt oder unbrauchbar gemacht hat". Die Subjektsbeschreibung „der Täter" könnte sich auf den Täter des Grunddeliktes beziehen, die besondere Täterqualifikation bestünde dann in der täterschaftlichen Begehung der schweren Brandstiftung und als Täter des § 307 Nr. 3 käme von vornherein nur der Brandstiftungstäter in Frage. Ein tatherrschaftliches Entfernen oder Un-

---

91 LK-Herdegen § 146 Rn. 29; Dr-Tr § 146 Rn. 10; S/S-Stree § 146 Rn. 27.

92 Vgl. auch Horn NJW 77, 2332 (2334), der die Delikte des Nebenstrafrechts, die ein Inverkehrbringen von gefährlichen Gegenständen unter Strafe stellen, als ‚echte Sonderdelikte' ansieht.

brauchbarmachen der Löschgeräte könnte daneben für die Täterschaft unerheblich sein. Ebenso könnte Täter des erpresserischen Menschenraubes und der Geiselnahme nur der Entführungstäter sein, die Erpressung bzw. Nötigung könnte durch einen dolosen Gehilfen erfolgen. Im Rahmen des § 237 wäre eine derartig beschaffene Täterschaft gleichermaßen denkbar. Auch bei der Fälschung von Gesundheitszeugnissen könnte die besondere Täterqualifikation in der täterschaftlichen Fälschung bestehen, das Gebrauchmachen könnte ein doloser Gehilfe bewirken.

Maßgebend wäre in all diesen Fällen eine Teiltatherrschaft in Form der Beherrschung eines Teilaktes. Mit dem Wortlaut der einzelnen Tatbestände kollidiert die Annahme einer so beschaffenen Täterqualifikation jedenfalls nicht, da eine Interpretation der Formulierung „wer eine bestimmte Handlung vornimmt" im Sinne einer speziellen Täterqualifikation sich noch innerhalb des vom Wortlaut gesteckten Rahmens hält. Bei der Vergewaltigung und der sexuellen Nötigung wird eine solche Struktur sogar explizit durch die Tatbestandsfassung hervorgehoben. Täter ist, wer täterschaftlich nötigt, der Beischlaf oder die sexuellen Handlungen können von einem dolosen Dritten ausgeführt werden.

Nun könnte an dieser Stelle sofort eingewandt werden, gerade der spezielle Wortlaut der §§ 177, 178 stünde der Idee einer Einstufung zweiaktiger Delikte als Sonderdelikte sui generis entgegen. Soweit der Gesetzgeber ausdrücklich für die Täterschaft hinsichtlich eines zweiaktigen Deliktes die täterschaftliche Verwirklichung nur eines Aktes genügen lasse, könne dies in allen anderen Fällen nicht ausreichen. Dabei gilt es aber zu bedenken, daß schon nach der Fassung des § 177 a.F., die nicht den Zusatz „mit ihm oder einem Dritten" enthielt, der Beischlaf mit einem Dritten täterschaftsbegründend war.[93]

Lediglich bei dem Raub und dem räuberischen Diebstahl ist es mit dem Wortlaut des Tatbestands schwerlich vereinbar, den ersten Teilakt (qualifizierte Nötigung, bei einem Diebstahl auf frischer Tat betroffen sein) im Sinne einer besonderen Täterqualifikation zu verstehen. Möglich ist es dagegen auch bei der Verletzung des Briefgeheimnisses, jedoch muß der Täter des Öffnens sich auch stets selbst Kenntnis verschaffen.[94]

Nun wurde aber schon angedeutet, daß nicht bei allen Sonderdelikten auf die Tatherrschaft als maßgebliches Täterkriterium verzichtet wird. Sollte es in bestimmten Fällen neben der Täterqualifikation auf die Tatherrschaft ankommen, so müßten auch die zweiaktigen Delikte, wollte man ihnen eine sonderdeliktsähnliche Struktur zusprechen, der einen oder anderen Gruppe zugeordnet werden.

---

[93] Vgl. auch Sturm, Sonderausschuß VI, 53. Sitzung, S. 1635 f., der klarstellt, daß die Formulierung „mit ihm oder einem Dritten" sachlich keine Änderung gegenüber dem bisher geltenden Recht bedeutet, sondern nur den Tatbestand präzisiert; Olshausen § 177 Anm. 2b; v. Liszt / Schmidt S. 545.

[94] Siehe oben Zweiter Teil, C. II. 1. a) aa).

Eine vollständige Abkehr von der Tatherrschaft als Abgrenzungskriterium zwischen Täterschaft und Teilnahme im Bereich der Sonderdelikte hat Roxin vollzogen.[95] Er klassifiziert die Sonderdelikte als Pflichtdelikte, bei denen es nicht die abstrakte Qualifikation sei, die jemanden zum Täter macht, sondern die Innehabung einer spezifischen außerstrafrechtlichen, d.h. einem anderen Rechtsgebiet entspringenden Pflicht.[96] Maßgebliches Täterschaftskriterium stelle die Pflichtverletzung dar, derentwegen der Gesetzgeber den Verpflichteten als Zentralgestalt des tatbestandsmäßigen Geschehens und damit als Täter ansehe.[97] Da die Tatherrschaft des Verpflichteten in diesem Zusammenhang keine Rolle spielen soll, ist Roxins Ansicht nach das äußere Gewicht der Beteiligung gleichgültig, jedes wie immer geartete ‚Bewirken' reicht aus.[98] Als Teilnehmer stuft Roxin dementsprechend ein, wer an der Tatbestandserfüllung mitwirkt, ohne die täterschaftsbegründende außerstrafrechtliche Sonderpflicht zu verletzen.[99]

Wenn bei Roxin die außerstrafrechtliche Pflichtenstellung den maßgeblichen Aspekt bildet, der die Vernachlässigung der Tatherrschaft als Grundlage der Täterschaft rechtfertigt, dann fehlt es bei den zweiaktigen Delikten an einer vergleichbaren Konstellation. Der Täter des ersten Teilaktes verletzt allein eine rein strafrechtliche Pflicht. Andererseits läßt sich der Gedanke Roxins abstrakt formulieren, dergestalt, daß bei Sonderdelikten allein die Täterqualifikation den Betroffenen in das Zentrum des Geschehens rückt, so daß es nicht mehr der Tatherrschaft bedarf, um dem Täter die Schlüsselposition zuzuweisen.

Die von Roxin vertretene völlige Ausschaltung des Tatherrschaftsprinzips ist jedoch auch auf Widerstand gestoßen. Zum Teil[100] wird Roxins Kategorie der Pflichtdelikte mit spezifischer Täterbestimmung vollständig abgelehnt, so daß auch bei den Sonderdelikten Täterschaft und Teilnahme mit Hilfe des Tatherrschaftskriteriums gegeneinander abgegrenzt werden sollen. Um die Täterschaft eines intranen Hintermannes, der einen Extraneus zur Begehung eines Sonderdeliktes anstiftet, zu begründen, müsse wie bei der Benutzung eines absichtslos dolosen Tatmittlers auf eine normative Tatherrschaft des Hintermannes abgestellt werden. Ein derartiges Verständnis der Tatherrschaft ist jedoch aus denselben Gründen wie auch beim absichtslos dolosen Werkzeug abzulehnen.[101] Andere wiederum[102] stellen nicht wie Roxin je nach Deliktskategorie (Herrschaftsdelikte

---

95 Tatherrschaft, S. 352 ff.; ihm folgend Cramer, Bockelmann-Festschrift, S. 399; ders. S/S § 25 Rn. 44; Wessels AT § 13II2; Ebert AT S. 170 f.

96 Tatherrschaft, S. 353, 354.

97 Tatherrschaft, S. 354, 367.

98 Tatherrschaft, S. 379.

99 Tatherrschaft, S. 364.

100 Jescheck AT § 62II7; Gallas, Beiträge, S. 101 f.; Welzel Lb S. 104; ders. ZStW 58, 491 (544); Hünerfeld ZStW 99, 228 (240); Lackner § 25 Rn. 4.

101 Siehe oben Zweiter Teil, D. I.

102 Stratenwerth Rn. 797; SK-Samson § 25 Rn. 35; Jakobs 21/104, 116 f.; Bloy, Zurechnungstypus, S. 231 ff.; Herzberg, Täterschaft, S. 31 ff.

— Sonderdelikte) auf eine alternative Abgrenzung von Täterschaft und Teilnahme entweder nach der Tatherrschaft oder nach der Pflichtenstellung ab, sondern differenzieren innerhalb der Sonderdelikte: Prinzipiell komme es für die Täterschaft kumulativ auf das Vorliegen der Täterqualifikation und der Tatherrschaft an;[103] allein auf der Pflichtverletzung soll die Täterschaft nur beruhen, wenn der Tatbestand eine beliebige Handlung voraussetzt, wie z. B. bei der Untreue gem. § 266. Erfordert der Tatbestand dagegen eine spezielle Begehungsweise, so sei es nicht angängig, auf die Tatherrschaft zu verzichten.[104]

Für die hier aufgeworfene Überlegung, die zweiaktigen Delikte als Tatbestände mit sonderdeliktsähnlichem Charakter einzuordnen, müßte folgerichtig in Erwägung gezogen werden, ob für die Täterschaft neben der besonderen Täterqualifikation die Tatherrschaft verlangt werden muß, soweit der zweite Teilakt eine spezielle Handlung normiert. Eine solche besondere Tathandlung ist in der Regel gegeben, allenfalls bei den Tatbeständen der §§ 239a, 239b und 237, bei denen die Ausnutzung der Situation zu einer Erpressung, Nötigung oder sexuellen Handlungen verlangt wird, könnte das „Ausnutzen" als „beliebige" Handlung verstanden werden, die lediglich eine Erpressung, Nötigung oder sexuelle Handlung eines Dritten zum Ziel haben muß. In diesem Zusammenhang verwundert übrigens, daß bei § 146I Nr. 3, dem unabhängig von der hier erörterten Problematik wegen der maßgeblichen Verfügungsgewalt Sonderdeliktsqualität zukommt, ein tatherrschaftliches Inverkehrbringen nicht gefordert wird, denn das Inverkehrbringen stellt durchaus eine spezielle Begehungsweise dar. Lediglich Rudolphi[105] beschreitet diesen Weg, verfolgt ihn aber nicht konsequent: So will er den ohne Verfügungsgewalt agierenden Absatzgehilfen wegen seiner Tatherrschaft als Täter des § 147 bestrafen.[106] § 147 normiert als Tathandlung ebenfalls ein Inverkehrbringen, das wiederum die Innehabung der Verfügungsgewalt voraussetzt, an der es dem Absatzgehilfen jedoch fehlt.

Wollte man die zweiaktigen Delikte als entsprechend zu behandelnde Deliktskategorie auffassen, bei der die Täterschaft neben der besonderen Täterqualifikation in Form der täterschaftlichen Ausführung des ersten Teilaktes auch die Tatherrschaft bezüglich des zweiten Teilaktes voraussetzt, so könnte letztlich nur Täter sein, wer beide Teilakte täterschaftlich ausführt. In diesem Falle liegt aber schon nach den allgemeinen Grundsätzen offensichtlich eine Täterschaft vor, der Konstruktion einer besonderen Deliktskategorie bedürfte es nicht.

Allein der Ansatzpunkt Roxins würde hinsichtlich der anfangs gestellten Frage, ob bei zweiaktigen Delikten eine Täterschaft auch ohne täterschaftliche Verwirk-

---

103 Maurach / Gössel / Zipf AT2 47/91, 117.

104 Stratenwerth Rn. 797; SK-Samson § 25 Rn. 35; Jakobs 21/104, 116 f.; Bloy, Zurechnungstypus, S. 231 ff.; Herzberg, Täterschaft, S. 31 ff.; Maurach / Gössel / Zipf AT2 47/91.

105 SK § 146 Rn. 13; siehe auch oben Zweiter Teil, E. I. 1. d).

106 SK-Rudolphi § 146 Rn. 13.

lichung beider Akte möglich ist, weiterhelfen. Soweit innerhalb der Sonderdelikte die Tatherrschaft neben der besonderen Täterqualifikation als Konstitutivum der Täterschaft angesehen wird, dient als Argument, die Normierung einer Täterqualifikation solle in vielen Fällen den möglichen Täterkreis begrenzen, nicht aber einen Verzicht auf das Erfordernis der Tatherrschaft statuieren.[107] Die Folge der Straflosigkeit des intranen Hintermannes, der einen Extraneus zur Begehung des Sonderdeliktes anstiftet, müsse hingenommen werden.[108] Zudem wird gegen den absoluten Verzicht auf die Tatherrschaft bei den Pflichtdelikten angeführt, daß in diesem Falle der Sonderpflichtige niemals Teilnehmer sein könne, wie geringfügig sein Beitrag auch sein mag.[109] Aber auch bei den Sonderdelikten könne der Intraneus durchaus nur am Rande des Geschehens stehen.[110] Sich mit beliebigen Tatbeiträgen zu begnügen, verletze den Grundsatz „nullum crimen sine lege".[111] Roxins Wortlautargument,[112] nach dem bei einigen Pflichtdelikten ausdrücklich eine Tathandlung mit objektivem Hilfscharakter ausreicht, z. B. bei § 340 „begehen lassen", könne in diesem Zusammenhang nicht überzeugen. Es lasse nämlich ebensogut das argumentum e contrario zu, daß eben dort, wo nicht explizit erwähnt, eine Teilnehmerhandlung nicht genügen soll.[113]

Der Hinweis auf die Tatsache, daß der Sonderpflichtige niemals Teilnehmer sein könne, läßt sich nicht ohne weiteres von der Hand weisen, denn es ist in der Tat ungerechtfertigt, den Sonderpflichtigen stets als Zentralgestalt anzusehen, liegt auch das tatbestandsverwirklichende Geschehen vollständig in der Hand eines anderen. Dieses Mißverhältnis offenbart sich deutlich, wenn zwei Sonderpflichtige an der Deliktsbegehung beteiligt sind, wobei nur der eine die Tatherrschaft ausübt und der andere objektiv einen Beitrag von untergeordneter Bedeutung erbringt, also auch keine Mittäterschaft vorliegt. Dennoch sollen beide gleichermaßen als Täter bestraft werden. Eine Berücksichtigung der verschieden gewichteten Beiträge allein im Strafmaß befriedigt nicht, da allein der die Tatherrschaft Ausübende als Zentralgestalt auftritt und daher nur in seiner Person eine *Täter*strafe gerechtfertigt ist. Zu einem solchen Ergebnis gelangt man aber nur bei Berücksichtigung der Tatherrschaft neben der Täterqualifikation als Element der Täterschaft.

Roxin will mit seiner Lösung in erster Linie unbefriedigende Strafbarkeitslükken schließen, die insbesondere entstehen, sobald die Tatherrschaft von einem Extraneus ausgeübt wird und der Sonderpflichtige lediglich peripher beteiligt

---

107 Schroeder, Täter hinter dem Täter, S. 86; Bloy, Zurechnungstypus, S. 233.

108 Stratenwerth Rn. 796; Herzberg, Täterschaft, S. 33 f.; Bloy, Zurechnungstypus, S. 240.

109 Maurach / Gössel / Zipf AT2 § 47 Rn. 117; Stratenwerth Rn. 795.

110 Hardwig JZ 65, 667 (670).

111 Stratenwerth Rn. 795.

112 Tatherrschaft, S. 362.

113 Schroeder, Täter hinter dem Täter, S. 86.

ist. Unter Zugrundelegung des Tatherrschaftsprinzips wäre kein Täter vorhanden, so daß auch eine Teilnahme des Sonderpflichtigen ausschiede.[114] Gegen eine solche Konsequenz wendet Roxin ein: „das kann selbstverständlich nicht Wille des Gesetzes sein",[115] und wertet diesen Umstand als Beweis für die Richtigkeit der von ihm vorgeschlagenen Lösung. Er vernachlässigt dabei aber den Gedanken vom Täter als Zentralgestalt des tatbestandsmäßigen Geschehens, weil eben nicht stets der Pflichtige in das Zentrum des Geschehens rückt, sondern seine zentrale Position in der Regel durch die Tatherrschaft mitbestimmt wird.

Diese Bedenken können jedoch bei einer Kategorisierung der zweiaktigen Delikte als sonderdeliktsähnliche Delikte nicht in gleicher Weise Geltung beanspruchen. Denn im Gegensatz zu dem Verpflichteten innerhalb der Pflichtdelikte im Sinne Roxins würde der bei den zweiaktigen Delikten besonders Qualifizierte einen Tatbeitrag leisten, kraft dessen er nicht mehr als ein am Rande Stehender beurteilt werden könnte. Stets würde er einen Beitrag erbringen, der ihm die kollektive Tatherrschaft über das Gesamtgeschehen zusammen mit dem anderen Beteiligten vermitteln würde, ihn gemeinsam mit dem anderen in das Zentrum des Geschehens rücken würde, fehlte es diesem nicht an mittäterschaftlichen Voraussetzungen.

Der Versuch einer Klassifikation der zweiaktigen Delikte als eigene Deliktskategorie, innerhalb derer für die Täterschaft modifizierte Anforderungen gelten, läuft also nicht völlig ins Leere. Befriedigen kann er aber insofern nicht, als die „Täterqualifikation" an die täterschaftliche Verwirklichung und damit an die Teiltatherrschaft bezüglich des jeweils ersten Teilaktes anknüpft. So könnte beispielsweise nicht Täter sein, wer ein Behältnis von einem Gehilfen öffnen läßt, um sich selbst Kenntnis zu verschaffen (§ 202II), oder wer ein Zeugnis fälschen läßt, um es später selbst zu gebrauchen (§ 277). Diese Konstellationen unterscheiden sich jedoch materiell nicht von den anderen, eine differenzierte Behandlung hinsichtlich der Täterschaft läßt sich nicht überzeugend rechtfertigen.

Soll diese Einseitigkeit vermieden werden, so ist andererseits den Tatbeständen kein Anhaltspunkt zu entnehmen, warum der Gesetzgeber gerade hier auf eine Tatherrschaft hinsichtlich des Gesamtgeschehens verzichtet und als Täter auch denjenigen einstuft, der nur einen Teilakt täterschaftlich ausführt und hinsichtlich des anderen nur als Teilnehmer fungiert.

b) H. Mayer

H. Mayer erblickt einen entsprechenden Hinweis in den §§ 47, 48, 49 a.F. Seiner Meinung nach hat der Gesetzgeber bei der Regelung der Mittäterschaft den Fall der Benutzung eines dolosen Gehilfen, der ein unentbehrlichen Beitrag

---

114 Tatherrschaft, S. 356.

115 Tatherrschaft, S. 356, vgl. auch S. 656.

zur Tatbestandsverwirklichung leistet, übersehen. Es bestehe aber kein Zweifel, daß § 49 (a.F.) auch den Hauptgehilfen erfaßt und daher die Strafbarkeit eines Täters, der einen solchen Hauptgehilfen einschaltet, vorausgesetzt und anerkannt wird. Zudem sei dem § 48 (a.F.) zu entnehmen, daß der Anstifter für das dolose Handeln des Angestifteten haftet. Folglich müsse die eigenhändige Tat plus die Gehilfenanstiftung in einer täterschaftlichen Haftung für das Ganze analog § 47 (a.F.) aufgehen.[116] Dabei soll es sich um eine „unechte fremdhändige Täterschaft" handeln.[117] Nach der hier verwandten Terminologie müßte sie entsprechend als unechte mittelbare Täterschaft bezeichnet werden.

Während H. Mayer in seinem Lehrbuch diese Lösung unabhängig von der Beteiligung des Hintermannes an der unmittelbaren Tatbestandsverwirklichung anwendet, verlangt er später, nach entsprechenden Vorhaltungen von Gallas,[118] die Beteiligung des Hintermannes an der unmittelbaren Ausführung.[119]

H. Mayer vertritt hinsichtlich der Täterbestimmung eine Mischtheorie.[120] Denjenigen, der den Tatbestand eigenhändig verwirklicht, stuft er stets als Täter ein. Mittäter könne nur sein, wer sich unmittelbar im Ausführungsstadium beteiligt, wobei in diesem Falle jeder als Mittäter anzusehen sei, der Täterwillen besitzt. Ein solcher Täterwille soll vorliegen, wenn der Beteiligte gegenüber den übrigen Mittätern den gleichen Willensanteil besitzt und nicht unter der Willensführung der anderen steht.[121] Mit dieser Umschreibung nähert sich H. Mayer inhaltlich stark an die Tatherrschaftslehre an, so daß seine Ausführungen auch hier von Wert sein können.

Die Plastizität der von H. Mayer gewählten Umschreibung der Beteiligungsform des Hintermannes als unechte fremdhändige Täterschaft kann nicht von der Hand gewiesen werden. Sie stellt einerseits heraus, daß der Täter den Tatbestand nicht vollständig selbst verwirklicht, sich aber andererseits seine Beziehung zu dem unmittelbar (Mit-)Ausführenden nicht wie in den typischen Fällen der mittelbaren Täterschaft gestaltet.

Es stellt sich aber die Frage, ob auch materiell die von ihm vorgebrachte Begründung der Täterschaft des Hintermannes überzeugen kann. Soweit er aus der Beihilfenorm (§ 49 a.F.) auf die Täterschaft schließt, ermittelt er den Täter sekundär und zwar formal-negativ: Weil der (Mit-)Ausführende nicht Täter sein kann und daher nur als Gehilfe in Betracht kommt, muß der Hintermann Täter sein. Dieser Ansatz ist verfehlt, denn es bedarf einer primären Täterbestimmung, damit die Täterschaft nicht zum Lückenbüßer für diejenigen Fälle degradiert

[116] Lb S. 308 f.; ders. Rittler-Festschrift, S. 249 Anm. 23.
[117] Lb S. 308; ders. Rittler-Festschrift, S. 249 Anm. 23.
[118] Beiträge, S. 101.
[119] Rittler-Festschrift, S. 249 Anm. 23.
[120] So bezeichnet von Roxin, Tatherrschaft, S. 88 f.
[121] Lb S. 314 f.

wird, in denen sich das für strafwürdig und strafbedürftig erachtete Verhalten auf andere Weise nicht befriedigend erfassen läßt. Ebenso führt der Hinweis auf die durch § 48 a.F. angeordnete Haftung des Anstifters für das dolose Handeln des Veranlaßten nicht weiter. Denn es handelt sich dabei um eine Haftung für fremdes Unrecht, während die Täterschaft eine Haftung für eigenes Unrecht beinhaltet. Es ist daher nicht einzusehen, warum der Anstiftungsnorm konstitutive Wirkung auch im Hinblick auf die Täterschaft beigemessen werden soll.

Zu Recht hebt dagegen H. Mayer den Umstand hervor, daß dem § 47 (a.F.) in sinnvoller Weise Bedeutung nur zukommen kann, wenn der Täter nicht schon für sich allein tatbestandsmäßig handelt und der andere Beteiligte lediglich einen entbehrlichen Tatanteil setzt.[122] Auch die Funktion der Nachfolgenorm § 25II besteht gerade in ihrer konstitutiven Wirkung, indem sie die täterschaftliche Haftung unter bestimmten Voraussetzungen auf denjenigen ausweitet, der außertatbestandlich handelt. Mayer folgert nun aus der in § 47 (a.F.) explizit angeordneten Zusammenrechnung der Tatanteile mehrerer mit gemeinsamem Vorsatz handelnder Personen, daß eine Addition zum täterschaftlichen Ganzen auch möglich sein muß, wenn der einen unentbehrlichen Beitrag leistende Gehilfe nicht Mittäter sein kann.[123]

Eine ähnliche Überlegung bringt Gallas vor: „denn da in einem solchen Falle die Zusammenarbeit mit einem Mittäter für den Hintermann Strafbarkeit als Täter des gemeinsam verwirklichten Tatbestandes begründen würde, muß das auch für die Zusammenarbeit mit einer Person gelten, die mangels besonderer Qualifikation nur als Gehilfe erscheint. Der Hintermann wäre also in solchen Fällen als unmittelbarer Täter (arg. § 47) zu bestrafen.".[124]

So überzeugend diese Lösung erscheint, legt sie doch die auch hier anfangs angestellten Überlegungen zugrunde, sie darf nicht ergebnisorientiert auf eine hinreichende, mit der Täterlehre übereinstimmende Begründung der Täterschaft verzichten. Die von H. Mayer vorgeschlagene analoge Anwendung des § 47 a.F. (= 25II n.F.) irritiert schon deshalb, weil die die Mittäterschaft statuierende Norm zur Konstruktion einer fremdhändigen, also mittelbaren Täterschaft herhalten soll. Zudem handelt es sich um eine analoge Anwendung zu Lasten des Beteiligten, die mit Art. 103II GG kollidieren könnte. Diese Unstimmigkeiten vermeidet Gallas, indem er auf die unmittelbare Täterschaft zurückgreift. Einer positiven Begründung enthält er sich jedoch gleichermaßen. Der Verweis auf § 47 könnte als Erst-recht-Schluß aufzufassen sein, damit setzt er sich aber über die phänomenologischen und materiellen Differenzen der einzelnen Täterschaftsformen hinweg.

---

122 Lb S. 308.

123 Lb S. 308 f.; vgl. auch Rittler-Festschrift, S. 249 Anm. 23.

124 Beiträge, S. 101.

Wenn auch dem § 25II bzw. § 47 a.F. die gesetzgeberische Wertung innewohnt, daß derjenige, der mit anderen gemeinschaftlich die Tat ausführt, indem er einen wesentlichen Tatbeitrag leistet, als Täter haften muß, so läßt sich nicht folgern, daß damit der Gesetzgeber eine Alleintäterschaft aufgrund der Beherrschung eines wesentlichen Tatteils anerkennt, zumal der Mittäterschaftsnorm keine Beschränkung auf bestimmte Deliktskategorien zu entnehmen ist. Würde aber die Teiltatherrschaft stets Alleintäterschaft begründen, so wäre die Mittäterschaft obsolet. Dies wiederum kann nicht Wille des Gesetzgebers sein.

Die Aussagekraft des § 25II beschränkt sich damit auf einen reinen Wertungsaspekt: Derjenige, der die mittäterschaftlichen Voraussetzungen erfüllt, muß sich als Täter einstufen lassen, selbst wenn andere mittäterschaftlich haftende Beteiligte nicht vorhanden sind.

Wenn also die zweiaktigen Delikte keine eigenständige Deliktsgruppe bilden, innerhalb derer die Täterschaft nach spezifischen Kriterien bewertet wird, dergestalt, daß schon die Teiltatherrschaft aufgrund täterschaftlicher Verwirklichung eines Teilaktes ausreicht, dann kann als Anknüpfungspunkt für die Begründung der Täterschaft nur noch die Erscheinungsform der Tatherrschaft selbst dienen.

Roxin versteht die Tatherrschaft als „offenen Begriff", der sich durch ein beschreibendes Verfahren unter Einbau von regulativen Prinzipien auszeichnet.[125] Der Vorteil einer Beschreibung gegenüber einer exakten Definition besteht seiner Meinung nach darin, daß diese in der Lage sei, die unterschiedlichen Erscheinungsformen der Beteiligung zu erfassen, indem sie einerseits typische Konstellationen scharf konturiere und einer generalisierenden Betrachtung zugänglich mache, andererseits für Ergänzungen bei neuartigen Konstellationen offen bleibe. Ein solcher Tatherrschaftsbegriff sei daher nicht „formelhaft eingegrenzt".[126]

Damit besteht prinzipiell die Möglichkeit, bei den hier herausgearbeiteten Konstellationen bezüglich zweiaktiger Delikte die Erscheinungsformen der Tatherrschaft dahingehend zu ergänzen, daß dem Hintermann die Tatherrschaft über das zweiaktige Geschehen zukommen kann, obwohl er nicht beide Einzelakte beherrscht.

2. Gesamttatherrschaft ohne Beherrschung der Einzelakte

Gegenüber dem vorangegangenen Versuch der Klassifikation der zweiaktigen Delikte als eigenständige Deliktskategorie mit spezifischen Anforderungen an die Täterschaft bietet die Anknüpfung an eine Gesamttatherrschaft zwei systematische Vorteile: Zum einen kann auf der Basis einer Gesamttatherrschaft die Einheit innerhalb der Herrschaftsdelikte gewahrt werden. Täter ist dann stets,

---

125 Tatherrschaft, S. 122 ff.

126 Tatherrschaft, S. 124; ders. LK § 25 Rn. 36.

wer die Tatherrschaft über das gesamte tatbestandsmäßige Geschehen ausübt, wobei allein die konkrete Erscheinungsform der Tatherrschaft bei den einaktigen und zweiaktigen Delikten entsprechend ihrer strukturellen Unterschiede variiert. Darüber hinaus besteht die Überlegenheit in der Möglichkeit, innerhalb gleichgelagerter Konstellationen übereinstimmende Ergebnisse zu liefern. Während die Kategorisierung der zweiaktigen Delikte als eigenständige Delikte stark von dem Wortlaut des jeweiligen Tatbestandes abhängig ist und sich somit einer gewissen Einseitigkeit ausgeliefert sieht, lassen sich über eine modifizierte Gesamttatherrschaft identische Konstellationen als Täterschaft erfassen, unabhängig von der rein faktischen Verteilung der Tatbeiträge, die oftmals von einzelfallbezogenen Praktikabilitätserwägungen getragen wird.

Im Zusammenhang mit seinen Überlegungen zum dolosen Gehilfen, der einen unentbehrlichen Beitrag leistet, beschreibt H. Mayer den Hintermann als denjenigen, der den Tatanteil des Gehilfen zu seinen Zwecken benutzt, ihn in seinen Plan einordnet.[127] Die sich dahinter verbergende Paraphrasierung der Tatherrschaft — genausogut ließe sich nämlich sagen, der Hintermann lenke zweckbewußt das Kausalgeschehen auf den tatbestandsmäßigen Erfolg hin, indem er einen dolosen Gehilfen einschaltet — erweckt den Eindruck, der koordinierende Hintermann sei als Herr der gesamten Tat anzusehen. Aber wenn dem so ist, dann stellt sich die Frage, worauf sich diese Tatherrschaft im Einzelnen gründet. Es fehlt doch an einer Beherrschung des dolosen Gehilfen, der seinerseits das von ihm verwirklichte tatbestandsmäßige Teilgeschehen beherrscht und damit den Hintermann insoweit von einer Herrschaft ausschließt. Es reicht gerade nicht aus, daß der Hintermann den Vordermann als bloßen Kausalfaktor benutzt, sondern er muß ihn zudem in der Hand haben, damit das Verhalten des Tatmittlers ihm als eigenes zugerechnet werden kann.

Eine Beherrschung des Gesamtgeschehens muß in der Tat stets ausscheiden, soweit der zweiaktige Handlungsablauf in zwei separate Teilstücke aufgeteilt wird und die Gesamttatherrschaft als Beherrschung der Einzelakte verstanden wird. Der wunde Punkt liegt dabei in einer rein naturalistischen Bestimmung der Tatherrschaft bei zweiaktigen Delikten als faktische Herrschaft. Eine Herrschaft desjenigen, der als Zentralgestalt des zweiaktigen Geschehensablaufes erscheint, obwohl er nur einen Teil des tatbestandsmäßigen Geschehens unmittelbar beherrscht und zu dem anderen Teilakt eine Teilnehmerposition aufweist, kann nur im Wege eines auch normativen Verständnisses der Tatherrschaft gewonnen werden. Dieses muß sich strikt an den zweiaktigen Tatbeständen und an der in ihnen zum Ausdruck kommenden gesetzgeberischen Wertung ausrichten. Legt nämlich auch der Gesetzgeber bezüglich der Täterschaft das Leitprinzip des Täters als Zentralgestalt zugrunde, so ist diese Wertung den Tatbeständen immanent. Ihre Charakteristika, also die Faktoren, die das spezifische Unrecht begründen, geben gleichzeitig diejenigen Umstände an, zu denen ein unmittelba-

127 Lb S. 308.

rer personaler Bezug bestehen muß, um jemanden als Zentralgestalt erscheinen zu lassen. Dabei dürfen aber nur solche Faktoren von Bedeutung sein, die auch äußerlich in Erscheinung treten, andernfalls sieht sich eine normative Betrachtungsweise den Vorwürfen ausgesetzt, die gegenüber einer normativen Tatherrschaft bei Benutzung eines absichtslos oder qualifikationslos dolosen Tatmittlers erhoben werden.

Fragt man nach dem Charakteristikum zweiaktiger Delikte, so liegt dieses in der Zusammensetzung aus zwei in der Regel selbständig strafbaren Teilakten. Dabei muß sich aber ihr Gehalt nicht in der Addition zweier Tathandlungen erschöpfen, sondern es kann ihnen ein darüber hinausgehender Wert zukommen, der sie über die Summe der Einzelakte hinaushebt. Eine derartige „Wertsteigerung" ließe sich als synergetischer Effekt umschreiben. Hebt sich der Status der zweiaktigen Delikte von der Addition der Einzelakte ab, so könnte damit eine Entsprechung in der Erscheinungsform der Tatherrschaft einhergehen, indem sich die Tatherrschaft gleichermaßen von der bloßen Summe der Beherrschung der jeweiligen Einzelakte loslöst. Durch die Parallelität zwischen Tatbestandsstruktur und Ausprägung der Tatherrschaft würde die Tatbestandsbezogenheit des Tatherrschaftsbegriffes gewahrt, denn eine so modifizierte Tatherrschaft bezöge sich allein auf die zweiaktigen Tatbestände mit der ihnen eigenen Struktur. Will man nun aber eine solche, von der Addition der Teilakte losgelöste Tatherrschaft erscheinungsbildlich konkretisieren, so bedarf es einer eingehenderen Betrachtung, inwieweit den zweiaktigen Delikten überhaupt ein synergetischer Effekt immanent ist und worin sich dieser äußert.

a) Synergetischer Effekt zweiaktiger Delikte

Soll der besondere Unwert zweiaktiger Delikte über die Summe der Einzelakte hinausgehen, so muß gelten:

$$\text{Unwert des zweiaktigen Deliktes} = (\text{Teilakt } 1 + \text{Teilakt } 2) \times X\,.$$

Dem Faktor X kommt die Funktion zu, den zweiaktigen Tatbestand über das bloße Zusammentreffen der Einzelakte hinauszuheben, ihn auf eine andere Stufe zu stellen, so daß er einen selbständigen Deliktscharakter erhält.

aa) Die einzelnen zweiaktigen Delikte

Anerkannte Delikte sui generis stellen der Raub und der räuberische Diebstahl dar. Ihnen liegt nicht bloß die Kumulation von Diebstahl und qualifizierter Nötigung in einem bestimmten zeitlichen Rahmen zugrunde, bei der die Nötigung als reines Unrechtsplus zum Diebstahl hinzutritt und umgekehrt, sondern es kommt insbesondere auch der spezifischen Verknüpfung dieser Akte unrechtsbegründende Funktion zu. Sie ist Ausdruck einer besonderen Gefährlichkeit des

Täters, der sich von der Zueignungsabsicht zu Aggressionstaten gegenüber anderen Personen motivieren läßt.[128] Raub und räuberischer Diebstahl stellen daher weder einen qualifizierten Diebstahl noch eine spezielle Form der Nötigung dar, sondern ein gegenüber den Einzelelementen selbständiges Delikt mit eigenem Unrechtscharakter.

Der für den synergetischen Effekt maßgebende Faktor liegt also in der besonderen Verbindung der Teilakte, denn der Täter wird nicht allein bestraft, weil er sowohl den einen als auch den anderen Teilakt verwirklicht hat, sondern weil er diese Teilakte in einen funktionalen Zusammenhang stellt, der dem deliktischen Tun ein besonders unwertes Gepräge verleiht.

Auch bei der Entführung gegen den Willen der Entführten (§ 237) kommt es nicht auf die bloße Addition von Entführung und der Vornahme sexueller Handlungen an. Vielmehr muß die durch die Entführung geschaffene hilflose Lage der Frau bewußt eingesetzt werden, um sich ihr gegen ihren Willen sexuell nähern zu können, wobei diese Absicht nicht schon zum Zeitpunkt der Entführung gehegt werden muß. Während der erste Teilakt für sich genommen als Freiheitsberaubung (§ 239) oder Nötigung (§ 240) strafbar sein kann, kommt dem zweiten Teilakt per se keine strafrechtliche Relevanz zu.[129] Erst die Verknüpfung der Teilakte schafft eine neue, und zwar sexualbezogene strafrechtliche Dimension, die auf der Verletzung des sexuellen Selbstbestimmungsrechts der Frau basiert. So erhält der zweite Akt durch die Verbindung mit dem ersten Teilakt sein deliktisches Gewicht. Gleiches gilt für die Entführung, denn ihr spezifischer Unrechtscharakter als Tatmittel, das nicht von den §§ 177, 178 und 179 erfaßt wird, ergibt sich nur im Zusammenhang mit dem zweiten Akt. Damit wohnt dem Gesamtdelikt ein im Verhältnis zu der Summe der Einzelakte anderer Wert inne.

Ebenso verhält es sich bei der Vergewaltigung und der sexuellen Nötigung. Sie stellen zwar im Grunde „nur“ qualifizierte Nötigungshandlungen dar,[130] richten sich aber mit der Verletzung des sexuellen Selbstbestimmungsrechts gegen

---

128 RGSt 73, 343 (345); BGHSt 9, 255 (257); 26, 95 (96); SK-Samson § 249 Rn. 26; LK-Herdegen § 249 Rn. 1; Schünemann JA 80, 349 (349); a.A. Jakobs JR 84, 385 (386 f.), der beim Raub auf die Ausnutzung einer qualifizierten Wehrlosigkeit durch den für diese Lage Zuständigen abstellt; z.T. wird im Schrifttum zu § 252 im Gegensatz zu § 249 die besondere Gefährlichkeit der tatauslösenden Situation und die daraus resultierende Gefährlichkeit des Täters hervorgehoben, so Geilen Jura 79, 614, 669; LK-Herdegen § 252 Rn. 3.

129 Es sei denn, die Vornahme sexueller Handlungen wird mit Gewalt bzw. Drohung erzwungen (§§ 177, 178) oder das Opfer befindet sich schon in einem Zustand der in § 179 vorausgesetzten Art; der Anwendungsbereich des § 237 erstreckt sich jedoch gerade auf die von den §§ 177, 178, 179 nicht erfaßten Vorgehensweisen, so daß diese hier unberücksichtigt bleiben.

130 Vgl. auch Schlee, Sonderausschuß VI, 52. Sitzung, S. 1615; nach der Rechtsprechung wird das Unrecht schon durch die Nötigungshandlung begründet, BGH MDR/D 73, 17; BGHSt 6, 226 (228); BGH JR 83, 158 (159).

eine spezielle Ausprägung der umfassend geschützten persönlichen Freiheit und können daher als gegenüber der Nötigung eigenständige Delikte eingeordnet werden,[131] was auch durch die Plazierung im 13. Abschnitt des StGB bestätigt wird. Wie auch bei der Entführung gegen den Willen der Entführten schafft die besondere Verknüpfung von Nötigungshandlung und Beischlaf bzw. sexueller Handlung die sexualbezogene Dimension der Delikte und damit den besonderen Deliktscharakter, der sich von der Summe der Einzelakte abhebt.

In einer den §§ 177, 178 ähnlichen Weise ist den Tatbeständen des erpresserischen Menschenraubs und der Geiselnahme (§§ 239a, 239b) ein qualifizierendes Element inhärent. Sie könnten als durch den Einsatz eines speziellen Nötigungsmittels qualifizierte Tatbestände der Erpressung bzw. Nötigung angesehen werden,[132] dies insbesondere, seitdem aufgrund des StÄG vom 16.6.1989 auch das Entführungsopfer als Erpressungs- bzw. Nötigungsadressat in Betracht kommt.[133]

Andererseits weisen sie wegen der Entführungs- und Bemächtigungskomponente eine starke Nähe zu den Freiheitsdelikten auf, der durch den vorrangigen Schutz der persönlichen Freiheit gegenüber dem nur sekundären Vermögensschutz bei § 239a und dem zurücktretenden Schutz der Dispositionsfreiheit bei § 239b Ausdruck verliehen wird.[134]

Die Verknüpfung der einzelnen Akte prägt gerade bei personalem Auseinanderfallen von Entführungs- und Erpressungs- bzw. Nötigungsopfer den besonderen Unrechtsgehalt der Tatbestände. Durch die Herrschaft über das Entführungsopfer kann dieses vom Täter als Mittel zum Zweck eingesetzt werden, um die vom Täter erstrebten Ziele durchzusetzen.[135] Die damit verbundene unmittelbare Gefahr für die körperliche Integrität des Opfers, die Abhängigkeit seiner Unversehrtheit von dem Erpressungs- bzw. Nötigungserfolg, signalisiert eine gesteigerte Gefährlichkeit des Täters, weil er zur Erreichung seiner Ziele jederzeit zur Verletzung des Opfers bis hin zur Tötung bereit ist.[136] Diese extrem verwerfliche Vorgehensweise, der eine Lebensgefährdung des Opfers geradezu innewohnt, wird in ihrem Unwertgehalt zudem noch durch die Ausnutzung der Sorge eines

---

131 Vgl. auch Hanack Gutachten A64 Rn. 85.

132 Vgl. auch Schlee und Wulf, Sonderausschuß VI, 49. Sitzung, S. 1552 f., Schlee, Sonderausschuß VI, 49. Sitzung, S. 1560.

133 Vgl. Kunert / Bernsmann NStZ 89, 449 (450).

134 Vgl. Klug, Sonderausschuß VI, 49. Sitzung, S. 1548; v. der Leye, Sonderausschuß VI, 49. Sitzung, S. 1555; Dr-Tr § 239a Rn. 4, 239b Rn. 1; Lackner § 239a Rn. 1, 239b Rn. 1; Müller-Emmert / Maier MDR 72, 97 (97); dagegen sehen S/S-Eser § 239a Rn. 3 und Maurach / Schroeder / Maiwald BT1 § 15 Rn. 25 den deliktischen Schwerpunkt bei § 239a in der Erpressungskomponente.

135 Vgl. Klug, Sonderausschuß VI, 49. Sitzung, S. 1548; Wulf, Sonderausschuß VI, 49. Sitzung, S. 1551, 1556; de With, Sonderausschuß VI, 49. Sitzung, S. 1552; Neuberger, Sonderausschuß VI, 49. Sitzung, S. 1567.

136 Vgl. die in der vorhergehenden Anm. Genannten; Bohlinger JZ 72, 230 (231); Backmann JuS 77, 444 (446).

unbeteiligten Dritten verstärkt.[137] Der spezifische Deliktscharakter der §§ 239a, 239b wird damit entscheidend durch die Verknüpfung der Einzelakte geprägt, so daß auch diesen Delikten ein synergetischer Effekt innewohnt.

Die zweiaktigen Tatbestände der Geldfälschung (§ 146I Nr. 3), der Verletzung des Briefgeheimnisses (§ 202II), der Fälschung von Gesundheitszeugnissen (§ 277) und der qualifizierten Brandstiftung (§ 307 Nr. 3) zeichnen sich dagegen in anderer Weise aus.

So fassen die §§ 146I Nr. 3, 202II und 277 typischerweise aufeinanderfolgende Handlungen in einem einheitlichen Tatbestand zusammen. Nur wer vorher das Geld nachgemacht, verfälscht oder sich verschafft hat, ist faktisch in der Lage, es in den Verkehr zu bringen. Die Öffnung des verschlossenen Behältnisses, das das Schriftstück enthält, ist unverzichtbare Voraussetzung der Kenntnisnahme. Ebenso ist ein Gebrauch des falschen oder unechten Gesundheitszeugnisses nur möglich, wenn es zuvor ausgestellt oder verfälscht wurde. Die Tathandlungen stehen mithin in einem Stufenverhältnis zueinander: Der erste Akt normiert im Hinblick auf das betroffene Rechtsgut die Vorbereitungs-, so bei den §§ 146I Nr. 3 und 277, bzw. die Gefährdungshandlung, so bei § 202II, während der zweite Akt die nachfolgende Gefährdungs- (§§ 146I Nr. 3, 277) bzw. Verletzungshandlung (§ 202II) enthält. Im Mittelpunkt des Deliktsunrechts steht also nicht der auf der besonderen Verknüpfung beruhende spezifische Unwert, der zur Herausbildung eines eigenständigen Deliktstypus führt, sondern es geht schlichtweg um die Normierung eines den Lebensvorgängen angepaßten einheitlichen Delikts, dessen Schwerpunkt in dem zweiten Akt liegt, weil dieser die intensivere Rechtsgutsbeeinträchtigung beinhaltet.

Der Tatbestand der nach § 307 Nr. 3 qualifizierten Brandstiftung läßt sich nicht der einen oder anderen Gruppe zuordnen. Der Umstand, daß durch die beiden Tathandlungen dasselbe Rechtsgut angegriffen wird und der § 307 Nr. 3 als Qualifizierung auf dem Grundtatbestand der Brandstiftung aufbaut, spricht dafür, ihm keinen selbständigen Deliktscharakter gegenüber der Summe der Einzelakte einzuräumen. Zumal seine gesetzestechnische Funktion darin besteht, bestimmte strafzumessungserhebliche Faktoren dem richterlichen Ermessen bei Würdigung von Tat und Täter zu entziehen und einem eigenständigen Strafrahmen zu überantworten. Andererseits könnte gerade letzteres wiederum auch ein Indiz für eine gesetzgeberische Bewertung des § 307 Nr. 3 als eines wegen des besonderen Unrechtsgehalts selbständigen Delikts liefern. Die Unbrauchbarmachung bzw. Entfernung von Löschgeräten zusätzlich zur Brandstiftung würde dementsprechend die Gesamttat als solche zu einer qualitativ und nicht nur quantitativ anderen machen. So vertritt Stree[138] die Ansicht, bei Qualifikationstatbeständen schaffe das Hinzutreten des qualifizierenden Merkmals kein bloßes

137 Vgl. Kunert / Bernsmann NStZ 89, 449 (450).

138 Stree, Heinitz-Festschrift, S. 290; ders. Peters-Festschrift, S. 191.

Unrechtsplus, sondern es verändere sich die Unwertstärke. Grunddelikt und Qualifikation fügten sich zu einer Einheit zusammen, deren Unrechtsschwere die Summe aus dem Unrechtsgehalt des Grunddelikts und dem der Qualifikation übersteige oder doch zumindest übersteigen könne.

Wenn sich auch Grunddelikt und der qualifizierende Akt zu einer einheitlichen Tat verbinden, so ändert aber das Grunddelikt als Element des qualifizierten Tatbestandes nicht notwendig seinen Unrechtscharakter. Zwar besteht der erhöhte Unrechtsgehalt des qualifizierten Delikts in dem funktionellen Zusammenspiel von Grundtatbestand und Qualifikationsmerkmal, aber dieses Zusammenspiel verändert nicht den spezifischen Charakter der Einzelakte. So weist die Brandstiftung als solche auch innerhalb des qualifizierten Tatgeschehens keine von dem separaten Grunddelikt der Brandstiftung abweichende Unrechtsgestalt auf. Ihr Unrechtscharakter bleibt bei Einbeziehung in das qualifizierte Geschehen konstant, und der qualifizierende Umstand tritt lediglich additiv hinzu. Damit wird das Maß des Unrechts innerhalb des Gesamtgeschehens erhöht, so daß in dieser Form von einer Modifikation des Unrechts gesprochen werden kann. Die rein quantitative Steigerung des Unrechts läßt aber den Deliktscharakter der Gesamttat im Vergleich zu der Summe der Einzelakte unberührt, so daß § 307 Nr. 3 nicht als gegenüber der Summe der Einzelakte eigenständiges Delikt eingeordnet werden kann.[139]

Zusammenfassend läßt sich festhalten: Als Delikte mit synergetischem Effekt, bei denen also der deliktische Gehalt des zweiaktigen Tatbestandes über die Summe der Einzelakte hinausgeht, kommen nur die Tatbestände des §§ 249, 252, 237, 177, 178, 239aI 2.Alt. und 239bI 2.Alt. in Betracht.

Da damit durchaus zweiaktige Delikte der anfangs für die Möglichkeit einer übergeordneten Tatherrschaft vorausgesetzten Art existieren, stellt sich nun die Frage, wie der besondere Deliktscharakter in die Ausprägung der Tatherrschaft bei solchen zweiaktigen Delikten transponiert werden kann, so daß als Tatherr auch derjenige erscheint, der nicht sämtliche tatbestandsmäßigen Teil-Handlungsabläufe beherrscht.

bb) Übertragung des synergetischen Effekts in die Ausprägung der Tatherrschaft

Ausgangspunkt der Ermittlung einer bei den zweiaktigen Delikten phänomenologisch variierenden Tatherrschaft bildet der Umstand, daß der Hintermann allein nicht als (Mit-)Täter des Deliktes erfaßt werden kann, wenn es dem anderen Beteiligten an den für die mittäterschaftliche Haftung notwendigen Voraussetzungen fehlt. Es erscheint aber unbillig, diese Haftungsentlastung nun gleichermaßen dem Hintermann zukommen zu lassen, obwohl dieser alle Täterschaftsvorausset-

139 Vgl. auch Bemmann, Gallas-Festschrift, S. 278.

zungen mitbringt und zudem einen Tatbeitrag leistet, aufgrund dessen er das tatbestandsmäßige Geschehen mitbeherrscht.

Wenn aufgrund dieser Überlegungen dem Hintermann eine Schlüsselposition zugesprochen wird, dann muß die von ihm ausgeübte Tatherrschaft auch an eben diese Gegebenheiten anknüpfen. Eine modifizierte Gesamttatherrschaft bei zweiaktigen Delikten setzt daher mindestens die Tatherrschaft über ein tatbestandsmäßiges Teilgeschehen (= Teilakt), d.h. die täterschaftliche Verwirklichung eines Teilaktes voraus. Damit wird zugleich gewährleistet, daß sich die Tatherrschaft bei zweiaktigen Delikten nicht vollständig von faktischen Herrschaftsverhältnissen löst. Da allein die Teiltatherrschaft die Gesamttatherrschaft aber nicht begründen kann, bedarf es nun noch eines weiteren, auf normativen Erwägungen beruhenden Kriteriums. Hier kommt jetzt der synergetische Effekt einzelner zweiaktiger Delikte zum Zuge. Beruht der synergetische Effekt bei den herausgearbeiteten Delikten auf der besonderen Verbindung der beiden Teilakte, so muß dieser Verknüpfung auch eine Funktion im Hinblick auf die Charakterisierung der Tatherrschaft bei zweiaktigen Delikten zukommen. Das andere, die Gesamttatherrschaft kennzeichnende Element kann demnach in dem Umstand gefunden werden, daß der Betreffende über die Beherrschung eines einem Teilakt entsprechenden Geschehensablaufs hinaus in seiner Person die deliktstypische Verknüpfung der Teilakte schafft. Er sorgt für das Zusammenspiel, das den besonderen Unrechtsgehalt des Deliktes ausmacht. Diesen funktionalen Zusammenhang der Teilakte stellt der Hintermann in eigener Person her, indem er täterschaftlich einen Teilakt verwirklicht und daneben kausal an der Verwirklichung des anderen Teilaktes mitwirkt, also eine Teilnehmerrolle diesbezüglich einnimmt. Dabei ist aber unerheblich, welchen Teilakt er täterschaftlich ausführt, da bei den hier maßgeblichen Delikten beide Teilakte gleichermaßen das Unrecht konstituieren.

Die so beschriebene Gesamttatherrschaft liegt aber nicht vor, wenn der Hintermann allein durch Vornahme eines Teilaktes zugleich für den anderen Akt kausal wird und ihn insofern als Gehilfe fördert. Denn in diesen Fällen fehlt es an einer auch nach außen in Erscheinung tretenden unrechtsbegründenden Verknüpfung der Teilakte in der Person des Hintermannes. Entführt also beispielsweise der A die F und verläßt sie in hilfloser Lage in der Erwartung, der B werde sexuelle Handlungen an ihr vornehmen, so kann A nicht als Täter des § 237 eingestuft werden. Andernfalls hinge die Klassifizierung als Täter des zweiaktigen Deliktes in solchen Fällen davon ab, ob der Hintermann die Verwirklichung des anderen Teilaktes durch eine dritte Person in seinen Vorsatz aufgenommen hat oder nicht. Äußerlich feststellbar wäre weder der eine noch der andere Fall. Auf solche rein internen Faktoren darf die Täterschaft daher auch nicht gestützt werden, soll die Täterbestimmung nicht einer gewissen Beliebigkeit anheimgestellt werden. Verlangt man dagegen eine von der täterschaftlichen Verwirklichung eines Teilaktes unabhängige Teilnehmerbeziehung zu dem anderen Teilakt, so wird die Täterschaft anhand äußerlich erkennbarer Kriterien ermittelt.

Im Verhältnis zu der von dem anderen Beteiligten über seinen Teilakt ausgeübten Teiltatherrschaft muß die Gesamttatherrschaft des Täters quasi als eine übergeordnete verstanden werden, die die Teiltatherrschaft des anderen Beteiligten überlagert. Dieses Phänomen ist im Rahmen der Tatherrschaftslehre nicht ungewöhnlich, man denke nur an die die Handlungsherrschaft des Genötigten überlagernde Willensherrschaft des Nötigers, der zum mittelbaren Täter avanciert.

cc) Parallelfall der Anstiftung

Sollen demnach im Hinblick auf die Tatherrschaft und damit die Täterschaft bei zweiaktigen Delikten die Beherrschung eines Teilaktes zuzüglich des funktionalen Zusammenhangs zwischen den Einzelakten die Essentia bilden, so müßte diesen Faktoren gleichermaßen bei einer anderen Beteiligungsform Bedeutung zukommen, und zwar bei der Anstiftung. Der Anstiftung ist nämlich eine gewisse Spiegelbildlichkeit zur Täterschaft immanent. Sie zielt auf die Hervorrufung eines Tatentschlusses ab, dessen Ausführung die umfassende Täterschaft bezüglich des vom Anstifter intendierten Deliktes begründet. Der von dem Anstifter ausgelöste Deliktsvorsatz antizipiert das dem Veranlaßten täterschaftlich zuzurechnende deliktische Geschehen, so daß im Grunde die jeweiligen Bezugspunkte übereinstimmen müssen. Denn das, was den Handelnden zum Täter desjenigen Deliktes macht, für dessen Veranlassung der Anstifter haftet, muß der Anstifter intellektuell und voluntativ bei dem Täter hervorbringen. Soll also die Täterschaft durch die täterschaftliche Verwirklichung eines Teilaktes plus die Herstellung der spezifischen Verknüpfung der Teilakte in eigener Person begründet werden, so müßte gleiches für die Anstiftung zur Verwirklichung eines zweiaktigen Deliktes gelten, dergestalt, daß der Anstifter nicht den Tatentschluß bezüglich beider Teilakte hervorrufen muß, sondern daneben eine Anstiftung bezüglich des zweiaktigen Tatbestandes in Betracht kommt, wenn ein Tatentschluß nur noch bezüglich der Ausführung eines Teilaktes in Verbindung mit einem Tatentschluß bezüglich der Herstellung des funktionalen Zusammenhangs ausgelöst wird.

Übertragen auf ein konkretes Beispiel ist daher zu fragen, ob eine Anstiftung zum Raub auch gegeben ist, wenn der schon zum Diebstahl Entschlossene zur Wegnahme mittels Nötigung veranlaßt wird bzw. bei dem zur Nötigung Entschlossenen der Entschluß hervorgerufen wird, die Nötigung zur Ermöglichung einer Wegnahme einzusetzen.

Das Verhalten des Veranlassers beschränkt sich auf die Auslösung eines Tatentschlusses, der zum einen die Ausführung des für das zweiaktige Delikt notwendigen anderen Teilaktes, zum anderen dessen Verknüpfung mit dem Teilakt, zu dessen Vornahme der Veranlaßte schon entschlossen war, zum Inhalt hat. Haftet nun der Veranlasser als Anstifter bezüglich des Raubes oder kommt stattdessen nur Beihilfe und allenfalls eine Anstiftung zum Diebstahl bzw. zur Nötigung in Betracht?

Ausgehend von dem Lehrsatz, daß ein omnimodo facturus, d.h. ein bereits zur Tat Entschlossener, einer Anstiftung nicht mehr zugänglich ist,[140] wird zum Teil die Ansicht vertreten,[141] der Hintermann könne nur für das von ihm veranlaßte „Mehr" haften. Im Raub seien sowohl Nötigung als auch Diebstahl vollständig enthalten, folglich stelle er gegenüber seinen Einzelelementen kein aliud dar, so daß sich bezüglich des jeweiligen Teilaktes ein Vorsatz nicht mehr hervorrufen läßt. Der Hintermann stifte daher nur zur Nötigung bzw. zum Diebstahl an. Hinsichtlich der neben der Anstiftung eingreifenden Beihilfe besteht dagegen Uneinigkeit, ob Beihilfe zum Raub oder nur zum Diebstahl bzw. zur Nötigung gegeben ist.[142]

Das hier angewandte „analytische Trennungsprinzip"[143] wird von anderer Seite vollständig[144] oder zumindest teilweise[145] abgelehnt. Ob eine Anstiftung des bereits partiell Tatentschlossenen hinsichtlich des neuen Deliktstatbestandes vorliegt, bestimme sich danach, inwieweit dieser zu einem aliud veranlaßt werde. Bestehe keine Identität — auch keine Teilidentität — zwischen derjenigen Tat, zu der der Vordermann bereits entschlossen war und derjenigen, bezüglich derer sein Tatentschluß nun ausgelöst wird, so handele es sich auch diesbezüglich nicht um einen omnimodo facturus, so daß eine Anstiftung ohne weiteres möglich sei.

Der Raub wird von den Vertretern dieser Ansicht einhellig als gegenüber der Addition von Diebstahl und Nötigung eigenständiges Delikt und damit als aliud eingeordnet. Entsprechend wird in dem oben angeführten Beispiel eine Anstiftung zum Raub bejaht. Stree führt dazu aus, daß das andersartige Unrecht, das sich aus der Umgestaltung der Tat ergebe, auf den Anstifter zurückzuführen sei. Dieser habe nicht lediglich ein Plus verursacht, sondern ein aliud, das aus der Verschmelzung der Nötigung mit dem Diebstahlsteil entstanden ist.[146] Stree hebt damit deutlich diejenigen Faktoren hervor, die auch im Hinblick auf die Täterschaft als maßgebend herauskristallisiert wurden.

---

140 Völlig herrschende Meinung, vgl. nur Wessels AT § 13IV4.

141 Bemmann, Gallas-Festschrift, S. 273 ff.; Cramer JZ 65, 31 f.; ders. S/S § 26 Rn. 6; Eser II 43 Rn. A7 f.; Jescheck AT § 64III2c; SK-Samson § 26 Rn. 4; Stratenwerth Rn. 884; Welzel Lb S. 116.

142 Überwiegend wird Beihilfe zum Raub angenommen, so Bemmann, Gallas-Festschrift, S. 273 ff.; Cramer JZ 65, 31 f.; ders. S/S § 26 Rn. 6; Jescheck AT § 64III2c; SK-Samson § 26 Rn. 4; Stratenwerth Rn. 884; Welzel Lb S. 116; a.A. nur Eser II 43 Rn. A7 f., der Beihilfe hinsichtlich der ursprünglich geplanten Tatteile annimmt.

143 Schulz JuS 86, 933 (935).

144 So Stree, Heinitz-Festschrift, S. 283 ff.; Stork, Anstiftung eines Tatentschlossenen, S. 124 ff., 175; LK-Roxin § 26 Rn. 39 f.

145 So unterscheiden Grünwald JuS 65, 311 (313) und Heinze, Verleitung des Tatentschlossenen, S. 83 f. zwischen delicta sui generis und Qualifikationstatbeständen, während die in der vorhergehenden Anm. Genannten diese Unterscheidung nicht vornehmen.

146 Heinitz-Festschrift, S. 283 f.

Die anfangs aufgestellte These von der Parallelität von Täterschaft und Anstiftung hinsichtlich ihrer Bezugspunkte steht und fällt demnach mit der Einordnung der zweiaktigen Delikte als aliud im Verhältnis zur Summe ihrer Einzelakte. Bei der Prüfung der einzelnen hier zugrunde gelegten Delikte auf ihren synergetischen Effekt hin wurde nun aber schon explizit festgestellt, daß einigen von ihnen ein von der Summe der Teilakte abweichender Wert innewohnt. An dieser Stelle wird daher die Frage aufgeworfen, ob diese Feststellung nachträglich über Bord geworfen werden muß oder ob vielmehr die anfangs skizzierte Gegenansicht, die den aliud-Charakter ablehnt,[147] als verfehlt abzulehnen ist.

Zur Untermauerung ihrer Auffassung führen die Vertreter der Gegenansicht ein Argument ins Feld, das auf die Konsequenzen einer Einstufung des zusammengesetzten Deliktes als aliud rekurriert. So wird vorgehalten, daß derjenige, der den zum Raub Entschlossenen veranlaßt, auf die Nötigung zu verzichten, als Anstifter bezüglich des Diebstahls einzustufen wäre, falls der Diebstahl als aliud gegenüber dem Raub anzusehen ist. Bemmann bezeichnet ein derartiges Ergebnis als „ungerecht und kriminalpolitisch unvernünftig“[148], und entsprechend wird denn auch von keinem der Verfechter des aliud-Charakters des Raubes ein solcher Schluß gezogen. Aus der Unstimmigkeit der Konsequenz leitet nun Bemmann her, schon das zugrundeliegende Fundament müsse brüchig sein.[149]

Auf den ersten Blick scheint damit der „aliud-Theorie“ ein entscheidender Mangel anzuhaften, der nicht ohne Preisgabe der inneren Einheit beseitigt werden kann.

Betrachtet man die Argumentationsführung Bemmanns jedoch genauer, so ergeben sich Zweifel an ihrer Plausibilität. Seine Ausgangsüberlegung bildet folgende logische Beziehung:

$$\text{Wenn Diebstahl} + \text{Nötigung} \neq \text{Raub},$$
$$\text{dann Diebstahl} \neq \text{Raub} - \text{Nötigung}.$$

Übertragen auf den für die Anstiftung relevanten Tatentschluß gilt also: Wenn der Tatentschluß bezüglich des Gesamtdeliktes nicht bloß die Tatentschlüsse bezüglich der jeweiligen Einzelakte miteinschließt, dann kann entsprechend nicht der Tatentschluß bezüglich des in dem Gesamttatbestand enthaltenen ersten Teilaktes vorliegen, wenn von dem Gesamttatentschluß der Tatentschluß bezüglich des zweiten Teilaktes beseitigt wird, so daß sich der verbleibende Tatentschluß nicht auf das mit diesem Teilakt identische Delikt, sondern auf ein aliud beziehen muß.

---

147 Bemmann, Gallas-Festschrift, S. 273 ff.; Cramer JZ 65, 31 f.; ders. S/S § 26 Rn. 6; Eser II 43 Rn. A7 f.; Jescheck AT § 64III2c; SK-Samson § 26 Rn. 4; Stratenwerth Rn. 884; Welzel Lb S. 116.

148 Gallas-Festschrift, S. 276; vgl. auch Cramer JZ 65, 31 (32).

149 Gallas-Festschrift, S. 276.

Es stellt sich aber die Frage nach der Zulässigkeit eines solchen Umkehrschlusses. Zunächst wird in der Ausgangsüberlegung nicht der besondere Faktor in Rechnung gestellt, der den Charakter des zweiaktigen Deliktes gegenüber der Summe der Teilakte verändert, und zwar die spezifische Verknüpfung der Akte. Infolgedessen wird einseitig die rein von den tatbestandlichen Voraussetzungen her gegebene faktische Identität des Diebstahls als selbständiges Delikt mit dem Diebstahl als Teilakt des Raubes betont. Der Ausgangspunkt muß daher folgendermaßen gewählt werden:

$$(\text{Diebstahl} + \text{Nötigung}) \times X = \text{Raub}$$

Die besondere Verbindung der Teilakte hat eine Wechselwirkung derselben zur Folge, die auch den jeweiligen Teilakt als solchen modifiziert, und zwar normativ, nicht faktisch, denn die tatbestandlichen Voraussetzungen des Diebstahls als selbständiges Delikt und die des Diebstahls als Teilakt differieren per se nicht. Entsprechend bringt daher wertungsmäßig der ursprünglich nur zum Diebstahl Entschlossene diesen Tatentschluß nicht völlig unverändert in den Raub ein, sondern der Tatentschluß wandelt sich zu einem Vorsatz bezüglich einer durch Nötigung ermöglichten Wegnahme. Durch die Koppelung des ursprünglich geplanten Rechtsgutsangriffs mit einem zusätzlichen anderweitigen Rechtsgutsangriff, die der Gesetzgeber in einem eigenständigen Tatbestand des Raubes normiert hat, wird eine neue normative Dimension eröffnet. Es darf also nicht bloß auf der faktischen Ebene entschieden werden, ob Tatentschlüsse identisch sind, sondern es kommt eine wertende Ebene hinzu, die sich an gesetzgeberischen Einschätzungen orientiert. Der Hervorrufung des in der geschilderten Weise modifizierten Diebstahlsentschlusses kann nur Rechnung getragen werden, indem dieser in einen Raubentschluß eingebunden wird und dem Anstifter zur Last gelegt wird, er habe den Tatentschluß bezüglich eines Raubes ausgelöst.

Der Blick ist nun noch auf den umgekehrten Fall zu richten: Wird der zum Raub Entschlossene abgestiftet, soll er also die Nötigung unterlassen, so beseitigt der Hintermann nicht nur den Nötigungsentschluß, sondern auch den Tatentschluß bezüglich der spezifischen Verknüpfung der Teilakte. Übrig bleibt sozusagen ein unmodifizierter, reiner Diebstahlsentschluß. Hier verbietet sich nun aber eine rein formale Betrachtung, nach der der in dem Raub enthaltene modifizierte Diebstahlsvorsatz ein aliud gegenüber dem nach der Abstiftung verbleibenden einfachen Diebstahlsvorsatz darstellen soll. Dabei würde nämlich übersehen, daß es nicht wie im umgekehrten Falle um eine Erweiterung des geplanten Rechtsgutsangriffs geht, die wertungsmäßig ein aliud nach sich zieht, sondern um die Reduzierung des Gesamtangriffs auf nur einen Teil des ursprünglich geplanten Rechtsgutsangriffs. Es wird also durch den Hintermann keine neue strafrechtliche Dimension eröffnet, vielmehr wird lediglich an schon vom Täter gedanklich Antizipiertes angeknüpft, so daß unter Anlegung von normativen Maßstäben nicht von einem durch den Hintermann hervorgerufen aliud auszugehen ist. Damit zeigt sich, daß die Umkehrung der Ausgangsüberlegung, so wie Bemmann sie vornimmt, in dieser Weise nicht zulässig ist, weil auch normative Aspekte zu beachten sind, die einem solchen logischen Umkehrschluß im Wege stehen.

Führt damit die Einstufung des zusammengesetzten Deliktes als aliud gegenüber der Summe der Einzelakte nicht wie von der Gegenansicht angenommen zu untragbaren Konsequenzen, so kann auch nicht der Umkehrschluß auf die Unhaltbarkeit des Ausgangspunktes gezogen werden.

Im Ergebnis läßt sich daher Folgendes festhalten: Stellt ein zweiaktiges Delikt im Verhältnis zur bloßen Addition seiner Einzelakte ein aliud dar, so haftet derjenige als Anstifter bezüglich des zweiaktigen Deliktes, der einen zur Vornahme eines Teilaktes bereits Entschlossenen veranlaßt, den anderen Teilakt zusätzlich auszuführen und ihn in den spezifischen deliktischen Zusammenhang zu stellen.

Knüpft man nun an die Überlegung an, daß der Tatentschluß das Delikt gedanklich antizipiert, Tatentschluß und Tatausführung als Spiegelbilder einer geistigen und einer realen Ebene zu verstehen sind, so hat sich anhand der Überprüfung im Bereich der Anstiftung bestätigt, daß bei zweiaktigen Delikten, die gegenüber der Summe ihrer Einzelakte ein aliud darstellen, die Täterschaft durch Ausführung eines Teilaktes und Schaffung des funktionalen Zusammenhangs in eigener Person begründet wird.

Der Vollständigkeit halber soll an dieser Stelle noch auf einen anderen Maßstab zur Abgrenzung des omnimodo facturus vom Noch-nicht-Tatentschlossenen eingegangen werden, zumal auch er die hier gewonnene Lösung stützt.

Schulz — und ihm folgend Bloy — hält das Identitätskriterium für untauglich, den Anstifter in den Fällen der Modifizierung des Tatplans zu ermitteln.[150] Seiner Ansicht nach muß das dabei anzulegende Merkmal zweierlei leisten: Zum einen muß es mit Blick auf die Rechtsfolgen nur solche Fälle als Anstiftung kennzeichnen, die der Täterschaft gleichwertig aber nicht gleichartig sind; andererseits darf es nicht durch Bezug auf eine ganz konkrete Tat die Anstiftung zu Lasten der Beihilfe über Gebühr ausdehnen, indem die Erscheinungsform der Rathilfe der Anstiftung zugeschlagen wird und zudem die Beihilfe auf „akausale Tatbeiträge" reduziert wird.[151]

Mit diesen Vorgaben wendet er sich dem Strafgrund der Anstiftung zu, den er in einer gewissen Dominanz des Anstifters gegenüber dem Täter sieht, während der Gehilfe durch ein Unterordnungsverhältnis gekennzeichnet sein soll. Aus dem Dominanzgedanken gewinnt er das Kriterium der Planherrschaft als das den Anstifter charakterisierende Merkmal, d.h. die Herrschaft des Anstifters während der Planungs- und Willensbildungsphase.[152] Die Planherrschaft soll wie

150 Schulz JuS 86, 933 (936 f.); Bloy, Zurechnungstypus, S. 332.

151 Schulz JuS 86, 933 (933).

152 Schulz JuS 86, 933 (937 f.); vgl. auch Bloy, Zurechnungstypus, S. 338 f.

die Tatherrschaft einen offenen Begriff darstellen, ist also phänomenal orientiert und gleichzeitig aber einer dogmatischen und normativen Präzisierung zugänglich. Von der Tatherrschaft unterscheide sie sich insofern, als diese sich auf den tatbestandsmäßigen Geschehensablauf bezieht, der Anstifter dagegen „seine Rolle mit der Einwirkung auf den Täter ausgespielt haben (muß) und (. . .) den weiteren Ablauf der Geschehnisse nicht mehr unter seiner Kontrolle haben (darf)“.[153] In welchen Fällen der Anstifter Planherrschaft ausübt, bestimmt Schulz aus der Antithetik von Herrschaft und Unterordnung. Eine Unterordnung soll gegeben sein, wenn sich der Anstifter mit seinen Vorschlägen in den vom Täter gesetzten deliktischen Sinnzusammenhang einpaßt. Anstiftung liege daher nicht vor, wenn der Hintermann dem Täter nur eine Optimierung der Mittel bezüglich eines vorgegebenen Zieles oder die Optimierung des Zieles bei vorgegebenen Mitteln anträgt. Subsumtionsirrelevante Modifikationen und Ergänzungen seien dementsprechend ohne Bedeutung.[154]

Unterscheidet sich demnach die von Schulz zugrunde gelegte Planherrschaft von der Tatherrschaft durch die deliktische Phase, in der die Herrschaft ausgeübt wird, so drängt sich unmittelbar die Frage auf, inwieweit demjenigen, der den zum Diebstahl Entschlossenen zum Raub veranlaßt, die Planherrschaft zukommt. Es läßt sich dann eine Verbindung zur Tatherrschaft ziehen für den Fall, daß nur ein Akt täterschaftlich ausgeführt wird zusätzlich zur Veranlassung des anderen Teilaktes.

In dem genannten Beispielsfall lehnt Schulz eine Planherrschaft des Anstifters ab, nimmt aber eine Herrschaft über die normative Dimension des deliktischen Geschehens an, die gleichermaßen zur Anstifterhaftung führen soll. Seiner Ansicht nach ist eine normative Einschränkung der phänomenal orientierten Planherrschaft notwendig, wenn der Rat zur Verletzung eines anderen Rechtsgutes und damit zur Erfüllung eines weiteren Tatbestandes führt oder er die Verletzung eines zusätzlichen Rechtsgutes auslöst, infolge derer ein Wechsel zu einem Tatbestand eintritt, der das zusätzliche Rechtsgut mindestens gleichgewichtig schützt. Die betroffenen Tatbestände konkretisierten einen anderen rechtlichen Achtungsanspruch, so daß der deliktische Sinn des Geschehens eine normative Dimension aufweise, die der Anstifter beherrscht, weil er sich nicht den normativen Vorgaben des Täters unterwirft. Auf die Planherrschaft soll es in diesem Zusammenhang nicht ankommen.[155]

Zwischen den von Schulz herausgearbeiteten Herrschaftsformen bei der Anstiftung und der hier in Frage stehenden Tatherrschaft bei zweiaktigen Delikten lassen sich durchaus Parallelen ziehen. Der Planherrschaft sind durch ihren Bezug auf den faktischen deliktischen Sinnzusammenhang ebenso Grenzen gesetzt wie

---

153 Schulz JuS 86, 933 (938); vgl. auch Bloy, Zurechnungstypus, S. 341.

154 Schulz JuS 86, 933 (938); vgl. auch Bloy, Zurechnungstypus, S. 341 ff.

155 Schulz JuS 86, 933 (939); ders. Bestrafung des Ratgebers, S. 167 ff.

einem rein faktischen Verständnis der Tatherrschaft. So wie derjenige, der den zum Diebstahl Entschlossenen zum Raub veranlaßt, sich mit seinen Vorschlägen in den faktischen Sinnzusammenhang einpaßt, beherrscht derjenige, der einen dolosen Gehilfen zur Nötigung anstiftet, um eigenhändig wegzunehmen, nicht selbst das gesamte Geschehen. Wenn Schulz nun die Planherrschaft durch eine Herrschaft über den normativen Sinn des deliktischen Geschehens ergänzt, so bezieht er Wertungskriterien in den Herrschaftsbegriff mit ein, die er aus den im einzelnen erfüllten Tatbeständen gewinnt. Maßgebend soll der jeweilige in den Tatbeständen zum Ausdruck kommende rechtliche Achtungsanspruch sein, der durch die im Einzelnen betroffenen Rechtsgüter konkretisiert wird. In ähnlicher Weise wird hier bei der Präzisierung des Tatherrschaftsbegriffes hinsichtlich der zweiaktigen Delikte verfahren. Die Tatherrschaft beim zweiaktigen Delikt kann nicht allein faktisch bestimmt werden, sondern sie bedarf einer normativen Ergänzung dergestalt, daß die den zweiaktigen Delikten innewohnende gesetzgeberische Wertung in den Tatherrschaftsbegriff mit einbezogen wird.

Schulz wählt als normativen Aspekt den infolge des Anstifterrates eintretenden Wechsel des Tatbestandes, der ein anderes Rechtsgut oder zumindest ein zusätzliches Rechtsgut wenigstens gleichgewichtig schützt. Die Essentia, die schon die Anstifterhaftung in bezug auf einen zweiaktigen Tatbestand auslösen können, ohne daß der gesamte Tatentschluß erstmalig hervorgerufen werden muß, bilden daher die Hervorrufung eines (anderen) oder eines weiteren Rechtsgutsangriffs unter Aufrechterhaltung des schon bestehenden Vorsatzes. Damit stellt Schulz auf eben diejenigen Aspekte ab, die auch für die Tatherrschaft bei zweiaktigen Delikten als wesentlich ausgefiltert worden sind. Denn dem Angriff auf ein anderes bzw. weiteres Rechtsgut auf der intellektuellen Ebene entspricht ein darauf bezogenes Verhalten auf der realen Ebene. So ist mit der Ausführung eines Teilaktes bei zweiaktigen Delikten mit synergetischem Effekt in der Regel ein anderer (zusätzlicher) Rechtsgutsangriff verbunden. Indem dieser eigene Rechtsgutsangriff in den deliktstypischen Zusammenhang mit dem von ihm veranlaßten deliktischen Verhalten gestellt wird, wird eine Tatherrschaft ausgeübt, die sich auch auf normative Aspekte gründet. Damit zeigt sich, daß auch bei Zugrundelegung der Ansicht von Schulz zur Anstiftung bei zweiaktigen Delikten die hier entwickelten Grundlagen der Tatherrschaft bei zweiaktigen Delikten bestätigt werden.

dd) Durch den besonderen Unrechtsgehalt bedingte Einschränkungen

Fließt in die Tatherrschaft bei den zweiaktigen Delikten in den hier betrachteten problematischen Fallkonstellationen auch ein normatives Element mit ein, so muß ein solcher Tatherrschaftsbegriff an seine Grenzen stoßen, soweit der spezifische Unrechtsgehalt des zweiaktigen Tatbestands nur bei täterschaftlicher Verwirklichung beider Teilakte erreicht wird. Für diesen Fall kommt es dann doch auf die faktische Herrschaft an.

Ein Blick auf die Tatbestände des erpresserischen Menschenraubes bzw. der Geiselnahme mag das Problem veranschaulichen: Der besondere Unrechtsgehalt dieser Delikte beruht auf der verwerflichen Vorgehensweise des Täters, der das Opfer als Mittel zur Durchsetzung seiner Nötigungsziele einsetzt. Der Tat ist eine gesteigerte Gefahr für die körperliche Integrität des Opfers immanent, weil der Täter einen unmittelbaren Konnex zwischen Unversehrtheit des Opfers einerseits und dem von ihm angestrebten deliktischen Erfolg andererseits herstellt. Diese spezifische Verbindung setzt aber zunächst eine physische Herrschaftsgewalt des Täters über das Opfer voraus. Er muß rein tatsächlich die Möglichkeit einer körperverletzenden Einwirkung auf das Opfer haben. Eine derartige Herrschaft ist aber nur gegeben, soweit der Täter schon den Entführungsakt als solchen beherrscht, mithin diesen Akt täterschaftlich verwirklicht und auf diese Weise physische Macht über das Opfer erlangt. Daneben muß sichergestellt sein, daß er seine Herrschaftsposition unmittelbar in den Dienst der Erpressung bzw. Nötigung stellt, die Situation des Opfers von dem Erfolg der Erpressung oder Nötigung abhängig macht. Dieses ist nur gewährleistet, wenn der Entführungstäter auch die Erpressung täterschaftlich begeht. Verübt ein doloser Dritter auf Veranlassung des Entführers die Erpressung, so wird er stets zum sukzessiven Mittäter,[156] unabhängig davon, ob er die eigene oder nur die Bereicherung des Entführers anstrebt. Folglich wird auch der Entführer zum Täter der Erpressung, weil er aufgrund seines Tatbeitrages an der Tatherrschaft über das Gesamtgeschehen teilhat und damit auch den Erpressungsakt mitbeherrscht. An dem unmittelbaren Konnex zwischen der Unversehrtheit des Opfers und dem Erpressungserfolg besteht daher kein Zweifel.

Der den §§ 239aI 2.Alt. und 239bI 2.Alt. zugrundeliegende Unrechtsgehalt wird demnach nur durch täterschaftliche Verwirklichung beider Teilakte erreicht. Stiftet A den B an, den O zu entführen, ohne ihm mitzuteilen, daß er die Eltern des O erpressen will, so kann A nicht als Täter des § 239a eingestuft werden, es sei denn, es wird eine mittelbare Täterschaft nach § 239aI 1. Alt. wegen Benutzung eines absichtslos dolosen Tatmittlers angenommen.

Nun stellt sich die Frage, ob nicht auch im Falle der Entführung gegen den Willen der Entführten der spezifische Unrechtsgehalt nur bei täterschaftlicher Ausführung beider Teilakte verwirklicht wird. Denn hier hat die Entführung ebenfalls eine hilflose Lage des Opfers zur Folge, in der es dem ungehemmten Einfluß des Täters preisgegeben ist und auf fremde Hilfe nicht rechnen kann. Diese Situation wird von dem Täter ausgenutzt, doch in anderer Weise als bei den §§ 239a, 239b. § 237 schließt die Lücke, die zwischen den Tatbeständen der §§ 177, 178 und § 179 klafft, wenn das Opfer sich nicht in einem Zustand der

---

156 Siehe oben Zweiter Teil, C. II. 4.

in § 179 vorausgesetzten Art befindet, andererseits der Täter weder Gewalt noch Drohung einsetzen muß, um seine sexuellen Absichten zu realisieren. Das Opfer resigniert sowohl angesichts seiner ausweglosen Lage als auch aus Angst vor den Folgen etwaiger Gegenwehr und unterläßt daher jeglichen Widerstand. Die Resignation ist in erster Linie durch die äußere Situation bedingt, die sich jedoch nicht ändert, wenn ein Dritter sich erkennbar mit einem sexuellen Ansinnen dem Opfer nähert. Das Opfer weiß, daß fremde Hilfe nicht erreichbar ist, denn es kann wohl kaum Hilfe von dem Entführungstäter erwarten und gibt nun gleichermaßen auf, als wenn der Entführungstäter selbst sich ihm sexuell genähert hätte. Bei § 237 kommt es damit nicht auf die tatsächliche Herrschaft über das Opfer an, sondern es steht vielmehr die hilflose Lage des Opfers als solche im Vordergrund. Stiftet der A den B zur Entführung der F an, ohne diesen über seine weitergehenden Absichten aufzuklären, so ist A Täter des § 237, wenn er an der F unter Ausnutzung ihrer hilflosen Lage sexuelle Handlungen vornimmt und diese angesichts ihrer Situation jegliche Gegenwehr unterläßt. Es wird sich hierbei aber um einen rein theoretischen Fall handeln.

Entführt der A die F und stiftet er den dolosen B zur Vornahme sexueller Handlungen mit der F an, so ist er gleichfalls als Täter des § 237 einzuordnen.

b) Stufenverhältnis zwischen den Teilakten

Bei der Geldfälschung, der Verletzung des Briefgeheimnisses und der Fälschung von Gesundheitszeugnissen stehen die Teilakte in einem Stufenverhältnis zueinander, abgeschichtet nach der Intensität der Rechtsgutsbeeinträchtigung. Während bei den §§ 146I Nr. 3 und 277 der erste Teilakt die Vorbereitungs- und der zweite Teilakt die Gefährdungshandlung erfaßt, normiert bei § 202II der erste Teilakt die Gefährdungs- und der zweite Teilakt die Verletzungshandlung.

Diesen Delikten wohnt kein synergetischer Effekt inne, der Gesetzgeber hat vielmehr, von Plastizitätserwägungen hinsichtlich der Ausgestaltung des Tatbestandes gelenkt, einen einheitlichen Lebensvorgang in einem Deliktstatbestand zusammengefaßt. Der Schwerpunkt dieser Delikte liegt unverkennbar in dem Teilakt, der die intensivere Rechtsgutsbeeinträchtigung zum Inhalt hat. Dieser stellt die eigentliche Kernhandlung dar. Derjenige, der diesen Akt vornimmt, erscheint ohne weiteres als Zentralgestalt des tatbestandsmäßigen Geschehens, da er den Deliktserfolg unmittelbar selbst herbeiführt. Der Beteiligte beherrscht faktisch zwar nur einen tatbestandsmäßigen Teil des Gesamtgeschehens, bei normativer Betrachtung muß ihm aber aufgrund des Umstandes, daß er den deliktisch dominanten Part beherrscht, also den Teil, der die „eigentliche Straftat" ausmacht, auch die Gesamttatherrschaft zugesprochen werden. Hätte der Gesetzgeber nur den das Rechtsgut gefährdenden bzw. verletzenden Akt zur Tathandlung erhoben, wäre stets unmittelbarer Täter, wer diesen Akt eigenhändig ausführt.

Durch die Ausgestaltung als zweiaktiges Delikt, bei dem die sach-logisch vorgelagerte Handlung in den Tatbestand miteinbezogen wird, kann nun nicht eine Einschränkung der Strafbarkeit bezweckt sein, dergestalt, daß nur Täter sein kann, wer auch noch den bei natürlicher Betrachtungsweise unmittelbar der Kernhandlung vorangehenden Akt täterschaftlich verwirklicht. Unter Zugrundelegung dieser wertenden Betrachtung muß die Einschaltung eines dolosen Dritten zur Vornahme des ersten Teilaktes daher möglich sein, ohne die Täterschaft desjenigen, der die Kernhandlung täterschaftlich ausführt, zu berühren. Eine derartige (normative) Täterbestimmung darf jedoch nicht dazu führen, daß der jeweils erste Teilakt als überflüssiges Anhängsel verstanden wird, dem überhaupt keine Bedeutung mehr innerhalb der Deliktsbeschreibung zukommt. Er besitzt seinen eigenen Wert, seine Verwirklichung stellt die notwendige Voraussetzung dar, um überhaupt den zweiten Akt vornehmen zu können. Daher muß der Täter kausal an der Ausführung dieses Teilaktes beteiligt sein, andernfalls würde sich der Täterbegriff in unzulässiger Weise von dem Tatbestand lösen.

Dagegen kann die Verwirklichung des ersten Teilaktes unter Zuhilfenahme eines dolosen Dritten, der den zweiten Teilakt ausführt, nicht die Täterschaft hinsichtlich des zweiaktigen Deliktes begründen. Weder kommt dem ersten Teilakt als solchem das von dem Gesetzgeber vorausgesetzte deliktische Gewicht zu, denn er erreicht nicht die erforderliche Intensität der Rechtsgutsbeeinträchtigung, noch kann die Herstellung des funktionalen Zusammenhangs mit dem zweiten Teilakt täterschaftsbegründend wirken, da der Unrechtsgehalt bei diesen Delikten nicht durch die spezifische Verknüpfung der Teilakte wie bei den Delikten mit synergetischem Effekt bestimmt wird. Auch bei einer normativen Sichtweise läßt sich von einem derart Beteiligten nicht behaupten, er beherrsche das Gesamtgeschehen. Er leistet vielmehr einen untergeordneten Tatbeitrag, der erst durch einen gemeinsamen mittäterschaftlichen Tatentschluß zu einer täterschaftlichen Beteiligung aufgewertet werden kann.

aa) §§ 277, 146I Nr. 3, 202II

Soll bei § 277 die Einschaltung einer bösgläubigen Mittelsperson, die den zweiten Teilakt ausführt, ausreichen, um die Täterschaft des Herstellers zu begründen, so läßt sich dieses Ergebnis allein mit der Definition des Gebrauchmachens als ein „ dem zu Täuschenden Zugänglichmachen“ erklären, da auf diese Weise objektive Teilnehmerhandlungen erfaßt werden können. Es macht eben auch derjenige das falsche Zeugnis zugänglich, der es von einem dolosen Dritten vorlegen läßt. Wollte man dieses Verhalten im Hinblick auf die Täterschaft bei § 277 nicht genügen lassen, so käme es zu ernsthaften Friktionen mit der Handhabung des § 267I 3. Alt., die nicht beabsichtigt sein können. Es ist daher im Rahmen des § 277 die Möglichkeit der Einschaltung eines dolosen Dritten zur Vornahme des zweiten Aktes anzuerkennen.

Bei der Geldfälschung verhält es sich ähnlich wie bei § 277. Zwar stellt § 146I Nr. 3 ein Sonderdelikt dar, in den Verkehr bringen kann das Falschgeld nur derjenige, der die Verfügungsgewalt innehat, verlangt man aber auch bei den Sonderdelikten neben der Täterqualifikation die Tatherrschaft als konstitutives Element der Täterschaft,[157] so müßte die Tatherrschaft bezüglich des Inverkehrbringens als der intensiveren Rechtsgutsbeeinträchtigung erforderlich sein. Andererseits läßt sich von der Definition des Inverkehrbringens her — Entlassen des Falschgeldes aus der Verfügungsgewalt derart, daß ein anderer tatsächlich in die Lage versetzt wird, sich des Falschgeldes zu bemächtigen und mit ihm nach Belieben umzugehen — auch die Einschaltung eines dolosen Verteilers subsumieren. Dies insbesondere, wenn man als zweiten Akt des § 146I Nr. 3 auch ein Ermöglichen des Inverkehrbringens für ausreichend hält.[158] Es kann also wie bei § 277 die Benutzung eines dolosen Dritten zur Ausführung des zweiten Teilaktes täterschaftsbegründend wirken.

Bei der Verletzung des Briefgeheimnisses scheidet eine Täterschaft desjenigen, der selbst das Behältnis öffnet und einen anderen zur Kenntnisnahme veranlaßt, schon wegen der erforderlichen Eigenhändigkeit des zweiten Teilaktes[159] aus.

bb) Vergleich mit der Anstiftung

Vergleicht man diese Lösung wiederum mit dem Parallelfall der Anstiftung, so ergibt sich Folgendes: Veranlaßt der Hintermann den zur Ausführung des jeweils ersten Teilaktes Entschlossenen zur Vornahme auch des zweiten Aktes, so haftet er stets als Anstifter bezüglich des zweiaktigen Deliktes. Dies folgt unmittelbar aus der Tatsache, daß der Veranlaßte, soweit er den zweiten Teilakt noch nicht in seinen Vorsatz aufgenommen hat, eine Handlung gedanklich antizipiert, der kein oder zumindest ein anderes deliktisches Gewicht zukommt. Wer nicht schon zum Zwecke des Inverkehrbringens Geld fälschen will bzw. mit der Absicht des Gebrauchens ein Gesundheitszeugnis fälschen will, oder wer ein Behältnis öffnen will, ohne sich Kenntnis von dem darin enthaltenen Schriftstück zu verschaffen, dessen Vorsatz richtet sich entweder auf ein strafrechtlich nicht relevantes Verhalten oder auf ein deliktisches aliud. Er ist daher einer Anstiftung zur Verwirklichung des zweiaktigen Deliktes noch zugänglich.

Dagegen haftet wegen Beihilfe und nicht wegen Anstiftung bezüglich des zweiaktigen Tatbestandes, wer dem zur Ausführung des zweiten Aktes Entschlossenen vorschlägt, den ersten Teilakt selbst vorzunehmen. Der deliktische Vorsatz

---

157 Stratenwerth Rn. 797; SK-Samson § 25 Rn. 35; Spendel, Lange-Festschrift, S. 156; Jakobs 21/104, 116 f.; Bloy, Zurechnungstypus, S. 231 ff.; Herzberg, Täterschaft, S. 31 ff.; siehe auch oben Zweiter Teil, E. III. 1. a.

158 Vgl. zum Streitstand nur Wessels, Bockelmann-Festschrift, S. 676.

159 Siehe oben Zweiter Teil, C. II. 1. a) aa).

des Täters umfaßt zwangsläufig auch diesen Teilakt, wenn er ihn vielleicht auch ursprünglich von einem Dritten ausführen lassen wollte. Nimmt er ihn nun eigenhändig vor, so ändert sich für ihn der Tatcharakter in keiner Weise. Es ist bei ihm kein neuer Tatentschluß hervorgerufen worden.

Der Vergleich mit der Anstiftung bestätigt also die Einordnung des zweiten Teilaktes als maßgeblichen unrechtsbegründenden Akt, so daß die täterschaftliche Verwirklichung dieses Teilgeschehens bei normativer Betrachtung die Tatherrschaft über das zweiaktige Gesamtgeschehen vermittelt. Dabei muß aber wegen der Zweiaktigkeit des Tatbestandes noch eine kausale Beziehung des Täters zu dem zeitlich vorgelagerten Akt bestehen. In der Regel wird er diesbezüglich eine Anstifterrolle einnehmen.

c) Qualifikationstatbestand des § 307 Nr. 3

Jetzt bleibt nur noch die Grundlage der Täterschaft bei der nach § 307 Nr. 3 qualifizierten Brandstiftung zu klären. Der Qualifikation wohnt ebenso wie den zuvor erörterten Delikten kein synergetischer Effekt gegenüber der Summe der Einzelakte inne. Daher läßt sich die den Täter charakterisierende Tatherrschaft nicht auf die täterschaftliche Verwirklichung eines Teilaktes und die Herstellung des funktionalen Zusammenhangs zwischen den Teilakten in eigener Person stützen.

Genausowenig stehen aber die Teilakte in einem Stufenverhältnis hinsichtlich der Intensität des von ihnen verkörperten Rechtsgutsangriffs. Durch beide Akte wird unmittelbar eine abstrakte Gefahr für Menschenleben begründet, wobei sich aber der rechtsgutsgefährdende Erfolg der qualifizierenden Handlung nur über die Brandstiftung entfalten kann. Insofern kommt dem Entfernen bzw. Unbrauchbarmachen von Löschgeräten im Hinblick auf den Gesamtdeliktserfolg nur eine untergeordnete Funktion zu. Es leistet per se keinen wesentlichen Tatbeitrag, wer nach Veranlassung eines anderen, ein Wohnhaus anzuzünden, die vorhandenen Löschgeräte entfernt. Erst aufgrund eines gemeinsamen mittäterschaftlichen Tatentschlusses wird der Unterstützungsakt zu einem für die Deliktsverwirklichung wesentlichen Beitrag aufgewertet.[160] Im Verhältnis zum Täter des Grunddelikts erscheint daher der Anstifter bezüglich der Brandstiftung, der ohne Wissen des Brandstifters zusätzlich noch die Löschgeräte entfernt, als nur am Rande Beteiligter und damit als Teilnehmer. Allein die Tatsache, daß er in seiner Person das funktionale Zusammenspiel zwischen den Teilakten herstellt, kann ihm nicht die Tatherrschaft über die qualifizierte Brandstiftung vermitteln, weil sie eben nicht eine im Verhältnis zu der Summe der Einzelakte neue Deliktsebene eröffnet, der eine normativ modifizierte Tatherrschaft entspricht.

---

160 Siehe oben Zweiter Teil, C. II. 1. b) cc).

Fehlt es also an konkreten faktischen und normativen Kriterien, die den derart Beteiligten in das Zentrum des Geschehens rücken und ihm die Tatherrschaft über das Gesamtgeschehen zuweisen, so läßt er sich auch nicht als Täter einstufen.

Dagegen erscheint derjenige, der ein Gebäude in Brand setzt, schon wegen des überragenden Gewichts seines Beitrages als Schlüsselfigur. Übt er nun die Gesamttatherrschaft aus, die ihn in die Täterstellung bezüglich des § 307 Nr. 3 hebt, wenn er nur den Brandstiftungsakt täterschaftlich verwirklicht und die qualifizierende Handlung von einem dolosen Dritten ausführen läßt?

Durch § 307 Nr. 3 überantwortet der Gesetzgeber bestimmte bei der Brandstiftung strafzumessungserhebliche Faktoren einem eigenen Strafrahmen und entzieht sie auf diese Weise dem richterlichen Ermessen. Bei Normierung des Tatbestandes ist der Gesetzgeber von dem typischen Alleintäter ausgegangen, der selbst den Brand legt und zudem Löschgeräte entfernt oder unbrauchbar macht. Folglich erreicht derjenige, der täterschaftlich beide Akte ausführt, auf jeden Fall das von dem Gesetzgeber bei Festlegung der extrem hohen Strafdrohung vorausgesetzte Maß an Strafwürdigkeit. Läßt nun der Brandstifter den qualifizierenden Akt von einem dolosen Dritten ausführen, so mag unter Strafwürdigkeitsaspekten kein Unterschied bestehen, unter Umständen erscheint sogar derjenige als der kriminellere Täter, weil er die Deliktsverwirklichung aus taktischen Überlegungen auf zwei Beteiligte verteilt. Von der Warte relativer Strafwürdigkeit aus lassen sich diese Fallkonstellationen durchaus gleichstellen, Bedenken müssen sich aber im Hinblick auf die absolute Strafwürdigkeit erheben. Auch wenn der Anstifter gleich einem Täter bestraft wird (§ 26), weisen Täter und Teilnehmer doch einen qualitativen Unterschied auf. Während der Täter in einer direkten und unmittelbaren Beziehung zum Tatgeschehen steht, gestaltet sich die Beziehung des Teilnehmers zu dem fremden Unrecht als eine indirekte, über den Täter vermittelte. Es ist der Täter, der im Zentrum der Tat steht und das Geschehen beherrscht, der Teilnehmer als peripher Beteiligter ordnet sich dem Täter unter. In dieser materiellen Differenz drückt sich denn auch die Wertigkeit hinsichtlich der absoluten Strafwürdigkeit aus.

Ist der Gesetzgeber bei § 307 Nr. 3 von dem Alleintäter ausgegangen, der beide Akte täterschaftlich verwirklicht, so hat er die Strafdrohung an diesem Täter ausgerichtet. Es ist nicht, wie beispielsweise beim Diebstahl mit Waffen (§ 244), erkennbar, daß der Gesetzgeber auch die Verwirklichung eines qualifizierenden Merkmals durch einen dolosen Gehilfen — „wer einen Diebstahl begeht, bei dem er oder *ein anderer Beteiligter* eine Schußwaffe bei sich führt" — als strafschärfend für den Täter wertet. Gerade die extrem hohe Strafdrohung des § 307 Nr. 3 verlangt eine restriktive Handhabung des Tatbestandes, und zwar nicht nur im Hinblick auf die einzelnen tatbestandlichen Voraussetzungen,[161] sondern gleichermaßen bei der Täterbestimmung. Als Täter darf daher nur einge-

161 Siehe oben Erster Teil, I.

stuft werden, wer beide Teilakte täterschaftlich verwirklicht, denn für diesen Fall ist sichergestellt, daß der Täter den vom Gesetzgeber zugrunde gelegten Strafwürdigkeitsgrad erreicht.

IV. Gesamtergebnis

Die vorangegangenen Betrachtungen haben gezeigt, daß als Täter eines zweiaktigen Deliktes nicht nur derjenige haftet, dem beide Akte aufgrund ausgeübter (Mit-)Tatherrschaft täterschaftlich zugerechnet werden können, sondern daß bei zweiaktigen Delikten mit synergetischem Effekt und zweiaktigen Delikten, deren Teilakte in einem Stufenverhältnis bezüglich des von ihnen verkörperten Rechtsgutsangriffes stehen, auch Täter sein kann, wer nur einen Teilakt täterschaftlich verwirklicht und hinsichtlich des anderen Teilaktes objektiv eine Teilnehmerrolle ausfüllt.

Mit diesem Ergebnis ist nun nicht, wie es auf den ersten Blick scheinen mag, die Preisgabe des Tatherrschaftsprinzips als Herrschaft über die gesamte Tat verbunden, weil Täter nun sein soll, wer nur das von ihm täterschaftlich verwirklichte Teilgeschehen beherrscht. Vielmehr beherrscht auch der so beteiligte Täter das zweiaktige Gesamtgeschehen, wobei die ausgeübte Tatherrschaft gegenüber der Tatherrschaft bei einaktigen Delikten phänomenologisch differiert. Sie gründet sich nicht allein auf eine faktische Beherrschung des Geschehens, sondern ihr wohnt ein normatives Moment inne, das von der spezifischen Struktur einzelner zweiaktiger Delikte bestimmt wird.

So existieren zweiaktige Tatbestände, die gegenüber der Summe ihrer Teilakte ein aliud darstellen, da ihr besonderer Unrechtscharakter durch den funktionalen Zusammenhang der Teilakte bestimmt wird. Bei diesen Delikten zeichnet sich die Tatherrschaft neben der faktischen Beherrschung eines Teilgeschehens durch die Herstellung der besonderen Verknüpfung der Teilakte in eigener Person aus. Dies geschieht, indem der Täter des einen Teilaktes als Teilnehmer bezüglich des anderen Teilaktes fungiert, in der Regel also durch Anstiftung eines Dritten zur Vornahme des Teilaktes. Die Addition von faktischer Beherrschung eines wesentlichen tatbestandsmäßigen Teilgeschehens und die Erzeugung des funktionalen Zusammenhangs der Teilakte in eigener Person stellt den Beteiligten in das Zentrum des zweiaktigen Handlungsablaufs. Sie erhebt ihn zum Herrn der Tat, so daß er, unabhängig von der mittäterschaftliche Haftung des anderen Beteiligten oder dessen Beherrschung als Täter des zweiaktigen Deliktes einzustufen ist. Ausnahmen bestehen nur insofern, als der spezifische Unrechtsgehalt des Deliktes allein bei faktischer Herrschaft über das Gesamtgeschehen und damit bei täterschaftlicher Verwirklichung beider Teilakte erreicht wird.

Gleiches wie bei den zweiaktigen Delikten mit synergetischem Effekt gilt, wenn es sich um ein Delikt handelt, bei dem die Teilakte in einem Stufenverhältnis bezüglich des von ihnen verkörperten Rechtsgutsangriffs stehen. Für die die Täterschaft begründende Tatherrschaft reicht es aus, wenn der das Rechtsgut intensiver angreifende Teilakt täterschaftlich verwirklicht wird. Hinsichtlich des Teilaktes, der das geschützte Rechtsgut weniger beeinträchtigt, muß der Täter nur eine Teilnehmerposition ausfüllen.

Dagegen genügt bei dem Qualifikationstatbestand des § 307 Nr. 3 für die Täterschaft die täterschaftliche Verwirklichung nur eines Teilaktes nicht. Hier verlangt der besondere Deliktscharakter eine restriktive Interpretation im Hinblick auf die Täterschaftsvoraussetzungen. Täter kann nur sein, wer beide Teilakte täterschaftlich verwirklicht.

Soweit die Täterschaft bei zweiaktigen Delikten an die täterschaftliche Verwirklichung nur eines Teilaktes anknüpft, muß folgerichtig die Täterschaft erscheinungsbildlich variieren, je nachdem, ob der Täter als unmittelbarer oder mittelbarer Täter oder als Mittäter des ihm täterschaftlich zuzurechnenden Teilaktes erscheint. Wer also eigenhändig einen Teilakt ausführt und einen dolosen Dritten zur Vornahme des anderen Teilaktes veranlaßt, haftet als unmittelbarer Täter.

Vergleicht man die erarbeitete Lösung der Täterschaftsfrage bei zweiaktigen Delikten mit der Täterbestimmung im Schrifttum, so zeigen sich nur partielle Übereinstimmungen. So ist der Lehre zuzustimmen, soweit sie als Täter des § 252 einordnet, wer als Diebstahlstäter einen Unbeteiligten anstiftungsförmig bestimmt, Gewalt gegen Verfolger anzuwenden, bzw. als Diebstahlsgehilfe selbst Gewalt gegen Verfolger ausübt,[162] als Täter des § 237 einstuft, wer das Opfer entführen läßt bzw. selbst entführt und von einem Dritten sexuelle Handlungen vornehmen läßt,[163] und auch soweit sie eine Täterschaft nach §§ 146I Nr. 3 und 277 annimmt, wenn der Fälscher das Falschgeld von einem dolosen Gehilfen in Umlauf bringen läßt bzw. der Fälscher des Gesundheitszeugnisses dieses von einem dolosen Dritten der Behörde vorlegen läßt.[164] Ihr kann dagegen nicht gefolgt werden, wenn sie als Täter des § 307 Nr. 3 auch denjenigen ansieht, der die Löschgeräte von einem dolosen Gehilfen unbrauchbar machen läßt,[165] oder wenn sie von dem Täter des § 202II eine täterschaftliche Verwirklichung des ersten Teilaktes des § 202II[166] bzw. von dem Täter des § 249 eine täterschaftliche Ausführung beider Teilakte verlangt.[167]

---

162 Siehe oben Zweiter Teil, E. I. 1. g) und h).
163 Siehe oben Zweiter Teil, E. I. 1. i).
164 Siehe oben Zweiter Teil, E. I. 1. b) und d).
165 Siehe oben Zweiter Teil, E. I. 1. a).
166 Siehe oben Zweiter Teil, E. I. 1. c).
167 Siehe oben Zweiter Teil, E. I. 1. g).

F. Annex: Strafbarkeit des dolos, aber nicht täterschaftlich Mitwirkenden in bezug auf das zweiaktige Delikt

Abschließend soll der Vollständigkeit halber noch die Beteiligung des an der Verwirklichung des zweiaktigen Delikts mitwirkenden dolosen B, der nicht Mittäter sein kann,[1] näher betrachtet werden.

Zunächst einmal haftet er wegen täterschaftlicher Verwirklichung des mit dem Teilakt übereinstimmenden selbständigen Delikts, so beispielsweise wegen Sachbeschädigung, wenn er in substanzverletzender Weise das Behältnis öffnet, in dem sich das Schriftstück befindet, von dessen Inhalt sich der andere Beteiligte Kenntnis verschaffen will (§ 202II). Darüber hinaus stellt sich die Frage nach der strafbaren Beteiligung im Hinblick auf das verwirklichte zweiaktige Delikt.

Soweit die Haftung des dolos Mitwirkenden als Mittäter wegen fehlender subjektiver Tätervoraussetzungen oder aufgrund des erst nach Vollendung des ersten Teilaktes erfolgenden Eintritts in den Geschehensablauf ausgeschlossen ist, könnte er zumindest wegen Beihilfe zur zweiaktigen Tat strafbar sein, vorausgesetzt, er hat den jeweiligen Tatbestand in seinen Vorsatz aufgenommen. Eine Beihilfe zum zweiaktigen Delikt kommt aber von vornherein nur in Betracht, soweit eine entsprechende „Haupttat“ existiert, so daß an dieser Stelle lediglich diejenigen Fallkonstellationen von Bedeutung sind, in denen der andere Beteiligte (A) als Alleintäter des zweiaktigen Delikts eingestuft werden kann.

Für die Beihilfe wird überwiegend ein für die Haupttat (mit-)kausaler Tatbeitrag gefordert,[2] der in den hier relevanten Fällen stets gegeben ist, denn der B leistet einen notwendigen Beitrag, ohne den das zweiaktige Delikt gar nicht zur Entstehung gelangt.

Damit ist zunächst einmal unzweifelhaft eine strafbare Beihilfe des B bezüglich der zweiaktigen Tat gegeben, soweit er aufgrund eines vor der Ausführung gefaßten gemeinsamen Planes, aber ohne die erforderliche Absicht im Sinne eines dolus directus ersten Grades einen Teilakt verwirklicht. Schwierigkeiten könnten dagegen diejenigen Fallgestaltungen bereiten, in denen B die notwendigen Tätervoraussetzungen mitbringt, eine mittäterschaftliche Haftung jedoch wegen seines Hinzutretens erst nach der Vollendung des ersten Teilaktes durch A ausscheidet. Die dahinterstehende Problematik der Reichweite sukzessiver Mittäterschaft findet ihre Parallele im Rahmen der Beihilfe. Auch hier wird der Zeit-

---

1 Siehe oben Zweiter Teil, C. II. 2., 3., 4.

2 Vgl. nur SK-Samson § 27 Rn. 9; S/S-Cramer § 27 Rn. 10; Dreher MDR 72, 556; Jescheck AT § 64IV2c; Maurach / Gössel / Zipf AT2 § 52 Rn. 19, die annehmen, daß die „Kausalität“ die objektive Zurechnung umschreibt; Welzel Lb S. 119; LK-Roxin § 27 Rn. 3; die Rechtsprechung läßt es dagegen genügen, daß der Gehilfe die Handlung des Täters fördert, RGSt 58, 113 (115); 71, 176 (178); 73, 53 (54); BGHSt 2, 129 (130 f.); BGH MDR/D 72, 16; BGH NStZ 85, 318 Nr. 12; BGH NStZ 93, 233.

punkt, bis zu dem eine Beihilfe noch möglich ist — Vollendung oder Beendigung —[3], und die Zulässigkeit der Zurechnung bereits verwirklichter Tatumstände kontrovers diskutiert. Im Hinblick auf die an dieser Stelle relevanten Fallkonstellationen ist angesichts des Umstandes, daß zum Zeitpunkt des Eintritts des B die Haupttat noch nicht vollendet ist, allein maßgebend, ob dem B der bereits verwirklichte Teilakt zugerechnet werden kann.

Während die Rechtsprechung[4] und auch ein Teil des Schrifttums[5] die Gehilfenhaftung des Hinzutretenden auf die bereits verwirklichten Teilakte erstrecken, wird von anderen Autoren[6] eine Anrechnung der schon realisierten Akte kategorisch abgelehnt. So könne derjenige, der dem Räuber nach der Gewaltanwendung bei der Wegnahme hilft, nur Gehilfe zum Diebstahl, nicht aber zum Raub sein.[7] Andere wiederum lassen in bestimmten Fällen eine Anrechnung zu, differenzieren aber nach unterschiedlichen Kriterien. So hält Samson für maßgebend, ob der tatbestandsmäßige Erfolg des schon ausgeführten Teilaktes weiterwirkt, wie in dem genannten Beispiel zum Raub die vom Täter ausgeübte Gewalt.[8] Stratenwerth und Schmidhäuser wollen bereits verwirklichte Tatumstände dem Gehilfen zurechnen, wenn der Angriff des Täters auf ein bestimmtes Rechtsgut noch nicht beendet ist,[9] was aber in dem Raubbeispiel nicht der Fall sein soll, da sich der erste Teilakt gegen die Willensfreiheit richte und an diesem Rechtsgutsangriff eine Teilnahme des Hinzutretenden nicht gegeben sei. Letztlich will Sax eine Beihilfe zur Gesamttat annehmen, wenn der Teilnehmer noch einen Teil des Geschehens unterstützt, der zwar strafrechtlich erheblich, aber nicht isoliert für sich strafbar ist.[10]

Den allgemeinen Ausgangspunkt für die Ablehnung einer Zurechnung bildet die Überlegung, daß es ungerechtfertigt sei, dem später hinzutretenden Teilnehmer bereits abgeschlossene Teilstücke des Unrechts zur Last zu legen, an deren Verwirklichung er in keiner Weise beteiligt gewesen ist.[11]

---

[3] Beihilfe bis zur Beendigung der Haupttat halten für möglich Blei I § 80I; Dr-Tr § 27 Rn. 3; S/S-Cramer § 27 Rn. 17; Eser II 45 Rn. A12; Otto AT S. 291; Bockelmann / Volk AT S. 198; Jescheck AT § 64IV2b; Wessels AT § 13IV5a; a. A. Jakobs 22/40; Maurach / Gössel / Zipf AT2 § 52 Rn. 13; Herzberg, Täterschaft, S. 71 f.; Rudolphi, Jescheck-Festschrift, S. 573 ff.; LK-Roxin § 27 Rn. 35.

[4] RGSt 52, 202 (203); BGHSt 2, 344 (346); 6, 248 (251); 19, 323 (325); BGH NJW 85, 814; BayOLG JZ 81, 241.

[5] Dr-Tr § 27 Rn. 3; S/S-Cramer § 27 Rn. 17, soweit der erschwerende Umstand in der weiteren Durchführung der Tat fortwirkt; LK-Roxin § 25 Rn. 196; Jescheck, Welzel-Festschrift, S. 697 f.; Furtner JR 60, 367 (367 ff.).

[6] Jakobs 22/40; Maurach / Gössel / Zipf AT2 § 52 Rn. 13; Eser II 40 Rn. A20; Rudolphi, Jescheck-Festschrift, S. 560.

[7] Jakobs 22/40.

[8] SK-Samson § 27 Rn. 18.

[9] Stratenwerth Rn. 872 f.; Schmidhäuser AT 10/138.

[10] Nottarp-Festschrift, S. 137 Anm. 10.

[11] Vgl. Stratenwerth Rn. 873.

Die Parallele zur Problematik bei der sukzessiven Mittäterschaft könnte hier nahelegen, gleichermaßen eine Haftung für schon von dem Täter realisierte Teilakte abzulehnen. Dabei würde dann aber ein wesentlicher Unterschied zwischen diesen Beteiligungsformen schlichtweg übergangen: Bei der Mittäterschaft steht die Mitherrschaft im Vordergrund. Die Zurechnung der bereits verwirklichten Tatumstände, und zwar als eigenes Unrecht, orientiert sich an der Frage, ob der Hinzutretende den bereits vollendeten Teilakt überhaupt noch mitbeherrschen kann. Dies muß aus den bereits erörterten Gründen abgelehnt werden.[12]

Die akzessorische Beihilfe zeichnet sich dagegen durch eine herrschaftslose Mitwirkung aus. Der Gehilfe fördert lediglich fremdes Unrecht,[13] der seinem Verhalten innewohnende eigene Unrechtsgehalt liegt in dem damit verbundenen mittelbaren Rechtsgutsangriff. Für die Beihilfe ist folglich ohne jede Bedeutung, inwieweit das schon verwirklichte Teilgeschehen noch einer Beherrschung seitens des Hinzutretenden zugänglich ist oder nicht, vielmehr kommt es allein darauf an, welche Tat er mit seinem Beitrag fördert. Die in diesem Sinne maßgebliche Tat entspricht dem von dem Täter verwirklichten Delikt. Dieses stellt das fremde, nämlich das eigene Unrecht des Täters dar, zu dem der Gehilfe seine Unterstützung leistet. In den hier relevanten Fallkonstellationen kommt daher nur die zweiaktige Gesamttat in Betracht, bezüglich derer der dolose Dritte einen notwendigen Tatbeitrag leistet. Damit ist derjenige Beteiligte, der einen Teilakt verwirklicht, ohne daß er als Mittäter bezüglich des zweiaktigen Deliktes erfaßt werden kann, einer Beihilfe zur zweiaktigen Tat schuldig.

G. Zusammenfassung

Im Mittelpunkt der Arbeit stand die Klärung der Frage, wer als Täter eines zweiaktigen Deliktes eingeordnet werden kann, wenn die Ausführung der beiden Teilakte auf zwei Personen derart verteilt ist, daß jede von ihnen einen Teilakt vornimmt (2. Teil). Ausgangspunkt der Erörterungen bildeten verschiedene, auf dem Tatbestand der besonders schweren Brandstiftung gem. § 307 Nr. 3 fußende Fallbeispiele (2. Teil, A.)[1]. In diesen vier Fallbeispielen führten die Beteiligten A und B jeweils einen Teilakt aus (Brandstiftung / Unbrauchbarmachen von Löschgeräten).

Die Fallvarianten unterschieden sich jedoch insofern, als nur in Fall 1 das Delikt aufgrund gemeinsamer Tatplanung und jeweiliger Innehabung der erfor-

---

[12] Siehe oben Zweiter Teil, C. II. 4.

[13] So liegt der Strafgrund der Teilnahme nach der herrschenden Förderungs- oder Verursachungstheorie in der Ursächlichkeit des Teilnehmers für die Haupttat, entweder durch Erweckung des Tatentschlusses oder durch physische wie psychische Unterstützung, vgl. die Angaben bei S/S-Cramer Vorbem. §§ 25 ff. Rn. 17.

[1] S. 26 ff.

derlichen Täterqualifikation verwirklicht wurde. In den anderen Fällen lag dagegen bei dem Beteiligten B stets ein „Defizit" vor. So wies er in Fall 2 nicht die nach dem Tatbestand geforderte überschießene Innentendenz auf, in Fall 3 wurde er in Unkenntnis des anderen, von A ausgeführten Teilaktes tätig und in Fall 4 trat er in die Deliktsverwirklichung erst nach Vornahme des ersten Teilaktes durch A ein. Die Fallbeispiele hinsichtlich des § 307 Nr. 3 standen im übrigen exemplarisch für vergleichbare Fallkonstellationen bei anderen zweiaktigen Delikten des StGB.

Bei der Ermittlung des Täters des so ausgeführten zweiaktigen Deliktes wurde an die Überlegung angeknüpft, daß Täter jedenfalls derjenige sein muß, dem beide Teilakte nach der Tatherrschaftslehre täterschaftlich zugerechnet werden können. In Betracht kam zunächst eine wechselseitige mittäterschaftliche Zurechnung (2. Teil, C.)[2]. Bei Sichtung der verschiedenen Fallkonstellationen schied diese jedoch aus, soweit der Beteiligte B ohne die erforderliche überschießende Innentendenz mitwirkt (2. Teil, C. II. 2.)[3], in Unkenntnis des anderen Teilaktes tätig wird (2. Teil, C. II. 3.)[4] oder erst nach Ausführung des ersten Teilaktes durch den Beteiligten A hinzukommt, es sei denn, eine sukzessive Mittäterschaft ist möglich (2. Teil, C. II. 4.)[5].

Für die über die Mittäterschaft nicht lösbaren Fälle wurde nun überprüft, inwieweit demjenigen, der die notwendigen Täterqualifikationen mitbringt (A), der von dem anderen Beteiligten (B) vorgenommene Teilakt im Wege der mittelbaren Täterschaft zugerechnet werden kann (2. Teil, D.)[6]. Es zeigte sich, daß eine mittelbare Täterschaft bezüglich des fremdhändig ausgeführten Teilaktes allein in denjenigen Fällen vorliegt, in denen der B infolge seiner Unkenntnis von dem anderen Teilakt die Tatbestandsmäßigkeit des von ihm verwirklichten Teilaktes verkennt (2. Teil, D. II. 1.)[7]. In allen anderen Fällen kommt eine mittelbare Täterschaft nicht in Betracht (2. Teil, D. I., D. II. 2.)[8].

Am Ende des Abschnittes D stand damit fest, daß bei Ausführung eines zweiaktigen Deliktes im Wege der Vornahme beider Teilakte durch zwei Beteiligte Konstellationen denkbar sind, bei denen zumindest einem Beteiligten, trotz Mitbringens aller erforderlichen Tätervoraussetzungen, dennoch nicht das gesamte deliktische Geschehen täterschaftlich zugerechnet werden kann, soweit für die Täterschaft bei zweiaktigen Delikten die täterschaftliche Verwirklichung beider Teilakte verlangt wird.

---

2 S. 37 ff.
3 S. 54 f.
4 S. 55 ff.
5 S. 56 ff.
6 S. 79 ff.
7 S. 84 ff.
8 S. 80 ff., 93 ff.

Daher wurde die Frage aufgeworfen, ob als Täter bei zweiaktigen Delikten nicht auch derjenige eingestuft werden kann, der — bei separater Betrachtung der Teilakte — den einen Teilakt täterschaftlich, den anderen Teilakt objektiv als Teilnehmer verwirklicht (2. Teil, E.)[9].

Grundlage einer so beschaffenen, modifizierten Täterbestimmung hatte die Tatherrschaftslehre zu bilden. So war zu überlegen, ob die zweiaktigen Delikte eine eigenständige Deliktskategorie bilden, innerhalb derer es für die Täterschaft nicht auf eine Gesamttatherrschaft in Form der Beherrschung der Einzelakte ankommt, sondern vielmehr die Teiltatherrschaft, und zwar die Tatherrschaft nur über einen Teilakt schon ausreichend sein kann, den Handelnden in das Zentrum des Geschehens zu rücken. Daneben war aber auch eine (normative) Gesamttatherrschaft als Grundlage der Täterschaft zu erwägen, die demjenigen zufällt, der nur einen Teilakt täterschaftlich verwirklicht und hinsichtlich des anderen Teilaktes objektiv als Teilnehmer erscheint.

Nach Überprüfung dieser möglichen Ansatzpunkte schälte sich schließlich heraus, daß als Täter eines zweiaktigen Deliktes nicht nur derjenige haftet, dem beide Akte aufgrund ausgeübter (Mit-)Tatherrschaft täterschaftlich zugerechnet werden können, sondern daß bei bestimmten Arten von zweiaktigen Delikten auch Täter sein kann, wer nur einen Teilakt täterschaftlich verwirklicht und hinsichtlich des anderen Teilaktes objektiv eine Teilnehmerrolle ausfüllt.

---

9 S. 119 ff.

Literaturverzeichnis

Alternativkommentar zum Strafgesetzbuch. Gesamtherausgeber Rudolf Wassermann, Band 1, §§ 1-21, Neuwied 1990 (zit.: AK-Bearbeiter).

Androulakis, Nikolas K.: Rechtsproblematische Studien über die unechten Unterlassungsdelikte, Diss. München 1962.

Arndt, G.: Die Teilnahme am räuberischen Diebstahl, GA 1954, S. 269-271.

Arzt, Gunther / *Weber,* Ulrich: Strafrecht, Besonderer Teil, Lehrheft 2, Bielefeld 1983; Lehrheft 3, Bielefeld 1986.

Arzt, Gunther: Zur Garantenstellung beim unechten Unterlassungsdelikt, JA 1980, S. 553-560, 712-717.

Backmann, Leonhard E.: Geiselnahme bei nicht ernst gemeinter Drohung — BGHSt 26, 309, JuS 1977, S. 444-449.

Baumann, Jürgen / *Weber,* Ulrich: Strafrecht, Allgemeiner Teil, 9. Auflage, Bielefeld 1985.

Baumgarten, A.: Bemerkungen zu Bindings Normen, ZStW 37 (1916), S. 517-537.

Beling, Ernst: Die Lehre vom Verbrechen, Tübingen 1906.

Bemmann, Günter: Die Umstimmung des Tatentschlossenen zu einer schwereren oder leichteren Begehungsweise, Gallas-Festschrift, Berlin, New York 1973, S. 273 ff.

Benfer, Jost: Besonderes Strafrecht II, 2. Auflage, Köln 1986.

Beulke, W.: Anmerkung zu OLG Köln vom 5.9.1978, JR 1980, S. 423-425.

Binding, Karl: Lehrbuch des Gemeinen Deutschen Strafrechts, Besonderer Teil, Zweiter Band, Erste Abteilung, 2. Auflage, Leipzig 1904.

Blei, Herrmann: Strafrecht I, Allgemeiner Teil, 18. Auflage, München 1983

— Strafrecht II, Besonderer Teil, 12. Auflage, München 1983.

— Anmerkung zu BGH JZ 1971, 434, JA 1971, S. 590-591.

Bloy, Rene: Die Beteiligungsform als Zurechnungstypus im Strafrecht, Schriften zum Strafrecht Band 60, Berlin 1985.

Bockelmann, Paul: Strafrechtliche Untersuchungen, Göttingen 1957.

Bockelmann, Paul / *Volk,* Klaus: Strafrecht Allgemeiner Teil, 4. Auflage, München 1987.

Bohlinger, Günther: Bemerkungen zum Zwölften Strafrechtsänderungsgesetz, JZ 1972, S. 230-234.

Bruch, Stephan: Vorsätzliche Brandstiftung, Diss. Frankfurt a.M. 1983.

Bruns, Hans Jürgen: Anmerkung zu BGH JR 1982, 464 f., JR 1982, S. 465-467.

Cramer, Peter: Gedanken zur Abgrenzung von Täterschaft und Teilnahme, Bockelmann-Festschrift, München 1979, S. 389 ff.

— Anmerkung zu BGH JZ 1965, 30, JZ 1965, S. 31 - 32.

Dreher, Eduard: Zum Meinungsstreit im Bundesgerichtshof um § 237 StGB, NJW 1972, S. 1641 - 1643.

— Kausalität der Beihilfe, MDR 1972, S. 553 - 557.

Dreher, Eduard / *Tröndle,* Herbert: Kurzkommentar Strafgesetzbuch und Nebengesetze, 46. Auflage, München 1993 (zit.: Dr-Tr).

Ebermayer, Ludwig: Urkundenfälschung, Frank-Festgabe, Band II, Tübingen 1930, S. 418 ff.

Ebert, Udo: Strafrecht Allgemeiner Teil, Heidelberg 1985.

— Kausalität und objektive Zurechnung, Jura 1979, S. 561 - 576.

Eser, Albin: Juristischer Studienkurs, Strafrecht II, 3. Auflage, München 1980.

— Zum Verhältnis von Gewaltanwendung und Wegnahme beim Raub, NJW 1965, S. 377 - 380.

Fincke, Martin: Der Täter neben dem Täter, GA 1975, S. 161 - 176.

Frank, Reinhard: Das Strafgesetzbuch für das Deutsche Reich, 18. Auflage, Tübingen 1931.

Fuchs, C.: Kritische Erörterung von Entscheidungen des Reichsgerichts in Strafsachen, GA 29 (1881), S. 169 - 181.

Furtner, Georg: Zur Frage der Anrechnung erschwerender Umstände bei nachfolgender Beihilfe und nachfolgender Mittäterschaft, JR 1960, S. 367 - 369.

Gallas, Wilhelm: Beiträge zur Verbrechenslehre, Berlin 1968.

Geerds, Friedrich: Täterschaft und Teilnahme — Zu den Kriterien einer normativen Abgrenzung, Jura 1990, S. 173 - 180.

Gehrig, Klaus: Der Absichtsbegriff in den Straftatbeständen des Besonderen Teils des StGB, Diss. Heidelberg, Strafrechtliche Abhandlungen n.F. Band 58, Berlin 1986.

Geilen, Gerd: Raub und Erpressung, Jura 1979, S. 613 - 614, 669 - 670, Jura 1980, S. 43 - 52.

Geppert, Klaus: Die schwere Brandstiftung (§ 306), Jura 1989, S. 417 - 426.

Gimbernat Ordeig, Enrique: Gedanken zum Täterbegriff und zur Teilnahmelehre, ZStW 80 (1968), S. 915 - 943.

Gössel, Karl Heinz: Strafrecht Besonderer Teil, Band 1, Heidelberg 1987.

— Sukzessive Mittäterschaft und Täterschaftstheorien, Jescheck-Festschrift, Berlin 1985, S. 537 ff.

Grein, Klaus: Die Entführung — Eine dogmatische und kriminologische Untersuchung des § 237, Diss. Bielefeld 1973.

Grünwald, Gerald: Strafrechtsfall, JuS 1965, S. 311 - 315.

Hanack, Ernst-Walter: Empfiehlt es sich, die Grenzen des Sexualstrafrechts neu zu bestimmen? Gutachten für den 47. Deutschen Juristentag, Band I (Gutachten) Teil A, München 1968.

Handbuch des Deutschen Strafrechts. Hrsg. von Fr. v. Holtzendorff, Dritter Band, Berlin 1872 (zit.: Bearbeiter HH III).

Hardwig, Werner: Über den Begriff der Täterschaft, JZ 1965, S. 667-671.

Heinze, Gero: Die Verleitung des Tatentschlossenen zur Änderung seiner anfangs geplanten Tat, Diss. Heidelberg 1974.

Herzberg, Rolf Dietrich: Täterschaft und Teilnahme, München 1977.

— Problematik der „besonderen persönlichen Merkmale", ZStW 88 (1976), S. 68-116.

— Täterschaft, Mittäterschaft und Akzessorietät der Teilnahme, ZStW 99 (1987), S. 49-81.

— Abergläubische Gefahrabwendung und mittelbare Täterschaft durch Ausnutzung eines Verbotsirrtums — BGHSt 35, 347, Jura 1990, S. 16-26.

— Eigenhändige Delikte, ZStW 82 (1970), S. 896-947.

— Grundfälle zur Lehre von Täterschaft und Teilnahme, 2. Teil, JuS 1975, S. 171-175.

Hettinger, Michael: Das Doppelverwertungsverbot bei strafrahmenbildenden Umständen (§§ 46III, 50 StGB), Diss. Heidelberg, Schriften zum Strafrecht, Band 45, Berlin 1982.

Horn, Eckard: Das „Inverkehrbringen" als Zentralbegriff des Nebenstrafrechts, NJW 1977, S. 2332-2336.

Hruschka, Joachim: Zum Tatvorsatz bei zweiaktigen Delikten, insbesondere bei der Entführung des § 237 n.F. StGB, JZ 1973, S. 12-15.

Hünerfeld, Peter: Mittelbare Täterschaft und Anstiftung im Kriminalstrafrecht der Bundesrepublik Deutschland, ZStW 99 (1987), S. 228-250.

Jakobs, Günter: Anmerkung zu BGH vom 22.9.1983, JR 1984, S. 385-387.

Jescheck, Hans-Heinrich: Lehrbuch des Strafrechts, Allgemeiner Teil, 4. Auflage, Berlin 1988.

— Wesen und rechtliche Bedeutung der Beendigung der Straftat, Welzel-Festschrift, Berlin 1974, S. 683 ff.

Joerden, Jan C.: „Mieterrücken" im Hotel — BGHSt 32, 88, JuS 1985, S. 20-27.

Kaufmann, Armin: Die Dogmatik der Unterlassungsdelikte, Göttingen 1959.

Kaufmann, Arthur / *Hassemer*, Winfried: Der praktische Fall: Der überfallene Spaziergänger, JuS 1964, S. 153-157.

Knaurs großes Wörterbuch der deutschen Sprache. Erarbeitet von Ursula Herrmann, München 1985.

Kohlrausch, Eduard: Das kommende Deutsche Strafrecht, ZStW 55 (1936), S. 384-398.

Krey, Volker: Strafrecht Besonderer Teil, Band 2, 9. Auflage, Stuttgart, Berlin, Köln 1993.

Kunert, Karl Heinz / *Bernsmann*, Klaus: Neue Sicherheitsgesetze — mehr Rechtssicherheit? NStZ 1989, S. 449-461.

Küper, Wilfried: Mittelbare Täterschaft, Verbotsirrtum des Tatmittlers und Verantwortungsprinzip — Anmerkung zu BGH vom 15.9.1988 („Katzenkönig"-Urteil), JZ 1989, S. 935-949.

— Zur Konkurrenz zwischen Briefgeheimnisverletzung und Unterschlagung, JZ 1977, S. 464-465.

— Zur Problematik der sukzessiven Mittäterschaft — Zugleich Anmerkung zu BGH JZ 1981, 596, JZ 1981, S. 568-574.

Küpper, Georg: Anspruch und wirkliche Bedeutung des Theorienstreits über die Abgrenzung von Täterschaft und Teilnahme, GA 1986, S. 437-449.

Lackner, Karl: Strafgesetzbuch mit Erläuterungen, 20. Auflage, München 1993.

Leipziger Kommentar. Strafgesetzbuch, hrsg. v. Jescheck, Hans-Heinrich / Ruß, Wolfgang / Willms, Günther, Erster Band, 10. Auflage, Berlin, New York 1985, §§ 25-27, 11. Auflage, Berlin, New York 1993; Vierter Band, 10. Auflage, Berlin, New York 1988; Fünfter Band, 10. Auflage, Berlin, New York 1989; Sechster Band, 10. Auflage, Berlin, New York 1988; Siebenter Band, 10. Auflage, Berlin, New York 1988, §§ 302a-311c, 11. Auflage, Berlin, New York 1993 (zit.: LK-Bearbeiter).

Lenckner, Theodor: Zum Begriff der Täuschungsabsicht in § 267 StGB, NJW 1967, S. 1890-1895.

— Anmerkung zu BGH JR 1978, 423, JR 1978, S. 424-425.

Liszt, Franz v. / *Schmidt*, Eberhard: Lehrbuch des Deutschen Strafrechts, 25. Auflage, Berlin und Leipzig 1927.

Maurach, Reinhart: Probleme des erfolgsqualifizierten Delikts bei Menschenraub, Geiselnahme und Luftpiraterie, Heinitz-Festschrift, Berlin 1972, S 403 ff.

Maurach, Reinhart / *Zipf*, Heinz: Strafrecht Allgemeiner Teil, Teilband 1, 7. Auflage, Heidelberg 1987.

Maurach, Reinhart / *Gössel*, Karl Heinz / *Zipf*, Heinz: Strafrecht Allgemeiner Teil, Teilband 2, 7. Auflage, Heidelberg 1989.

Maurach, Reinhart / *Schroeder*, Friedrich-Christian / *Maiwald*, Manfred: Strafrecht Besonderer Teil, Teilband 1, 7. Auflage, Heidelberg 1988; Teilband 2, 7. Auflage, Heidelberg 1991.

Mayer, Hellmuth: Strafrecht Allgemeiner Teil, Stuttgart, Köln 1953.

— Täterschaft, Teilnahme, Urheberschaft, Rittler-Festschrift, Innsbruck 1957, S. 243 ff.

Meyer, Maria-Katharina: Ausschluß der Autonomie durch Irrtum, Köln, Berlin, Bonn, München 1984.

Mommsen, Theodor: Das Brandstiftungsrecht in Vergangenheit und Gegenwart, in: Beiträge zur Lehre von der Brandermittlung, Kiel 1952.

Montenbruck, Axel: Strafrahmen und Strafzumessung, Strafrechtliche Abhandlungen n.F. Band 51, Berlin 1983.

Müller-Emmert, Adolf / *Maier*, Bernhard: Erpresserischer Menschenraub und Geiselnahme — zu den §§ 239a, 239b StGB neuer Fassung, MDR 1972, S. 97-99.

Neumann, Ulfrid: Die Strafbarkeit der Suizidbeteiligung als Problem der Eigenverantwortlichkeit des „Opfers", JA 1987, S. 244-256.

Nowakowski, Friedrich: Tatherrschaft und Täterwille, JZ 1956, S. 545-550.

Oehler, Dietrich: Neue strafrechtliche Probleme des Absichtsbegriffes, NJW 1966, S. 1633-1639.

Olshausen, Justus v.: Kommentar zum Strafgesetzbuch für das Deutsche Reich, Erster Band bearbeitet von Freiesleben, Hans / Kirchner, Carl / Niethammer, Emil / Hörchner, Max, 12. Auflage, Leipzig 1942; Zweiter Band bearbeitet von Lorenz, Karl / Freiesleben, Hans / Kirchner, Carl / Niethammer, Emil / Gutjahr, Georg, 11. Auflage, Berlin 1927.

Oppenhoff, Friedrich / *Delius,* Hans: Das Strafgesetzbuch für das Deutsche Reich, 14. Auflage, Berlin 1901.

Otto, Harro: Grundkurs Strafrecht, Allgemeine Strafrechtslehre, 3. Auflage, Berlin, New York 1988, (zit.: AT).

— Grundkurs Strafrecht, Die einzelnen Delikte, 3. Auflage, Berlin, New York 1991 (zit.: BT).

— Straflose Teilnahme? Lange-Festschrift, Berlin, New York 1976, S. 197 ff.

— Risikoerhöhungsprinzip statt Kausalitätsgrundsatz als Zurechnungskriterium bei Erfolgsdelikten, NJW 1980, S. 417 - 424.

— Täterschaft, Mittäterschaft, mittelbare Täterschaft, Jura 1987, S. 246 - 258.

— Fortdauernde Gewaltanwendung und fortdauernde Gewaltwirkung, Jura 1987, S. 498 - 500.

— Die neuere Rechtsprechung zu den Vermögensdelikten — Teil 1, JZ 1985, S. 21 - 28.

Preisendanz, Holger: Strafgesetzbuch Lehrkommentar, 30. Auflage, Berlin 1978.

Roxin, Claus: Täterschaft und Tatherrschaft, 5. Auflage, Berlin, New York 1990.

— Die Mittäterschaft im Strafrecht, JA 1979, S. 519 - 526.

— Buchbesprechung Stratenwerth, Strafrecht Allgemeiner Teil I, 1971, ZStW 84 (1972), S. 993 - 1014.

— Ein „neues Bild" des Strafrechtssystems, ZStW 83 (1971), S. 369 - 404.

— Bemerkungen zum „Täter hinter dem Täter", Lange-Festschrift, Berlin, New York 1976, S. 173 ff.

— Literaturbericht zu F. C. Schroeder, Der Täter hinter dem Täter, Berlin 1965, ZStW 78 (1966), S. 222 - 234.

— Anmerkung zu BGH vom 29. 1. 1986, StrV 1986, S. 384 - 385.

— Unterlassung, Vorsatz und Fahrlässigkeit, Versuch und Teilnahme im neuen Strafgesetzbuch, JuS 1973, S. 197 - 202.

Rudolphi, Hans-Joachim: Zur Tatbestandsbezogenheit des Tatherrschaftsbegriffs bei der Mittäterschaft, Bockelmann-Festschrift, München 1979, S. 369 ff.

— Die zeitlichen Grenzen der sukzessiven Beihilfe, Jescheck-Festschrift, Berlin 1985, S. 559 ff.

— Der Begriff der Zueignung, GA 1965, S. 33 - 55.

— Die Gleichstellungsproblematik der unechten Unterlassungsdelikte und der Gedanke der Ingerenz, Göttingen 1966.

Samson, Erich: Absicht und direkter Vorsatz im Strafrecht, JA 1989, S. 449 - 454.

Sax, Walter: Dogmatische Streifzüge durch den Entwurf des Allgemeinen Teils eines Strafgesetzbuches nach den Beschlüssen der Großen Strafrechtskommission, ZStW 69 (1957), S. 412 - 440.

— Über Rechtsbegriffe — Gedanken zur Grenze rechtlicher Begriffsbildung, Nottarp-Festschrift, Karlsruhe 1961, S. 133 ff.

Schall, Hero: Auslegungsfragen des § 179 StGB und das Problem der eigenhändigen Delikte — KG, NJW 1977, 817, JuS 1979, S. 104-110.

Schmid, Werner: „Bedingter Handlungswille" beim Versuch und im Bereich der strafbaren Vorbereitungshandlungen, ZStW 74 (1962), S. 48-77.

Schmidhäuser, Eberhard: Strafrecht Allgemeiner Teil, Studienbuch, 2. Auflage, Tübingen 1984.

— Strafrecht Besonderer Teil, 2. Auflage, Tübingen 1983.

Schmidt, Eberhard: Die mittelbare Täterschaft, Frank-Festgabe, Band II, Tübingen 1930, S. 106 ff.

Schmitt, Rudolf: Reform der Reform des § 237 StGB, Lackner-Festschrift, Berlin 1987, S. 621 ff.

Schöne, Wolfgang: Unterlassene Erfolgsabwendungen und Strafgesetz, Köln, Berlin, Bonn, München 1974.

Schönke, Adolf / *Schröder,* Horst: Strafgesetzbuch Kommentar, bearbeitet von Cramer, Peter / Eser, Albin / Lenckner, Theodor / Stree, Walter, 24. Auflage, München 1991 (zit.: S/S-Bearbeiter).

Schroeder, Friedrich-Christian: Der Täter hinter dem Täter, Diss., Schriften zum Strafrecht Band 2, Berlin 1965.

Schröder, Horst: Anmerkung zu BGHSt 24, 90 ff., JZ 1971, S. 435.

Schulz, Joachim: Anstiftung oder Beihilfe, JuS 1986, S. 933-942.

— Die Bestrafung des Ratgebers — Zur Abgrenzung von Anstiftung und Beihilfe, Diss., Strafrechtliche Abhandlungen n.F. Band 38, Berlin 1980.

Schumann, Heribert: Strafrechtliches Handlungsunrecht und das Prinzip der Selbstverantwortung der Anderen, Tübinger Rechtswissenschaftliche Abhandlungen Band 63, Tübingen 1986.

Schünemann, Bernd: Raub und Erpressung, JA 1980, S. 349-357, 393-399.

— Die Unterlassungsdelikte und die strafrechtliche Verantwortlichkeit für Unterlassungen, ZStW 96 (1984), S. 287-320.

Schütze, Theodor Reinhold: Lehrbuch des Deutschen Strafrechts, Leipzig 1871.

Schwarze, Friedrich Oskar: Commentar zum Strafgesetzbuch für das Deutsche Reich, 3. Auflage, Leipzig 1873.

Seelmann, Kurt: Mittäterschaft im Strafrecht, JuS 1980, S. 571-574.

— Grundfälle zu den Eigentumsdelikten, JuS 1986, S. 201-206.

Seier, Jürgen: Die Abgrenzung des räuberischen Diebstahls von der räuberischen Erpressung, NJW 1981, S. 2152-2157.

Singer, Georg: Die Brandstiftung nach dem geltenden Recht und nach dem amtlichen Entwurf zu einem deutschen Strafgesetzbuch, Diss. Erlangen 1929.

Sippel, Kurt: Mittelbare Täterschaft bei deliktisch handelndem Werkzeug — Anmerkung zu BGHSt 30, 363, NJW 1983, S. 2226-2229.

Sprang, Friedrich: Zur Auslegung der Absichtsmerkmale im deutschen Strafrecht, Diss. Göttingen 1960.

Spendel, Günter: Der „Täter hinter dem Täter" — eine notwendige Rechtsfigur? Lange-Festschrift, Berlin, New York 1976, S. 147 ff.

— Fahrlässige Teilnahme an Selbst- und Fremdtötung, JuS 1974, S. 749-756.

Spiegel, Hanns Ulrich Frhr. v.: Nochmals: Mittelbare Täterschaft bei deliktisch handelndem Werkzeug, NJW 1984, S. 110-111.

Stein, Ulrich / *Onusseit*, Dietmar: Das Abschieben von gutgläubig erlangtem Falschgeld — LG Kempten, NJW 1979, 225, JuS 1980, S. 104-108.

Stoffers, Kristian F.: Mittäterschaft und Versuchsbeginn, MDR 1989, S. 208-213.

Storch, Henning v.: Die vorsätzliche Brandstiftung, Diss. München 1965.

Stork, Erika: Anstiftung eines Tatentschlossenen zu einer vom ursprünglichen Tatplan abweichenden Tat, Diss. Münster 1969.

Stratenwerth, Günter: Strafrecht Allgemeiner Teil I, 3. Auflage, Köln, Berlin, Bonn, München 1981.

— Die Definitionen im Allgemeinen Teil des Entwurfs 1962, ZStW 76 (1964), S. 669-706.

Stree, Walter: Bestimmung eines Tatentschlossenen zur Tatänderung, Heinitz-Festschrift, Berlin 1972, S. 277 ff.

— Beginn des Versuchs bei qualifizierten Straftaten, Peters-Festschrift, Tübingen 1974, S. 179 ff.

Systematischer Kommentar zum Strafgesetzbuch. Bearbeitet von Horn, Eckard / Rudolphi, Hans-Joachim / Samson, Erich, Band I Allgemeiner Teil, 6. Auflage, Neuwied / Kriftel, Stand: April 1993 (zit.: SK-Bearbeiter).

— Band II Besonderer Teil, 4. Auflage, Neuwied / Kriftel, Stand: Juni 1991 (zit.: SK-Bearbeiter).

Tenckhoff, Jörg: Der Zueignungsbegriff bei Diebstahl und Unterschlagung, JuS 1980, S. 723-727.

Welzel, Hans: Das Deutsche Strafrecht, 11. Auflage, Berlin 1969.

— Studien zum System des Strafrechts, ZStW 58 (1939), S. 491-566.

Wessels, Johannes: Strafrecht Allgemeiner Teil, 21. Auflage, Heidelberg 1991.

— Strafrecht Besonderer Teil, Teil 1, 16. Auflage, Heidelberg 1992; Teil 2, 15. Auflage, Heidelberg 1992.

— Zur Reform der Geldfälschungsdelikte und zum Inverkehrbringen von Falschgeld — Ein kritischer Beitrag zur Reformgesetzgebung, Bockelmann-Festschrift, München 1979, S. 669 ff.

Gesetzesmaterialien

Abänderungsanträge der Kommissionsmitglieder der Bundeskommission zur Beratung des norddeutschen Strafgesetzentwurfs 1869, Bestand Reichskanzleramt, Bundesarchiv Potsdam.

Aktenstücke, Anlagen zu den stenographischen Berichten der Session 1870 des Reichstags des Norddeutschen Bundes, I. Legislaturperiode.

Beratungen des Sonderausschusses „Strafrecht" in der 5. Wahlperiode, Stenographische Berichte, Bonn 1965 - 1969 (zit.: Sonderausschuß V).

Beratungen des Sonderausschusses „Strafrecht" in der 6. Wahlperiode, Stenographische Berichte, Bonn 1969 - 1972 (zit.: Sonderausschuß VI).

Vorwort

Die Arbeit hat im Sommersemester 1993 der Juristischen Fakultät der Christian-Albrechts-Universität zu Kiel als Dissertation vorgelegen. Das Manuskript wurde im März 1993 abgeschlossen. Die bis September 1993 erschienene Rechtsprechung und Literatur ist — soweit dies möglich war — noch in den Anmerkungen berücksichtigt.

Herzlich danken möchte ich Herrn Prof. Dr. Eckhard Horn, der das Thema der Arbeit angeregt hat.

Ferner möchte ich mich bei Herrn Prof. Dr. Friedrich-Christian Schroeder und dem Verlag Duncker & Humblot für die Aufnahme der Arbeit in die Reihe „Strafrechtliche Abhandlungen" bedanken.

Mein Dank gilt schließlich meinen Eltern und Andreas, die mich in jeder Hinsicht unterstützt haben.

Birgit Woelk